유난한 도전

경계를 부수는 사람들, 토스팀 이야기

유난한 도전

2022년 11월 13일 초판 1쇄 발행
2024년 8월 20일 초판 12쇄 발행

지은이 정경화

기획 토스 브랜드커뮤니케이션 팀
디자인 권영찬
마케팅 주소은, 이지영, 용석민

펴낸곳 ㈜북스톤
주소 서울특별시 성동구 성수이로7길 30, 2층
대표전화 02-6463-7000
팩스 02-6499-1706
이메일 info@book-stone.co.kr
출판등록 2015년 1월 2일 제2018-000078호

펴낸이 김은경
편집 권정희, 장보연
마케팅 박선영, 김하나
디자인 황주미
경영지원 이연정

ⓒ 비바리퍼블리카
(저작권자와 맺은 특약에 따라 검인을 생략합니다)
ISBN 979-11-91211-86-3 (03320)

북스톤은 세상에 오래 남는 책을 만들고자 합니다. 이에 동참을 원하는 독자 여러분의
아이디어와 원고를 기다리고 있습니다. 책으로 엮기를 원하는 기획이나 원고가 있으신 분은
연락처와 함께 이메일 info@book-stone.co.kr로 보내주세요. 돌에 새기듯, 오래 남는
지혜를 전하는 데 힘쓰겠습니다.

유난한 도전

경계를 부수는 사람들, 토스팀 이야기

정경화 지음

차례

프롤로그

책을 떠올린 것은 2021년 늦은 가을이었다. 봄에 뿌린 씨앗이 여름 내 뜨거운 햇볕과 거센 빗발에도 살아남아 기어이 열매를 맺는 계절. 토스는 그 해 토스증권을 론칭해 가파른 성장곡선을 그렸고, 토스뱅크도 활짝 문을 연 참이었다. 덕분에 토스 사용자 수는 해를 넘기기 전에 2000만 명을 돌파했다. 하나의 앱에서 금융의 모든 순간을 가능케 만들겠다는 꿈은 현실이 됐다. 토스는 마치 이 계절처럼 결실을 거둬들일 채비를 마친 듯했다.

여기서 이야기가 끝났다면 이 책은 쓰이지 않았을 것이다. 돋보기로 들여다본 토스는 달랐다. 일견 거대해 보이는 성취는 '실패'라는 수없이 많은 획이 모여 만들어낸 것이었다. 지나온 단계마다 도전과 좌절, 충돌과 갈등이 있었고, 여전히 겪는 중이었다. 그리고 사람들이 있었다. 담대한 목표를 향해 나아가고, 실패를 겁내지 않으며, 치열하게 다투고, 급진적으로 솔직한, 단순함을 사랑하는 이들이었다. 한 권의 책으로 엮어내기에 더할 나위 없는 이야깃거리가 토스팀에 넘쳐났다.

먼 미래에 토스팀의 시작을 돌아볼 수 있는 기록을 남기고 싶었다. 현실에 굳게 발 딛고 있는 기록은 오래도록 큰 힘을 발휘한다고 믿었다. 이심전심이었을까. 조심스럽게 "하고픈 일이 생겼다"는 말을 꺼냈을 때, 커뮤니케이션 헤드인 윤기열 님은 단숨에 "책?"이라고 반문했다. 토스팀 리더인 이승건 님은 "가장 솔직하고 과감하게 써달라"고 즉답했다. 열일 제쳐두고 한동안 매달려야 할 것이 빤했는데도 동료들은 응원을 아끼지 않았다.

전·현직 토스팀원 35명 인터뷰를 책의 뼈대로 삼았다. 처음엔 20명 정도 만나볼 생각이었는데, 이야기를 들을수록 궁금한 게 많아지고 욕심이 나서 수가 자꾸 늘었다. 이 가운데 8명의 인터뷰는 금혜원, 이지영 님이 흔쾌히 맡아주었다. 여섯 차례 20시간에 걸쳐 온갖 잡다한 질문에 정성스럽게 답해준 이승건 님이 아니었다면 이 책은 완성될 수 없었다. 정확히 기억하는 이가 드문 창업 초창기를 이해하는 데에는, 특히 남영철 님이 보관하고 있던 당시의 메모와 회의록이 큰 도움이 됐다. 재직 중인 팀원들은 물론이고, 이제는 토스팀을 떠난 이들도 기꺼이 시간을 내어 흥미롭고 입체적인 기억을 들려주었다. 무엇보다 이 책에 미처 담지 못한 훨씬 더 많은 사람들의 이야기가 켜켜이 쌓여 토스의 현재를 이루고 있음을 기록해두고 싶다.

이 책은 2011년 봄부터 2022년을 시작하는 순간까지, 약 11년의 기간을 다룬다. 그보다 더 가까운 현재는 마치 살아 숨쉬는 생물 같아서 감히 글로 정리하지 못했다. 그저 '앱 하나' 만들어보고 싶었던 단 한 명에서 시작해 2000명의 공동체로 성장하는 과정에서 겪어야만 했던 부끄러운 실패, 절체절명의 위기, 돌아보니 중차대했던 결정, 짜릿한 성공의 순간 순간을 성실히 묘사하고자 했다. 토스팀의 일원인 덕분에 더 내밀한 이야기를 보고 들을 수 있었다.

그러면서도 관찰자의 시각을 지키고 싶었다. 팀원들이 꿈꾸고 좌절하고 싸우고 분노하고 극복하고 기뻐한 기억과 그 감정에 불순물을 보태지 않으려 노력했다. 인터뷰 외에도 슬랙 메신저에 남아 있는 대화, 주요 이메일, 언론 기사나 영상 등 가능한 많은 자료를 발굴해, 과거를 회상하는 팀원들의 목소리에 현재성과 객관성을 불어넣으려는 시도도 있었다. 하지만 균형 잡기란 좀처럼 쉽지 않았다. 이 책에 불충분한 설명과 편협함이 남아 있다면, 이는 온전히 나의 역량이 부족한 탓이다.

    토스팀원끼리 주고 받은 이메일과 슬랙 메시지 등은 최대한 원문 그대로 실었다. 다만 어색한 문장은 곡해하지 않는 선에서 다듬었다. 업계에서만 통용되는 표현, 전문 용어는 독자가 따로 찾아보지 않아도 이해할 수 있도록 본문 내에서 풀어 썼다.

'유난하다'는 단어가 내내 머릿속을 맴돌았다. 토스팀에는 유난히도 많은 도전이 찾아왔다. 말 그대로 칠전팔기 끝에 찾아낸 간편송금은 법적 근거가 없다는 이유로 셧다운됐다. 재개한 후에도 모든 시중은행과 제휴 맺기까지 꼬박 3년이 걸렸다. 야심 차게 시작했던 토스대부는 그 이름 때문에 탈퇴 러시로 문을 닫았다. 증권사와 인터넷은행에 멋모르고 뛰어든 탓에 고난은 계속됐다. 덩치 큰 경쟁자들은 늘 곁에 도사렸다.

    그래서인지 토스팀 사람들은 유난했다. '토스 한번 살펴봐달라'는 손편지를 수백 장 써서 은행 지점장들에게 부쳤다. 늦은 밤까지 일하다 퇴근해도 아침이면 1분 1초라도 빨리 사무실에 달려가고 싶은 마음이 차올랐다고 했다. 내 손가락이 더 빨리 움직일 순 없을까 아쉬웠다고 했다. 제품을 출시한 날에도 '그동안 고생했다'고 격려하기보다, '이제부터 시작'이라며 1시간 간격으로 밤새워 지표를 들여다봤다. 성장은 피곤도 아픔도 잊게 한다고 했다. 끝의 끝까지 파내려가야 속이 시원하다고 했다. 토스팀원들이 말하는 몰입의 순간들이었다.

    다시 가을이 왔다. 지난 1년은 '이 사람들, 왜 이렇게까지 할까?'라는 질문의 답을 구하는 여정이었다. 묻고 또 묻고, 답변 내용을 찬찬히 여러 번 들여다보고 글로 써내려가는 동안에도 그 답을 찾지 못해 헤맸다. 어느 밤에는 토스가 시작되었던 선릉역 낡은 오피스텔을 찾아가 가만히 서성여보기도 했다.

끝의 끝에서 겨우 건져올린 답은 싱거웠다. 남다른 성취를 하고 싶다면 남달리, 유난히, 각별히 노력하고 헌신하는 수밖에, 그보다 영리한 지름길은 누구도 발견하지 못했기 때문이다. 노력과 헌신이라는 단어가 어쩐지 낡아 보이는 시대이지만, 다른 답은 찾을 수 없었다. 그렇게 이 책의 제목이 정해졌다. '토스는 유별나다'는 어떤 시선에 대한 항변이기도 했다.

그러므로 이 책은 성공적인 창업 지침서라거나 핀테크 경영서가 될 수는 없었다. 주인공이 극적인 위기를 극복하고 아름다운 대단원의 막을 내리는 동화일 수도 없었다. 토스팀은 오늘도 어김없이 실패하고 있다. 꿈을 이룬 듯 보일 때마저도 더 큰 꿈을 꾸고 있다. 현재 진행형인 토스팀의 여정을 돌아보려고 하니, 사람들 이야기만 남았다. 인생의 어느 시기, 남다른 목표를 향해 있는 힘껏 경주하는 이들의 이야기다.

많은 사람들에게 읽혔으면 좋겠다. 이 이야기가 저마다의 목표를 향하여 유난한 도전을 치러내고 있는 이들과 만나 공명하기를 소망한다.

2022년 가을, 정경화

당신이 진정으로 되고자 하는 것이 무엇인지
마음은 이미 알고 있을 것입니다.
그 외에는 모두 부차적인 것입니다.

Steve Jobs
2005 Stanford Commencement Address

1장

선을
넘어서는 용기

비바리퍼블리카가 간편송금 서비스 '토스'를 정식으로 세상에 내놓은 것은 2015년 2월이지만, 회사의 시작은 2013년 4월로 거슬러 올라간다. 세간의 부러움을 사는 치과의사로, 부모님의 자랑스러운 아들로, 평탄한 삶이 보장된 것 같았던 이승건이 '다른 길'의 가능성에 눈을 뜬 것은 그보다 더 전이다. 외딴 섬에서 허겁지겁 책을 읽어치우던 공중보건의 시절이었는지, 처음으로 아이폰을 만나 스티브 잡스의 인생에 관심을 갖게 된 순간이었는지 정확지는 않다. '이승건이 언제 창업가가 되었는가'라는 질문에 특정한 하루로 답하기는 어렵다. '잘 안 되면 그걸로 그만이지' 하는 가벼운 마음으로 한발을 들어 다른 세계에 내디딘 것은 2011년 봄이었다. 그 후로도 한참 동안 나머지 한쪽 발은 의사의 길 위에 있었다.

여정의 시작

"벌써 서른이잖아. 더 방황하지 말고 개원해야지. …… 아냐, 조금 더 미뤄도 되지 않을까. 내가 진짜 원하는 일을 찾고 싶어."

이마트 안을 어슬렁거리던 이승건이 중얼거렸다. 얼마 전 공중보건의 생활을 마친 그는 개원할 자리를 물색하고 있었다. 서울서 1시간 반쯤 떨어진 동네 이마트에 괜찮은 자리가 났다는 연락을 받고 찾아온 참이었다. 유동인구 많은 대형마트 안에 병원을 여는 게 좋다고들 했다. 근처에 아파트 단지도 크고 지하철역으로도 이어져 있어 과연 다니는 사람들이 많았다. 그러나 이승건의 표정은 마뜩잖았다. 한쪽 구석에 걸터앉아 마트 안을 오가는 사람들 모습을 미동도 않고 지켜봤지만, 그의 마음은 엉뚱한 방향으로 요동치고 있었다.

전공의 시절이 떠올랐다. 이승건은 돈 걱정 없이 살고 싶어 치과대학에 갔고, 실제로 치과의사 월급은 그에게 충분히 많았다. 그는 내내 부모님에게 자랑스러운 아들이었다. 그러면서도 앞뒤 꽉 막힌 모범생처럼 보이고 싶지는 않았다. 한마디로 남들 보기에 공부도 잘하고 놀기도 잘 노는 '엄친아'로서의 삶을 살았고, 그 삶에 자족했다.

어느 날 자기 병원을 차린 7년 선배가 밥을 사주겠다고 의국에 놀러 온 적이 있었다. "우리도 나중에 저런 차 탈 수 있겠지?" 벤츠 세단을 몰고 온 선배를 보며 의국 사람들은 '드림카'라고 했다. 별생각 없이 넘길 수도 있는 말이었다. 그런데 어쩐지 그 말에 더럭 겁이 났다. 꿈의 크기가 겨우 비싼 외제차 정도인 사람에 머물게 될까 봐 두려웠다. 가능한 가장 거대하고 화려한 꿈을 꾸고 싶었다.

이승건은 전공의 과정을 그만두고 푸르메재단의 장애인 병원에서 일했다. 충만한 시간이었다. 이가 어떻게 아픈지 제대로 설명조차 하지 못하는 환자들이 치료를 받고서 고통이 사라진 표정으로 환히 웃어 보일 때 이승건은 '치과에서 계속 일하는 것도 괜찮겠다'고 생각했다. 사람들의 삶을 더 낫게 변화시킨다는 자부심이 그를 부지런히 움직이게 하는 동력이었다.

그러고 나서 3년 동안 공중보건의로 복무했다. 첫해는 목포에서 배로 2시간, 그마저 파도 높은 날엔 오도가도 못하는 작은 섬 전남 신안군 암태도에서 지냈다. 2년 차부터는 충북 청원군의 작은 보건소에서 일했다. 별달리 놀거리가 없는 동네였고, 이승건은 밤마다 책에 파묻혀 지냈다. 특히 동서양의 철학과 역사에 매료되었다.

이승건은 몰락한 귀족 집안에서 태어나 《플루타르크 영웅전》을 읽으며 꿈을 키웠던 나폴레옹의 삶에 자신을 투영했다. 나폴레옹은 기존의 문법에 얽매이지 않는 인물이었다. 프랑스군이 빠르게 진격하면서도 끼니를 거르지 않도록 통조림을 탄생시키는 데 기여했고, 시가전에서 대포를 쏘아 진압하는 파괴적인 전술을 구사했다. 나폴레옹은 또한 공화주의자였다. 황제에 오른 뒤에도 자신을 공화주의자라 칭하며 공화주의를 지켜야 하는 이유를 장문으로 남겼다. 이승건 역시 공공선을 추구하는 로마 공화정을 깊이 흠모했다.

《진보와 빈곤》을 쓴 헨리 조지로부터는 인간에 대한 깊은 애정을 기반으로 탐구하는 자세를 배웠다. 고등학교도 나오지 않은 헨리 조지는 대도시 뉴욕에 마천루가 늘어서는 와중에 거지가 늘어나는 이유, 그리고 그들을 가난으로부터 구제할 방법을 평생 찾아 헤맸다. 사마천의 《사기열전》에 등장하는 제왕들은 누구도 사익을 좇지 않았다. 누가 더 현명한 방식으로 더욱 거대한 변혁을 일으키느냐가 그들의 관심사였다.

책장을 넘길수록 꿈이 부풀었다. 저들처럼 더 많은 이들의 삶에 한꺼번에 영향을 미치는 변화, 세상을 송두리째 뒤흔드는 위대한 변화를 만들어내고 싶었다. 의사로서 한 명 한 명의 삶을 바꾸는 일은 보람 있지만 더뎌 보였다. 생은 짧았다.

소집해제 이후 이승건은 관성처럼 제자리로 돌아갔다. 새로운 일에 뛰어들기에는 아무래도 멀리 온 것 같았다. 의사 말고 다른 일을 해보고 싶다는 말은 부모님에게도 친구들에게도 쉽게 꺼낼 수 없었다. '어떤 다른 일?'이라고 묻는다면 할 말이 없었다. 장사가 잘될 것 같은 병원 자리를 찾아 돌아다니며 이승건은 그저 풍운의 꿈을 꾸던 몇 달 전의 자신을 그리워할 뿐이었다. 이대로 병원을 열면 후회할 것 같다는 감(感)과, 좋은 자리가 났을 때 개원하지 않으면 낭패를 볼 거라는 셈이 부딪쳤다.

갈팡질팡하던 이승건을 붙잡은 것은 '아이폰'이었다. 2010년, 한국에 아이폰 열풍이 불었다. 이승건은 아이폰을 처음 보고 만졌던 그날을 지금도 잊을 수 없다고 했다. 널찍한 화면을 손가락 터치만으로 조작할 수 있다니. 인터넷 검색은 컴퓨터에서처럼 빠르고 편리했고, 구글 맵은 목적지로 가는 가장 빠른 경로를 순식간에 알려줬다. 경이로움의 연속이었다.

이승건의 머릿속이 스티브 잡스라는 사람으로 가득찼다. 집에 돌아가자마자 검색했다. 잡스가 세상에 아이폰을 공개하며 직접 시연했던 역사적인 영상을 찾아봤다. 수많은 이들의 삶을 곧장 한 단계 업그레이드할 혁신임이 분명했다. 누구도 그 이전으로 돌아가고 싶지 않게 만드는 그야말로 비가역적인 변화였다. 이승건은 아이폰을 샀고, 종일 온갖 앱을 다운로드해 써봤다. 개원 준비보다 아이폰을 만지는 데 더 많은 시간을 썼다. 무엇보다 그를 잡아끈 것은 잡스가 남긴 그 유명한 스탠퍼드 졸업식 연설[1]이었다. 암 투병 중이던 잡스는 죽음에 대해 이렇게 말했다.

"내가 곧 죽을 것임을 생각하는 것은, 인생에서 큰 결정들을 내리는 데 도움을 준 가장 중요한 도구였습니다. 모든 외부의 기대들, 자부심, 좌절과 실패의 두려움, 그런 것들은 죽음 앞에서는 아무것도 아니기 때문에, 진정으로 중요한 것만을 남기게 됩니다. 죽음을 생각하는 것은 여러분이 무엇을 잃을지도 모른다는 두려움의 함정을 벗어나는 최고의 길입니다. 여러분은 이미 모든 것을 잃었습니다. 그러므로 여러분의 마음을 따라가지 못할 이유가 전혀 없습니다. (중략)

　　여러분의 시간은 한정돼 있습니다. 그러니 다른 사람의 삶을 사느라 시간을 허비하지 마세요. 다른 사람들이 생각한 결과에 맞춰 사는 함정에 빠지지 마십시오. 다른 사람들의 견해가 여러분 내면의 목소리를 가리는 소음이 되도록 놔두지 마십시오. 그리고 가장 중요한 것은, 여러분의 마음과 직관을 따르는 용기를 가지는 것입니다. 여러분이 진정 되고자 하는 것이 무엇인지 마음은 이미 알고 있을 것입니다. 그 외에는 모두 부차적인 것입니다."

죽음을 두려워한 것은 이승건도 마찬가지였다. 공보의 시절 그는 주말마다 배 타고 KTX 타고 서울까지 가서 독서모임에 참여하는 열의를 보였는데, 어느 연말 독서모임 송년회에서 문득 공포를 느꼈다. 1년 전에도 같은 사람들과 같은 모임을 한 기억이 생생한데 벌써 한 해가 지났다니. 갑자기 시간의 속도가 체감되었다. 이렇게 시간이 흐른다면 아무것도 이루지 못한 채 할아버지가 돼 죽음을 맞을 수도 있겠구나. '마음과 직관을 따르라'는 잡스의 말은 이승건에게 깊이 가닿았다.

마침내 내면의 목소리를 따라가 보기로 했다. 아이폰이 바꿔 놓는 세상의 변화를 실감하면서, 그 거대한 흐름에 올라타야 한다는 확신도 있었다.

'앱 하나만 만들어보는 거야. 개원은 반년만 미루자. 어차피 좋은 자리도 아니었어.'

물론 마음속에는 안전핀 하나가 있었다. '언제든 병원으로 돌아갈 수 있잖아.'

이태양을 만나다

하루가 멀다하고 새로운 소셜네트워크서비스(SNS)가 튀어나오던 때였다. 이승건은 온라인에서 열심히 맺는 사회 관계망이 오프라인으로도 이어지는지 궁금했다. 진정한 의미의 관계는 상대와 현실에서 만날 때 쌓이는 것 아닐까? 이승건은 여타 SNS 서비스와 다르게 사용자 간의 실제 만남을 기록하고 공유하는 소셜 앱을 만들어 보기로 했다. 잘 알지도 못하는 사람들과 피상적인 네트워크를 쌓는 것보다 친구, 가족 등 주변 사람들과 실제로 만나 보내는 시간을 소중히 여기도록 하고 싶었다.

하지만 마음에 드는 개발자를 찾기가 쉽지 않았다. 외주 개발자들은 시키는 작업만 했고, 새로운 기능을 요청하면 이런저런 이유를 들며 곤란한 기색을 드러냈다. 그러다 스물여섯 살 이태양을 만난 건 2011년 늦은 가을이었다.

이태양은 대학에서 컴퓨터공학을 전공했고, 네이버에서 인턴 과정을 마치고 입사가 결정된 상태였다. 네이버는 그때도 개발자들에게 선망의 직장이었다. 회사에서 환영 카드와 꽃다발을 대전에 있는 이태양의 집으로 보냈고, 부모님도 기뻐했다. 그는 입사일까지 남은 두 달 동안 개발 아르바이트를 하며 용돈을 벌 심산이었다. 학교 선배를 통해 '울라블라'라는 소셜 앱을 만들고 있다는 이승건을 소개받은 것이 그 무렵이었다.

이승건과 이태양은 처음부터 쿵짝이 잘 맞았다. 이태양은 세상이 정해놓은 관습과 원칙에 늘 '왜?'를 묻는 사람이었다. 의문이 풀리지 않으면 바닥까지 파내려갔고, 온몸으로 이해한 바를 바탕으로 나름의 원칙을 정립해가는 사람이었다. '태양이 하나 더 있으면 더 밝지 않겠냐'며 자신을 '삼태양'이라 부르는 사람이었다. 무엇보다 이승건이 어떤 아이디어를 내놓아도 '안 된다'고 잘라 말하기보다 되게 만들자고 하는 사람이었다.

두 사람은 단숨에 가까워졌다. 온갖 잡다한 주제로 수다를 떠느라 밤늦게까지 공유 사무실을 떠나지 못하는 날이 수두룩했다. 이태양이 대전 집에 돌아갈 차편을 놓치면 둘은 이승건의 부모님 집으로 퇴근했다. 이튿날이면 이승건의 어머니가 차려주는 아침밥을 먹고 다시 사무실로 출근했다. 하루 24시간을 붙어 지냈다.

어느 밤에는 《초한지》 얘기로 이야기꽃을 피웠다. 항우는 역량과 카리스마가 대단해서 천하가 벌벌 떠는 캐릭터다. 유방은 상대적으로 어수룩해 보이지만, 그래서 주변에 한신처럼 좋은 사람들이 모였다. 한신은 스스로 왕이 되기에 충분할 만큼 지략이 뛰어나고 세간의 존경을 받는 인물이었지만, 끝까지 유방을 배신하지 않았다. 결국 유방은 천하를 통일하고 한고조에 올랐다.

그 밤, 이태양은 한나라 개국공신 한신과 같은 존재가 되고 싶다고 생각했다. 그의 한고조는 물론 이승건이었다. 세상의 문제를 자기만의 방식으로 정의하고 풀어가려는 이승건을 돕고 싶었다. 그가 뜻을 이루는 데 쓰일 좋은 무기가 되고 싶었다.

언제부턴가 이태양은 이승건을 '대장'이라 불렀다. 처음 약속했던 아르바이트 기간 두 달이 끝나갈 무렵, 이태양은 네이버 입사 포기를 선언했다.

"내 길을 찾은 것 같아, 대장. 나는 대장이랑 창업의 길을 갈래."

이름처럼 무한한 에너지를 뿜어내는 이태양을 이승건은 와락 껴안았다.

1년이 흘렀다. 두 사람은 내내 헛발질했다. 무수한 팀원들이 왔다가 곧 떠났다. 외주나 아르바이트로 일을 맡은 개발자와 디자이너들은 팀에 정을 붙이지도 제품에 정성을 쏟지도 않았다. 이승건은 여전히 서로 다른 세계에 한발씩 걸치고 있었다. 일주일에 두 번은 페이닥터로 치과에 일하러 갔다. 앱을 만드는 데 온전히 에너지를 쏟을 수 없었다. 물론 이유는 있었다. 최소한의 회사 운영을 위해 인건비와 공유 사무실 임차비 정도는 어떻게든 계속 벌어와야 했다. 모아둔 돈에는 한계가 있었다. '앱이 대박 나면, 그때 의사를 그만두면 되지 않을까?' 하는 마음도 한 켠에 있었음을 부인하지 못했다.

그러나 깨금발로 모험을 계속할 수는 없는 법이다.

"대장, 인생 걸 거 아니면 지금 솔직히 얘기해줘. 언젠가 치과의사로 돌아가 버릴 거라면, 나는 지금 여기서 그만두는 게 낫겠어."

이태양이 말을 꺼냈다. 그는 이승건의 상황을 이해했지만 혼자 사무실을 지키는 시간이 견디기 힘들었다. 친구들이 대기업에 입사했다는 소식을 건너 들을 때면, 어쩐지 자신의 미래만 안갯속에 갇힌 것처럼 뿌얘 보였다.

"나는 다 버리고 뛰어들었는데, 대장은 여차하면 의사로 돌아가 버리는 것 아냐?"

이태양은 "농담 반 진담 반으로 물어본 것"이라 했지만, 이승건은 그가 용기 내어 진심을 털어놓았다고 느꼈다. 그리고 '아차' 싶었다. 두 발 모두 선을 넘어야 한다는 것을 이승건 역시 알고 있었다. 모든 것을 걸고 헌신해도 성공을 확신할 수 없는데, 일주일에 이틀은 의사로 일하면서 창업가로도 성공한다는 것은 어불성설이었다. 더욱이 '도망갈 길을 열어둔 채'라는 점이 전혀 멋지게 느껴지지 않았다. 무엇보다 이태양에게서 받는 에너지를 잃고 싶지 않았다. 이태양에게 작별을 고하고 치과의사로 돌아갈 거냐, 이태양과 함께 앞으로 나아갈 거냐.

'더이상 선택을 미루지 말자.'

2013년 4월 21일 이승건은 비바리퍼블리카라는 이름으로 법인을 설립한다. 정확히 기억하는 이는 없지만, 이때를 기점으로 이승건은 창업의 세계에 두 발 굳건히 딛고 선 것으로 보인다. 이승건은 파트타임 치과 근무를 그만뒀다. 또 다른 개발자 박광수, 김민주가 팀에 합류한 것도 이 무렵이었다.

세상 누구도
원하지 않는

'앱 하나만 만들어보자.'

　가벼운 마음으로 일을 벌인 이승건은 꼬박 3년에 걸쳐 결코 끝이 없을 것 같은 실패의 시간을 보냈다. 토스는 비바리퍼블리카의 아홉 번째 제품이었고, 그 앞 여덟 번의 시도가 실패였다. 매번 살고자 몸부림쳤으나 그러지 못했다. 두세 번쯤은 수면 위로 떠오르는 듯하다 가라앉았고, 나머지는 빛도 보지 못했다. 그때의 기억을 더듬는 것은 고통스러운 일이지만, 이승건은 지금도 실패를 질경질경 곱씹는다.

첫 번째 실패는 울라블라였다.

　울라블라는 오프라인 만남을 기록하고 친구들과 공유하는 소셜네트워크서비스였다. 사용자 두 사람의 휴대폰이 가까이 있어야 만났다는 걸 인증해줬는데, 이를 위해 휴대폰 간 근거리 무선통신 기술을 직접 개발하기도 했다. 안드로이드끼리, 아이폰끼리는 통신이 잘되는데 안드로이드와 아이폰 간의 통신은 종종 버벅거려 이를 해결하느라 숱한 밤을 새웠다. 누군가 베낄까 봐 기술 특허까지 냈다. 지금도 주식회사 비바리퍼블리카의 특허 목록에 남아 있다.

　"아무런 반응이 없었어요. 디자인이 별로인가 싶어 다시 만드는 데 9개월을 썼죠. 반드시 성공할 거라 믿었기 때문에, 우리가 다시 만드는 동안 누가 따라 할까 봐 조급해집니다. 그래서 특허를 냅니다. 특허를 획득하는 데 걸린 시간만 1년이에요."

　울라블라는 10년이 지난 지금 봐도 '그럭저럭 괜찮은' 유저 인터페이스를 갖췄다. 레드닷 디자인 어워드에서 앱 디자인이 아름답다는 평가를 받고 싱가포르까지 날아가 상을 받기도 했다. 수상 소식이 알려지면 사람들이 앱을 써보지 않을까 기대했다. 하지만 다운로드 수치는 움직이지 않았다.

그럼에도 '알려지기만 하면 대박 날 거야'라는 희망은 버리기 어려웠다. 각종 스타트업 경진대회에 나가고 사람들을 만나 앱을 알렸다. 돈을 써서 온라인 광고도 했다. 만남을 울라블라 앱에만 기록하지 않고 막 흥행하기 시작한 인스타그램과 공유할 수 있도록 하면 사람들이 좋아할 거라 생각해 연동 기능을 개발해 넣었다. 사진 보정 필터도 만들어 넣었다. 아무도 쓰지 않는다는 것만 빼면 완벽한 앱이었다.

초조해진 이승건과 이태양은 울라블라가 세상에 퍼뜨리고자 했던 가치와는 동떨어진 일들을 벌였다. 실패를 똑바로 마주볼 용기가 없었기 때문이다. '사람들이 오프라인 만남을 앱에 기록하고 싶을 것'이라는 첫 번째 가설이 틀렸다는 사실을 인정하지 못했다. 두 사람은 중간에 포기하고, 생각을 바꾸고, 방향 전환하는 걸 죄악시했다. 울라블라가 잘될 수밖에 없는 이유를 100가지는 읊을 수 있었다. 이태양은 "우리가 풀고 싶은 문제에 몰두한 나머지, 사람들의 공감을 전혀 얻지 못하고 있다는 것을 너무 늦게 알았다"고 말했다.

"세상이 받아들이는 문제의 크기보다, 우리가 느끼는 문제의 크기가 너무 컸던 거예요. 그래서 사람들에게 이 서비스가 '옳다'고 주장하게 되는 거죠. 제품은 계속 발전하고 있는데 쓰는 사람은 전혀 늘지 않았어요."

울라블라의 실패를 인정하고 서비스를 접기까지 1년 4개월이 걸렸다. 자본금 5000만 원짜리 비바리퍼블리카는 인건비를 포함해 이 앱에 2억 2000만 원을 썼다. 개발 과정에서 팀원이 8명까지 늘어났지만 이태양 외에 모두 떠났다. '그동안 하고 싶었던 일 마음 껏 하게 해줘서 고맙다'고 인사하는 사람은 없었다. '실패했지만 좋은 기억도 있어서 다행'이라고 하는 사람도 없었다. '힘들 때 의지할 수 있었다'고 말하는 사람도 없었다. 모두 침묵 속에 짐을 쌌다. 결과보다 과정이 중요하다는 말은 새빨간 거짓말이었다. 실패라는 결과는 고통스러워서, 서로 아이디어를 나누고 희망에 부풀어 일했던 기억마저 지워버렸다.

박광수, 김민주 등이 합류하고 나서도 마찬가지였다. 다보트 역시 비슷한 과정을 겪었다. 다보트는 어떤 문제에 대해서든 의견을 올리고 투표할 수 있는 모바일 앱이었다. 구조는 단순했지만, 다보트의 꿈은 컸다. 이승건은 시민들이 자유롭게 의견을 나누고 효율적으로 결론을 도출해, 정부의 정책적 의사결정에 시민의 뜻이 반영될 수 있는 세상을 만들고 싶었다. 광장이 수행하던 공론장의 역할을 온라인으로 옮겨와 더 많은 시민이 참여하는 도구를 제공하고 싶었다.

2년 동안 세 차례에 걸쳐 다른 버전의 앱을 만들었다. 2013년에는 수개월간 카카오톡과 연동 작업을 거쳐 '다보트 포 카카오'를 론칭했다. 당시 카카오는 모바일에서 쓰임새가 있을 법한 외부 앱들을 카카오톡과 연결해 모바일 생태계를 구축하려고 했다. 손만 뻗으면 성공이 잡힐 듯했다.

하지만 카카오톡의 거대한 사용자 규모도 다보트의 의미 있는 성장을 돕지는 못했다. 설상가상 카카오톡이 자체적인 투표 기능을 만들어 붙이면서 이승건은 결국 백기를 들었다. 카카오 담당자는 전화로 말했다. "미안해요, 제가 원하는 대로 할 수가 없었어요. 회사가 크잖아요."

화가 났지만, 별달리 항의하지는 못했다. 차라리 잘된 일이라고 여겼다. 마음속 깊은 곳에서는 사실 카카오 때문에 포기한 게 아님을 알고 있었다. 사람들은 모바일 투표 서비스에 관심이 없었다. '누구나 매일 사회 현안에 의견을 내고 문제제기할 수 있는 세상'은 이승건 혼자만 원하는 세상이었다. 카카오가 자체적으로 만든 투표 기능조차 곧 사장됐다.

거듭된 실패를 냉정하게 회고해야 한다고 제안한 사람은 박광수였다고 이승건은 말했다. 그를 기억하는 이들은 직설적이고 날카로운 토스팀 문화의 8할은 박광수의 기여라고 입을 모은다. 박광수에게도 이 책을 쓰기 위한 인터뷰를 요청했으나 그는 고사했다. 남은 사진 속에서 짧은 머리를 삐죽이 세우고 있는 그는 대기업에 다니다 비바리퍼블리카에 합류해 iOS 개발을 맡았다. 바깥에서 패인을 찾으려 했던 이승건에게 박광수는 더이상 '변명하지 말 것'을 요구했다고 한다. 이승건은 속이 상했지만 가만히 듣는 수밖에 어쩔 도리가 없었다. 세상 사람 누구도 원하지 않는 제품을 1년 넘게 끌고 온 것이 자기 자신이었으므로.

실패의 단계를 하나씩 되짚어가며 이승건은 창업의 본질을 고민했다. 모범생답게 그는 책에서 답을 찾았다. 19세기 영국의 사회비평가 존 러스킨은 인간의 직업이 언제 숭고해지는가를 논했다. 군인은 국가를 수호할 때, 의사는 사람들의 건강을 지킬 때, 법률가는 정의를 집행할 때 숭고하며 사회의 존경을 받는다. 그리고 상인은 사람들에게 필요한 물자를 공급할 때 그렇다.

"상인은 자기가 파는 물건의 품질과 그것을 생산하는 수단을 철저히 이해하고, 물건을 완벽한 상태로 생산하거나 획득하여 가장 필요로 하는 곳에 가장 싼 가격으로 분배할 수 있도록 모든 지혜와 정력을 기울여야만 한다."

— 존 러스킨, «나중에 온 이 사람에게도»[2]

이승건이 창업한 이유와 목표는 '하고 싶은 일'을 하고 '만들고 싶은 제품'을 만드는 것이었다. 당시에도 이승건은 치과의사 출신이라는 이력 때문에 창업가 관련 인터뷰에 종종 초대됐는데, 그럴 때마다 "아직 매출은 없다"면서도 "가장 중요한 것은 하고 싶은 일을 마음껏 하는 것"이라고 말하곤 했다. 하지만 현대의 기업인은 과거의 상인이고, 상인이 존재하는 본질적인 이유는 세상이 필요로 하는 풍요를 공급하는 데 있다. 창업한다는 것은 곧 장사꾼이 되는 것이었다. 사람들의 수요를 잘 수집한 뒤 물건과 서비스를 만들어 돈 받고 파는 장사꾼이 되어야 했다. 그런데 이승건은 거꾸로 '내가 당신들의 삶을 이렇게 바꿔주겠다'며 아무도 원하지 않는 서비스를 만들어내고 있었다.

연이은 실패의 이유가 비로소 명백해졌다. 동시에 이승건은 혼란에 빠졌다. 하고 싶은 일을 찾아 창업했는데, 알고 보니 하고 싶은 일을 해서는 성공할 수 없었다.

'그럼 뭐하러 이 일을 계속해야 하지?'

그때 이승건의 눈앞에 떠오른 것은 옆자리 동료의 아이 얼굴이었다.

"내 마음대로 살고 싶어서 의사 그만두고 인생의 몇 년을 보낸 건 스스로 책임질 일이죠. 하지만 내 옆에 앉아 있는 사람들은 무슨 죄예요. 그 가족들의 인생은? 내가 여기서 포기한다면 우리 함께 멋진 일을 이루어낼 거라고 믿고 온 사람들에게 정말 못된 짓을 하는 거구나. 정신이 번쩍 들었어요. 닥치고 제대로 하자. 내가 하고 싶은 일, 나의 자아는 지워버리고, 이제부터는 성공하는 거 찾을래. 어깨 힘 빼자. 나는 사람들이 원하는 걸 만들어주는 장사꾼이다. 그래야 하는 이유는, 우리가 이미 이렇게 모였고 슬프게 끝내고 싶지 않으니까."

토스가 서비스를 만드는 제1원칙인 '고객중심주의'에 대한 집착은 이때의 깨달음에서 비롯되었다. '고객 입장에서 생각한다'는 말은 그저 누구나 하는 듣기 좋은 소리가 아니었다. 고객이 원하는 것을 만들어야 성공에 가까워진다는 사실을 실패를 견디며 깊숙이 이해한 끝에 나온 것이었다. 이후 토스의 모든 제품 원칙과 조직문화의 근간에 승리에 대한 갈망이 자리잡았다.

고스트 프로토콜

"중고 컴퓨터랑 모니터 염가에 살 수 있는데 같이 갈래?"

친구 따라 찾아간 낯선 사무실에서는 한기가 새어나왔다. 40명 정도를 수용할 공간이 텅 비어 있었다. 대낮인데도 어두컴컴했다. 망한 스타트업이었다. 이승건도 불과 몇 달 전에 유명한 벤처캐피털에서 이 회사에 투자했다는 기사를 읽은 기억이 났다. 책상 위엔 컴퓨터 본체와 모니터가 늘어서 있었다. 아직 이름표도 떼지 않은 채였다. 입구에는 덩치 좋은 아저씨가 의자를 놓고 앉아 건들거렸다. 남은 중고 기기와 집기를 팔아넘기는 현장이었다. 친구는 20만 원에 내놓은 컴퓨터를 15만 원에 사네, 10만 원에 사네 하며 흥정을 벌였다. 얼마 전까지 수십 명의 에너지로 생동감 넘쳤을 사무실이 어수선하고 적막했다.

"공포가 저를 덮쳤어요. 이런 거구나, 망한다는 게. 정말 싸늘했어요. 투자받았다고 끝이 아니고, 고객으로부터 계속 선택받지 못하면 안 되는 거였어요. 그 스타트업 대표가 외부 강연도 하고 기사도 많이 났지만, 고객이 사용하지 않는 서비스는 결국 문을 닫는구나. 그리고 망하면 이렇게 싸늘하구나. 그걸 뼈에 새겼어요."

이승건은 중고 모니터를 하나 사들고 돌아와 '와신상담(臥薪嘗膽)'이라고 써 붙였다. '가시 돋친 나무 위에서 자고, 쓰디쓴 쓸개를 먹는다'는 뜻으로 춘추전국시대 원수지간이었던 오와 월의 이야기에서 비롯된 사자성어다. 오나라의 왕 합려가 월나라 구천과 싸우다 죽자, 아들 부차는 가시 많은 땔나무 위에 누워 자며 복수심을 되새겼다. 마침내 회계산에서 부차는 아버지의 원수인 구천을 생포한다. 이번엔 부차에 항복한 구천이 스스로를 채찍질한다. 쓸

개를 곁에 두고 밥을 먹을 때마다 맛보며 치욕의 순간을 떠올렸다. 이 이야기의 최후 승자는 구천이다. 20여 년 뒤 구천은 군사를 일으켜 오나라 도읍을 차지했고, 부차는 죽었다.

"끝까지, 될 때까지 해내는 사람이 승자라는 의미로 적었어요. 그날 그 스타트업의 싸늘한 공기를 잊고 싶지 않았어요. 그 싸늘함이 언제든 내게 닥칠 수 있다는 것을 기억하고 싶었어요. 살아남고 싶다. 끝까지 포기하지 않겠다. 적당히 열심히, 어느 정도 하는 것에 만족할 수 없다. 그런 의지를 가다듬었죠."

문제 발견

비바리퍼블리카는 울라블라와 다보트를 완전히 포기한 뒤 '고스트 프로토콜'을 발동했다. 팀원들이 서울 각지로 흩어져 새로운 아이템을 찾아보기로 한 것인데, 비밀 조직이 공중 분해된 채로 시작하는 영화 〈미션 임파서블〉 네 번째 시리즈 제목에서 이름을 따왔다. 거창하게 들리지만 실은 어쩔 수 없는 선택이었다. 통장은 바닥난 데다, 모여서 딱히 할 일도 없었다. 팀의 존재이유도, 만들어볼 아이템도 없었으니 팀을 해체하는 것이 합리적인 결론이었을 것이다.

그럼에도 이승건과 이태양, 박광수, 김민주 네 사람은 이성을 거스르고 함께 조금 더 시간을 보내기로 했다. 그동안 팀워크와 신뢰가 단단해진 까닭이었다. 이제는 준비되었다는 직감이 이들을 붙들었다. '우리 팀이라면 언젠가 사회에 좋은 영향을 미치는 멋진 서비스를 만들어낼 것'이라는 확신이 있었다.

외주 개발 건을 따와서 팀의 수명을 가까스로 연장해나갔다. 일주일 중 한두 번은 사무실로 출근하고, 나머지 시간은 외부에서 자유롭게 보냈다. 이승건은 종종 인사동을 찾았다. 싸이월드 기획자가 인사동 카페에 앉아 3000만 명이 사용한 '미니룸'을 구상했다는 이야기를 어디선가 들은 다음부터였다. 쌈지길을 오가는 수많은 사람을 관찰하다 보면 정말 이들이 필요로 하는 아이템을 발견할 수 있을까. '다음 주에는 팀원들이 돌아오지 않을 수도 있다'는 생각에 불안했지만, 그래도 감당해야 할 몫이라고 마음을 다잡았다.

넷이서 한 달 넘게 수집한 아이디어를 늘어놓으니 분야를 막론하고 100개쯤 됐다. 식당 메뉴 평점 매기는 서비스, 아마추어 가수들이 노래 부르는 영상을 찍어 올리는 사이트, 삶의 스토리를 담은 부동산 정보 등 대부분의 아이디어는 예선에서 탈락했다. 본선을 통과한 5개 아이디어 중 3가지는 가능성이 있다고 판단해 프로토타입까지 만들었다. 영수증을 사진 찍어 보관할 수 있는 앱, 문화센터와 백화점이 여는 온갖 강습 강좌를 확인하고 신청할 수 있는 포털 사이트, 기획안과 디자인 리소스를 제공하고 작업 진척도를 체크할 수 있는 업무용 툴 등이었는데, 초기 반응이 영 아니다 싶어서 바로 접었다.

몇 달 뒤 '토스'라고 이름 붙여 세상에 선보이게 될 아이디어도 이때 나왔다. 2013년 10월 21일 '송금과 결제를 frictionless하게(마찰 없이)'라는 문서가 작성되었다. 그러니까 이승건과 비바리퍼블리카는 처음부터 '핀테크 스타트업'이 되려고 했던 것은 아니었다. 다보트도 울라블라도 금융과는 거리가 멀었다. 더이상 실패하고 싶지 않아서, 대중이 좋아할 것 같은 아이템을 주욱 나열해보니 간편송금과 결제도 있었을 뿐이다. 심지어 이 문서에는 가차 없이 '폐기대상'이라는 라벨이 붙었다.

일상생활에서 가장 많이 하는 금융활동이 송금과 결제라는 사실은 누구도 부정할 수 없다. 모든 것이 온라인으로 옮겨가고 있는데도 송금과 결제에서는 도무지 변혁이 일어나지 않았다. 이승건은 3명뿐인 팀원들에게 월급을 보낼 때마다 인터넷뱅킹 사이트에서 분통을 터트렸다. 이태양은 온라인 쇼핑몰에서 1만 원도 안 되는 사무실 집기를 사려고 결제하면서 괴로워했다. 액티브X를 포함한 각종 보안 프로그램 설치, 휴대폰 본인인증, 공인인증서 발급과 재발급 과정을 모두 거치고 나면 오류, 또 오류였다.

송금과 결제의 불편을 해결할 수만 있다면 '대박'이라는 생각에는 팀원들도 동의했다. 미국에서도 이미 페이팔, 스퀘어캐시 등이 승승장구하고 있지 않은가. 페이스북에 '송금을 간편하게, 10초 만에 송금하는 서비스'라고 적어 올리고 무턱대고 광고를 돌렸다. 이틀 동안 1만 원 정도 태우자 광고는 6000명에게 노출됐고, 35명이 '좋아요'를 눌렀다. 24명은 광고를 클릭해보기도 했다. 이 정도면 '반응이 있다'는 것을 보여주는 수치였다.

이전에는 1년 넘게 2억 원을 써서 8명이 '울라블라는 아무도 원하지 않는다'는 사실을 확인했다면, 이번에는 단 이틀 만에 1만 원으로 '사람들은 간편한 송금 서비스를 원한다'는 가설을 검증하는 데 성공한 것이다. 중요한 건 가설 검증에 드는 시간과 비용을 엄청나게 줄였다는 사실이었다. 이승건은 "이쯤 되자 '이번에도 어차피 실패할 거니까' 하고 더 빨리 실패할 수 있는 용기와 실행력의 수준에 도달했다"고 했다.

그럼에도 간편송금 서비스의 프로토타입조차 만들어보지 못했던 이유는 하나였다. 해결책을 찾지 못했기 때문이었다. 이들은 '우리가 감히 어떻게?'라는 벽에 부딪히고 말았다.

'우리가 문제라고 생각할 정도면, 은행도 알고 있겠지.'

'은행도 아닌 우리가 어떻게 다른 사람 돈을 보내고 받을 수

있겠어.'

　'은행 앱의 인터페이스만 편리하게 바뀌면 문제가 사라지잖아.'

　은행이 아닌 제삼자가 A와 B 사이에서 송금 서비스를 제공한다는 것은, 돈을 보내려는 A의 통장에서 돈을 빼내 B의 통장으로 입금하는 것을 의미한다. 계좌번호만 안다면 B에게 돈을 보내는 데에는 문제가 없다. 하지만 비바리퍼블리카가 A의 통장에서 출금할 방법은 떠오르지 않았다. 다들 머릿속 한구석에 문제를 잠시 접어 넣어둔 채 시간이 흘렀다.

해결책 발견

어느덧 연말이 다가왔다. 강남역 사거리에 구세군이 나와 불우이웃 돕기 성금을 모았다. 길을 걷던 이승건은 달랑달랑하는 종소리에 무심코 고개를 돌렸다. 빨간색 모금함 위에 정기 기부 신청서가 쌓여 있었다. 기부단체에서는 한번 신청을 받으면 번번이 회원들의 동의를 받지 않고도 통장에서 일정 금액을 인출해간다. 이승건은 몇년 전에 장애인치과병원에서 일하며 연을 맺은 푸르메재단에 후원을 이어가고 있었다. 워낙 쪼들리던 시절이어서 매달 3만 원씩 빠져나가는 통장을 보며 '해지해버릴까' 하는 충동이 일기도 했다.

　'푸르메재단은 무슨 권한으로 내 통장에서 돈을 출금하는 거지?'

　이승건의 머릿속을 스친 이 물음표가 시작이었다. 금융기관도 아닌 이 작은 비영리기관이 개인의 통장에 접근해서 매달 돈을 출금하는 원리만 알면 된다. 심지어 공인인증서도 액티브X도 필요 없다. 이승건의 심장이 쿵쿵 뛰고 머리가 팽팽 돌았다. 그 길로 선릉역 오피스텔로 돌아가 푸르메재단에 전화를 걸었다.

　"제가 몇 년째 기부금을 내고 있는데요. 제 통장에서 어떻게 돈을 빼가시는 거예요?"

당황한 목소리가 흘러나왔다.

"후원자님께서 후원을 신청하시면 자동이체가 진행되어서…."

"제가 은행에 자동이체를 신청한 건가요? 그런 기억은 없는데요."

"아니요, 저희가 후원자님의 동의를 받아서 CMS 자동이체를 이용하고 있어요."

CMS, 'Cash Management Service'의 줄임말이다. 찾아보니 비영리 단체 기부금뿐 아니라 우윳값이나 신문 대금을 낼 때도 이용하는 서비스였다. 사업자가 CMS를 이용하면 지정일에 고객의 계좌에서 자동 출금해 지정된 계좌로 수납하게 돼 있었다. 고객과 업체 모두 납부일이나 납부방법을 매번 신경쓰지 않아도 돼 편리했다. 금융결제원이 전국 은행과 연결된 CMS망을 가지고 있고, KSNet 등 몇몇 밴(VAN) 회사가 이 망을 이용해 서비스를 제공했다. 누구라도 회비만 내면 이용할 수 있었다. 팀원들이 모여 지체 없이 KSNet에 CMS를 신청하고 출금 기능을 간단히 구현해봤다. 이승건의 개인 계좌에서 비바리퍼블리카 법인 계좌로 순식간에 돈이 빠져나갔다.

드디어 해결책을 찾은 듯했다.

출금 기능이 동작하는 것을 확인한 뒤, 티저 홈페이지부터 만들었다. 앱 개발은 시작도 하지 않았다. 하도 실패를 많이 하다 보니 앱 제작에 시간과 비용을 들이고 나서 망하는 게 아까웠다. 사람들의 반응을 살피고 난 다음에 서비스를 만들어도 늦지 않다는 게 3년의 실패에서 얻은 교훈이었다. 이승건이 배경사진을 고르고 문구를 써서 홈페이지를 완성했다. 누군가가 "의미 전달은 명확한데, 디자인에 다시는 손대지 말라"며 이승건을 놀렸다.

Toss 간편하고 안전한 계좌 이체 서비스
휴대폰 번호를 입력하시면 다운로드 링크를 문자로 보내드립니다.
전화번호는 문자 메시지를 전송하는 데에만 사용한 후 파기하며 저
장하지 않습니다.

이때 서비스명을 '토스'로 정했다. 홈페이지를 만들려면 도메인 주
소를 먼저 구입해야 했기 때문이다. 이태양이 여러 후보를 생각해
냈다. 토스와 쌍을 이루는 '스파이크'는 '너의 계좌에 냅다 꽂아줄
게'라는 뜻, '블링크'는 눈 깜짝할 사이에 송금이 완료된다는 뜻이
었다. 금융 서비스는 신뢰가 중요하니 '트러스트', 돈이 간다는 의미
로 '머니, 고!'도 있었다.

"캐주얼하고 산뜻한 송금 서비스를 만들고 싶었거든요. 그런
측면에서 스파이크나 트러스트는 너무 묵직했고요. 안정적이면서
도 쉽다는 느낌을 살리는 게 '토스'라는 결론을 내렸어요. 승건 님
은 그다지 내켜 하지 않았어요. 그때도 승건 님 의견이 크게 중요한
분위기는 아니어서 팀원들이 투표로 결정했죠."

토스팀은 홈페이지를 열고, 트위터에 링크를 올렸다. 4시간 만
에 1000번 넘게 리트윗됐다. 이후 사흘간 서비스를 써보겠다며 전
화번호를 입력한 사람은 2000명에 가까웠다. 3년 동안 한 번도 보
지 못한 숫자였다. 짜릿했다. '이게 성장이구나. 소비자들이 원하는
게 맞았구나. 드디어 찾았구나.'

빨리 제품을 만들어 세상에 내놓겠다는 의지로 활활 불탔다.

셧다운

"2014년 초, 겨울이었던 기억이 나요. 비바리퍼블리카라는 회사보다 토스 제품을 먼저 소개받았어요. 당시에는 클로즈드 베타 서비스였어요. 클로즈드(closed)라 하면 창업팀 주변 사람들과 일부 신청자들만 사용해보는 거예요.

커피숍에서 지인을 만났는데 토스를 한번 써보라고 하더라고요. 돈을 보낼 수 있는 앱이다. 공인인증서도 필요 없고, 전화번호로도 보낼 수 있다고. 그날이 수요일이었어요. 제 친구 번호를 입력해서 보내고 전화를 했죠. '만 원 보냈는데, 받았나?' '아니? 무슨 만 원?' 그래서 토스를 알려준 지인한테 뭐라 했어요. '그짓말마라. 우리나라에서 이런 게 될 리가 있나? 물론 되면 좋겠지만'

그러고 헤어졌는데, 저녁에 친구한테 전화가 온 거예요. '만 원 들어왔어' 하더라고. 돈이 가긴 가네. 거짓말은 아닌갑다 싶어 내 통장을 확인해보니 내 돈은 그대로예요. 그런데 금요일이 되니까 만 원이 탁 빠져나갔어요. 수요일에 보낸 게 이틀 뒤에. 그걸 보고 이 회사를 좀 만나봐야겠다 싶더라고요."

2022년 초, 인터뷰를 위해 만난 양주영은 경상도 사투리 억양으로 쉼 없이 말을 이었다. 초창기 엠파스와 네이버를 다닌, IT 분야 경력이 긴 인물이었다. 이후 카이스트 선후배들과 '틱톡'이라는 메신저 서비스를 운영하다 대기업에 매각했을 즈음 토스를 알게 됐다.

이승건을 만나보니 키가 훤칠하고 말이 청산유수였다. 미스터리한 송금 프로세스에 대한 궁금증부터 풀었다. 수요일에 돈을 보냈는데 정작 돈은 금요일에 빠져나가고, 수신인에게는 몇 시간이나 지나서 전달된 데에는 이유가 있었다. 제품을 완벽히 만들기 전에 사람들의 반응을 보려고 불완전한 상태로 테스트부터 시작했기 때문이었다.

토스팀이 발견한 CMS망은 원래 '다달이' 일정액을 송금하기 위한 자동이체 시스템으로 구축된 터라 사용자가 송금을 요청할 때마다 계좌에서 출금하는 게 불가능했다. 아무리 주기가 짧아도 일주일에 한 번이었다. 그래서 비바리퍼블리카는 한 주 동안 송금 기록을 모았다가 금요일에 사용자 통장에서 출금했다. 송금은 8시간마다 이승건이 인터넷뱅킹으로 일일이 돈을 보내 해결하고 있었다. 인터넷뱅킹이 중단되면 근처 은행으로 냅다 뛰었다. 그러느라 시차가 발생한 거였다. 토스는 며칠쯤 기다려 출금해도 큰 상관이 없지만, 돈을 받아야 하는 사람에게 몇 시간씩 입금이 지연되는 것은 꽤 중요한 문제다. 하루 송금 건수가 계속 늘어나면 이렇게 운영하는 것도 불가능할 터였다.

흥미로운 사실은, 그럼에도 사용자 반응이 나쁘지 않았다는 것이다. 양주영은 실시간 입금만 가능하다면 오픈 베타 서비스를 시작할 수 있겠다는 판단이 들었다.

"아마 안 되지 싶은데, 되기만 하면 굉장히 혁신적인 서비스다. 안 된다는 건 금융 쪽 규제라든지, 보안이라든지 하는 이슈가 앞으로 많을 것 같다. 그래도 송금이 실시간으로 되기만 하면 굉장히 편할 거거든요. 제가 오만 모임에서 총무하는 스타일이라 돈을 쉽게 보내는 게 얼마나 필요한지 알아요. 그래서 혹시 이게 실패하더라도, 내가 이 팀에서 몇 년 정도 보내봐도 의미가 있겠다는 생각이 들었어요."

이승건 또한 벤처업계에서 성공을 경험해본 사람을 찾고 있었다. "그때는 개발자들만 있었기 때문에 제너럴리스트가 필요해 몇 명을 소개받았는데, 주영 님은 저와 아주 다른 사람이어서 좋았어요. 제가 가지지 못한 면을 배우고 싶었고요."

양주영은 4월 1일부터 선릉역 근처 대우아이빌명문가라는 오피스텔 6층으로 출근했다. 초인종을 눌러 들어갔더니 이승건과 이태양, 박광수, 김민주가 좁고 꾀죄죄한 사무실을 부지런히 쓸고 닦고 있었다.

"그 마음들이 아직도 기억이 나요. 그때는 아무 티를 안 냈지만 감동을 했어. 이 사람들이랑 정말 열심히 해봐야겠다."

8평 남짓한 사무실에 이제 다섯 사람이 등을 맞대고 앉았다.

스타트업 성공의 전형

입금 지연 문제는 한 달 만에 해결되었다. SC제일은행이 토스에 입금 이체 펌뱅킹(firm banking)망을 열어준 덕분이었다.

펌뱅킹은 금융기관과 기업의 서버를 전용 회선으로 연결해, 기업이 더 편리하게 자금을 관리할 수 있도록 돕는 금융 서비스다. 일반 기업들은 펌뱅킹을 통해 구매, 생산, 판매, 재무 등 내부 지급 결제 프로세스를 자동화한다. 담당자가 은행을 방문하거나 인터넷뱅킹에 접속하지 않고도 기업 계좌에서 출금과 입금 이체가 이뤄진다. 전용선을 사용하기 때문에 거래 안정성이 높고 거래건수에도 제한이 없다. 거래 과정에 인증서나 OTP 등도 요구하지 않는다. 토스는 이 펌뱅킹을 이용해 송금 신청이 들어오면 즉시 수신인의 계좌로 입금할 수 있도록 시스템을 자동화했다.

SC제일은행으로서는 쉽지 않은 결정을 내려준 것이었다. 물론 은행은 토스로부터 거래 건당 펌뱅킹 이용 수수료를 받지만, 이렇다 할 성과 없이 빚만 있는 스타트업에 펌뱅킹 서비스를 제공하는 것은 굳이 지지 않아도 될 위험을 감수하는 일이었다. 양주영은

"토스는 감사한 분들로부터 천운에 가까운 도움을 적재적소에 받았다. 아직 아무것도 없는 토스팀을 이뻐라 한 분들이 계셨다"고 말했다. 이때부터 두 달간 토스 앱 화면 하단에 'contracted with SC'라는 문구가 박혔다.

2014년 3월 개시한 간편송금 오픈 베타 서비스는 그야말로 미친 속도로 크기 시작했다. 가입자가 매주 8%씩 늘었다. 송금 건수와 금액은 더 가파른 기울기를 보였다. 한 번만 쓰고 마는 게 아니라 여러 차례 반복적으로 토스를 이용한다는 의미였다. 이번 주에 토스를 쓴 사람이 그다음 주에 다시 이용하는 비중이 40%를 넘었다.

여력이 없어 홍보 활동을 벌이지 않았음에도 서비스는 소비자들 사이에 입소문을 타며 성장했다. '쉽고 빠르다', '한번 토스를 쓰면 은행 앱으로 못 돌아간다'는 평이 주를 이뤘다. 은행의 모바일 뱅킹이 첫 화면부터 송금까지 8~9단계를 거쳐야 하는 반면 토스 간편송금은 보내려는 액수를 입력하고, 받는 사람의 계좌번호나 전화번호를 입력한 뒤, '송금하기' 버튼을 누르는 3단계면 완료였다. 가입 절차 또한 간단했다. 사용자들은 오류가 나거나 불편한 점이 있으면 곧바로 회사에 제보했고, 개발자들은 이를 반영해 나갔다. 초기 사용자들은 감동스러울 만큼 열광적인 사용 행태를 보였다.

물론 모든 것이 아름답기만 한 것은 아니었다. 실시간 입금이 가능해졌지만 CMS망을 이용하는 출금은 여전히 금요일에 한 차례 이뤄졌는데, 이를 악용하는 고객도 있었다. 주중에 토스로 송금한 뒤, 금요일이 되기 전에 자기 계좌의 잔액을 비워버리는 방식이었다. 그러면 토스의 자금으로 송금되고 자기 돈은 빠져나가지 않는다는 걸 몇몇 사람들이 알아냈다.

양주영은 이런 악성 고객을 도맡았다. 잊을 만하면 전화를 걸고 문자를 보내 돈을 갚으라고 독촉했다. 한 번도 전화를 받지 않던 사람이 약 올리듯 밤늦은 시간에 모바일 게임 '하트'를 달라는 메시지를 보내오기도 했다. 이때 수금하지 못한 돈이 아직도 200만 원쯤 된다.

4월 중순이 되자 가입자 수는 5000명이 넘었고, 일주일 거래 금액도 4200만 원에 이르렀다. 평균 송금액은 3만 원 이하로, 매주 1400번씩 송금이 일어났다. 이 속도라면 연말쯤엔 가입자가 30만 명을 넘어설 것으로 보였다. 토스팀은 그야말로 스타트업 성공의 전형을 만들어가는 중이었다.

두 달간의 일장춘몽이 끝을 향해 달려가고 있다는 사실은 누구도 몰랐다.

서비스 중단

4월 21일 사무실로 전화 한 통이 걸려왔다. 토스가 이용하는 밴사 KSNet 담당자였다.

"미안하지만 더이상 서비스가 어렵겠습니다."

기업 자동이체 서비스하라고 망을 열어줬지 개인 간 송금하는 데 쓰라고 해준 게 아니라며, 토스에 CMS를 제공하지 말라는 당국의 연락을 받았다는 것이다. 양주영은 이날을 기억했다.

"제가 입사하고 첫 월급을 받는 날이었거든요. 대표님이 달에 100만 원씩 월급 받는다 그러길래 나도 100만 원만 가져가겠다 했어요. 그 돈으로 팀원들하고 삼겹살 사 먹어야겠다, 그런 생각으로 웃으면서 출근했는데 그런 전화를 받은 거예요."

이틀 뒤 토스 서비스가 중단되었다. 앱을 켜면 로딩 화면만 무한정 재생되었다.

정부기관이 서비스를 막을 가능성은 누구도 생각해보지 못했다. 금융 분야는 규제가 촘촘하다는 말을 듣긴 했지만, 경험해본 적이 없었으므로 전혀 실체를 몰랐다. 은행이 아니면 송금 서비스를 제공할 수 없다는 법 규정은 없었다. CMS망을 자동이체가 아닌 송금에 사용하면 안 된다는 조항도 없었다. 하지만 '해도 된다'는 법도 없었다. 국내 금융규제의 고질적인 문제로 지적되어온 포지티브(positive) 규제에 발목을 잡힌 것이다. 비상하던 토스의 날개는 무참히 꺾였다. 팀원들은 그 자리에 주저앉았다.

그러나 패닉에 빠진 것도 잠시, 일주일이 채 지나기 전에 모두 정신을 차렸다. 이태양은 "누구 하나 포기할 생각이 없었다"고 말했다. 지난 두 달간의 달콤한 성취, 고객들의 열광을 두 눈으로 확인한 토스팀은 여기서 단념할 수 없었다.

"우리가 하고 싶다고 할 수 있는 게 아니구나, 뭔가 풀어야 할 문제가 있구나 하고 인식하고 빠르게 태세를 전환했어요. 정책은 어떻게 바뀌어야 하는지, 토스는 어떤 조건을 갖추면 되는지 방법을 찾기로 했죠. 제품을 만드는 메이커로서도 합법적인 틀 안에서 서비스를 구현할 방안을 고민하는 단계로 넘어갔어요."

이태양의 말처럼 '사람들이 토스를 필요로 한다'는 확신과 에너지는 좌절감이나 두려움 같은 감정을 압도했다.

게다가 '핀테크' 바람이 불고 있었다. 직전 1년간 나타난 전 세계 금융 분야 스타트업이 지난 20년간의 숫자보다 수십 배 많았다. 국내에서도 중국인들이 한국 쇼핑몰에서 '천송이 코트'를 결제하는 데 어려움을 겪고 있다며, 꽉 막힌 금융규제를 풀어야 한다는 목소리가 높아지고 있었다. 이런 흐름은 당국도 되돌릴 수 없으리라 생각했다.

이승건과 양주영은 구로에 있는 다른 밴사를 찾아갔다. 그 회사 사장은 "당국에서 안 된다고 하는 걸 어떤 회사가 열어주겠냐"며 응접실에서 담배를 뻑뻑 피웠다. 모든 은행망을 쥐고 있는 밴사와 제휴할 수 없다면, 방법은 하나였다. 각개격파하듯 국내 모든 은행을 찾아다니며 출금 이체 펌뱅킹망을 여는 것. 밴사 사장은 "은행들을 돌아다니며 설득하려면 최소 2~3년은 걸릴 것"이라며 "똑똑한 청년들 같은데 헛수고하지 말라"고 충고했다.

토스에서 모든 은행 계좌의 송금이 가능해진 것은 2017년 2월로, 3년 가까이 걸릴 거라던 그 말은 정말이었다. 그 말을 곧이곧대로 믿었다면 지레 포기했을지도 모를 일이다. 하지만 이승건과 양주영은 뒤돌아보지 않고 담배 연기 자욱한 사무실을 빠져나왔다.

"우리는 1년이면 할 수 있을 거야."

2장

정성스럽게
그러나 포악스럽게

모실 준비가
되었습니다

토스 서비스가 중단됐을 때 놀란 가슴을 쓸어내린 사람은 비바리퍼블리카 외부에도 있었다. 머지않은 미래에 토스팀의 첫 번째 프로덕트 디자이너로 합류하게 되는 남영철이다. 현대카드에서 UX 디자이너로 일하던 남영철은 베타 서비스 기간 우연히 토스를 써보고 홀딱 반했다. 처음에는 공인인증서 없이도 송금 가능하다는 말이 믿기지 않아 시험 삼아 자기 계좌로 돈을 보냈다. '진짜 돈이 가잖아.' 조악하기 짝이 없는 홈페이지만 보면 사기 같기도 한데 정말 송금이 되다니. 신기해서 회사 동료들에게 토스로 100원씩 보내며 말했다.

"이거 보세요. 은행 앱도 아닌데 돈을 간단하게 보낼 수 있어요."

남영철은 대형 금융사에 다니며 깨달은 것이 있었다. '핀테크는 테크회사가 파이낸스 서비스를 만드는 것이다. 금융회사가 테크를 배우는 게 아니다. 아직 한국에는 제대로 된 핀테크 서비스가 없다.' 그리고 토스를 써보고는 확신했다.

'이거다. 이게 바로 내가 만들고 싶었던 거야. 나도 같이해야겠다.'

스타트업에 대한 로망과 핀테크를 향한 열망이 남영철을 사로잡았다. 친한 형이 토스 앱 만든 사람을 안다기에 무턱대고 만나게 해달라고 졸랐다. 내성적인 그로서는 알지 못하는 사람을 만나보고 싶다는 생각이 든 것조차 처음이었다.

얼마 뒤 서울 신논현역 근처 맥줏집에서 이승건을 만났다. 남영철은 "다른 건 희미하지만, 승건 님이 토스 사용자 200명에게 일일이, 그것도 두 번씩이나 전화했다는 이야기만큼은 기억에 남는다"고 했다. 그는 당시 «린 스타트업» 방법론에 푹 빠져 있었는데, 그 책에 따르면 초기 고객의 반응을 샅샅이 조사하는 것이야말로 스타트업이 서비스의 존망을 점칠 수 있는 유일한 방법이었다. 그걸 토스팀이 실행하고 있었던 것이다. '제대로 일하는 팀인가 보다' 하는 생각이 들었다.

자리를 파할 때 남영철이 물었다.

"혹시 디자이너는 안 구하세요?"

그 후 두 사람 사이에 이메일 몇 통이 오갔는데, 짧게 소개하면 다음과 같다.

남영철 2014년 4월 17일 오전 0시 19분
바쁘신 와중에 시간 내주셔서 감사합니다. Toss를 써보고 나서 정말 만나뵙고 싶다고 생각했는데, 진짜로 만나뵙게 돼서 긴장했습니다만 이야기하다 보니 시간 가는 줄 몰랐네요. 팀에 합류하는 것도 관심 있다는 의사를 다시 한 번 전해드립니다.

이승건 2014년 4월 17일 오전 10시 21분
저도 좋은 분을 만나뵌 것 같아 기분이 좋았습니다. 저희 팀에 조인하는 것에 관심이 있으시다면, 간단한 형태라도 이력서나 포트폴리오를 공유해주시면 이야기하기가 수월할 것 같네요.

남영철 2014년 4월 27일 오후 11시 42분
제가 비바리퍼블리카가 필요로 하는 사람인지 판단하는 데 도움이 되기를 바랍니다. 자기소개서와 이력서를 보내드립니다.

이승건 2014년 4월 28일 0시 24분

영철 님은 바로 제가 찾던 분이십니다. 함께하고 싶습니다. 하지만 이미 말씀드렸던 바와 같이 아직 디자인에 쏟을 자원(주로 현금)이 확보되지 않은 상황입니다. 그래서 저희가 투자를 유치한 이후에 합류하시는 게 어떻겠냐는 생각입니다. 수용 가능하시다면, 합류하시는 시점에 같이 일할 분들을 만나보면 좋을 것 같습니다.

남영철 2014년 4월 28일 오후 11시 25분

긍정적인 답변 주셔서 감사합니다. 저도 투자유치 이후에 합류하는 것이 좋을 것 같습니다. 합류의 시점이 다가오게 되면 다시 연락 주시기 바라며 마칩니다.

한참 동안 연락이 없었다. 서비스도 재개되지 않았다. 남영철은 인터넷에 토스와 비바리퍼블리카를 자주 검색했다. 마지막 메일도 종종 열어보았다. '망한 건가? 아니면 거절의 뜻을 돌려서 말한 건가?'

그러고 두 달이 지났을 무렵, 짧은 메일 한 통이 도착했다.

"영철 님, 이제 오세요. 모실 준비가 되었습니다."

함께하고 싶다던 이승건의 말은 진심이었다. 처음에는 토스팀에 디자이너가 필요하다고 생각하지 않았다. 앱을 예쁘게 만드는 것은 아직 관심사가 아니었다. 한편으로는 디자이너들이 앱을 예쁘게 만드느라 이런저런 요소를 집어넣어 구동을 느리게 한다고도 생각했다. 외주를 맡겨본 경험에서 비롯된 편견이었다.

그런데 남영철이 보내온 자기소개서를 보고 관점이 바뀌었다. 남영철은 '디자인이란 사용자에게 반복되는 불편을 발견하고, 어떻게든 해결책을 찾아내 구현하는 것'이라고 썼다. 따라서 디자이너는 '관습'을 걷어내고 현상을 바라보는 능력과 문제해결을 위한 관찰 및 인터뷰 기술, 다양한 아이디어를 내고 시각화할 수 있는 스케치 능력, 아름다운 결과물을 만들어내는 감각과 꼼꼼함이 있어야 한다고 했다. 이승건은 군더더기 없고 구조적인 남영철의 문장을 읽으며, 그가 팀에 합류하면 즉시 전력이 되어주리라 생각했다.

투자자 알토스

'모실 준비'라는 것은 메일에서 언급한 대로 투자유치였다. 이승건은 남영철을 만나고 3개월 만에 첫 투자유치를 확정지었다. 베타서비스를 운영한 두 달 동안 폭발적인 수요를 두 눈으로 확인한 토스팀은 물러설 생각이 전혀 없었다. 정부와 은행을 설득해 제대로 론칭할 수만 있다면, 성공가도에 이미 올라선 것이나 다름없다고 믿었다. 은행을 설득하려면 돈이 필요했다. 펌뱅킹망 이용 수수료를 안정적으로 지급할 여력이 있다는 것을 보여줘야 했다.

이승건은 벤처캐피털을 50곳 가까이 만났다. 하지만 한 푼도 모으지 못했다. 당시 중소기업창업지원법상 국내 벤처캐피털은 금융업에 투자할 수 없었다. 전자금융업인 토스는 보기에 따라 IT 서비스로도, 금융 서비스로도 분류될 수 있었다.

각 투자사의 심사역은 이승건의 피칭에 설득돼 '하우스 들어가서 바로 보고하겠다'고 했지만, 최종 컨펌이 나지 않는 일이 부지기수였다. "금융업으로 해석될 여지가 있다. 까다로운 규제를 피해서 송금으로 어떻게 수익을 만들어낼 수 있겠냐"는 회의적인 답변이 돌아오곤 했다.

개인이나 해외 투자자를 찾는 수밖에 없었다. 본엔젤스 장병규 의장이 개인적으로 토스에 투자하겠다는 의사를 밝히기도 했다. 이승건은 장병규를 존경했다. 이승건은 그와의 미팅을 '게임 레벨업'에 비유했다.

"이미 스타트업을 만들어 성공시켜본 경험이 있었으니 배울게 많았죠. 장병규 의장님을 한 번 만날 때마다 게임 캐릭터가 레벨업하면서 새로운 무기를 획득하는 것처럼 제 인식의 지평이 넓어졌어요. 그렇지만 결국 투자를 받지는 않았습니다. 5억 원을 투자하겠다고 했는데, 그걸로는 좀 모자라겠다고 느꼈거든요."

투자유치에 한창이던 2014년 5월 19일, 이승건은 퀄컴의 스타트업 경진대회 '큐프라이즈'에 참가했다. 이날 대회에서는 자동차 소유자와 정비소를 연결하는 서비스 '카페인'이 1등을 차지했다. 토스는 3등을 했다. 망연히 서 있는 이승건에게 한 심사위원이 저벅저벅 다가왔다.

"안녕하세요, 저 알토스 한 킴이라고 해요."

"안녕하세요. 이승건입니다."

"토스에 관심 있습니다. 다시 만나서 더 얘기해볼 수 있을까요?"

"너무 좋습니다."

"그럼 이번 주 수요일 어때요?"

알토스벤처스와 토스의 긴 인연은 이날 시작되었다. 대표 한 킴은 1996년 미국 멘로파크에서 벤처 투자를 시작했고, 2006년부터 한국의 유망 스타트업을 발굴했다. 이승건과 인사한 시점에는 한국에 투자하는 전용 펀드를 만들어 더욱 적극적으로 활동을 전개해 쿠팡, 배달의민족, 블루홀(현 크래프톤) 등에 투자한 상태였다. 이승건도 알토스를 알고 있었다. 언제 얼마나 매출과 이익이 날지에만 골몰하는 투자사들과 달리, 알토스는 회사의 창업가와 미션을 보고 10년 이상 장기적으로 투자하는 하우스로 알려져 있었다. 솟아날 구멍이 될 수 있겠다, 기회를 놓치지 말아야겠다고 이승건은 다짐했다.

이틀 뒤, 이승건은 강남의 알토스 사무실로 찾아가 한 킴과 마주 앉았다. 한국에서 온라인 송금과 결제가 얼마나 불편한지 현실을 짚는 것으로 이야기를 시작했다. 사람들의 일상에 송금과 결제가 얼마나 빈번한 행위인지 설명했다. 토스는 누구도 생각해내지 못한 펌뱅킹망을 활용해 송금을 편리하게 만들어냈다고, 송금은 시작일 뿐이며 토스가 사람들의 습관이 되면 그다음에는 간편결제로 커다란 매출을 일으킬 수 있다고 말했다. 궁극적으로 차지할 수 있는 시장의 크기는 어마어마하다고, 전 세계 시장의 흐름이 핀테크로 모이고 있다고 했다.

2시간 동안 모든 것을 쏟아냈다고 느꼈고, 좌중에 잠시 침묵이 흘렀다.

"10억 할게요."

한 킴은 결정을 빠르게 내렸다. 몇 년 뒤 어느 인터뷰[3]에서 한 킴은 이렇게 기억을 되새겼다.

"(경진대회에) 참가했던 회사가 8개였는데, 저는 토스가 가장 마음에 들었어요. 이승건 대표가 꿈꾸는 것에 매료됐죠. 투자해야겠다고 생각해서 일부러 1등 안 줬어요."

투자가 확정된 뒤 토스팀은 8평짜리 선릉역 오피스텔을 떠나, 신논현역 소리빌딩에 사무실을 얻었다. 건물 복도가 온통 샛노란 페인트로 칠해진 작은 건물이었다. 남영철도 무사히 팀에 승선해 소리빌딩으로 출근했다. 이승건은 이제 6명이 된 팀원들에게 이메일을 썼다. 그는 이즈음부터 토스팀의 여정을 전쟁이나 전투에 종종 빗대었다.

이승건 2014년 9월 4일 오후 8시 56분

태양 님, 광수 님, 주영 님, 민주 님, 영철 님,

지난했던 시간이 지나고 여러 가지 좋은 소식들을 함께하게 되었습니다. 우리가 임할 시장과 고객 그리고 제품의 핵심적인 모습과 전략이 드디어 나와서, 더이상 밖에 돌아다니며 사람들 구경하지 않아도 되게 되었고, 무엇보다 우리의 생존율을 급격하게 높여준 투자유치가 있었지요.

우리 비즈니스는 결국 스마트 디바이스로 '지갑'을 대체하겠다는 것입니다. 송금, 결제에서 시작하여 대출, 본인인증 등 은행이 제공하는 모든 금융 서비스를 우리 손으로 제공하겠다는 것이며, 결과적으로는 사람들이 손에 현금과 카드가 담긴 지갑 대신 우리 회사의 서비스를 들게 만들겠다는 비전입니다. 상상하면 얼굴에 미소가 지어집니다. 사람들이 커피숍에서 온라인 쇼핑몰에서 너무나 쉽게 결제하는 모습을 생각해보세요. 우리는 사회를 한 단계 진보시켰고, 더 나은 세상을 만들었다고 분명히 말할 수 있을 것입니다.

하지만 이런 비전을 현실로 만드는 여정은 이제 시작입니다. 아직 제품도 나오지 않았어요. 그 제품을 많은 이들이 쓰게 만드는 것은 기본이요, 수많은 이해관계자와 윈윈해야 하고, 규제와 싸워야 하며, 경쟁자들과 무수한 전투를 치러야 할 것이며, 무엇보다 사람들의 습관을 바꾸는 일을 해내야 할 것입니다. 수많은 전투와 반격, 장벽, 규제, 제한이 있을 텐데, 아직 그것들 중 아주 일부만 맛보았을 뿐입니다. 그럼에도 굉장히 쓰리고 아프고 힘들었지요.

이 여정이 우리에게 영웅적인 수준의 헌신과 열정, 탁월함, 지략, 우수한 자원을 필요로 할 것이라는 점은 명약관화합니다. 우리가 달성하고자 하는 것은 지금껏 누구도 달성하지 못한 것입니다. 보통 스타트업이 하는 것처럼 해서는 당연히 그런 예외적인 성과를 달성하지 못할 것입니다. 우리는 더 나아져야 합니다. 예외적인 성과를 내기 위해서는 우리 자신이 예외적인 퍼포먼스, 창의력 그리고 용기를 발휘할 수 있어야 합니다. 우리에게 요구되는 헌신과 성장을 뒤처짐 없이 꼭 이루어서 다 끝났을 때, 후회 없는 한 판이었다고 말할 수 있도록 합시다.

Journey is 1% finished.

우리 여정은 이제 시작입니다. 겸손한 마음으로 기적을 함께 만들어봅시다.

카카오 대응전략

첫 번째 전투는 예상보다 빨리 시작되었다. 2014년 10월, 카카오가 '뱅크월렛 포 카카오(Bank Wallet for Kakao)'라는 이름의 간편송금 서비스를 다음 달 출시한다는 사실을 알게 된 것이다.

뱅크월렛은 금융결제원 주도로 국민·신한·우리·하나를 비롯한 시중은행과 카카오가 손잡고 추진한 모바일 송금 서비스였다. 카카오톡 가입자 3700만 명이 편리하고 신속하게 송금 서비스를 이용할 수 있고, 송금 후 돈을 받는 사람에게 카카오톡으로 메시지를 보낼 수 있다는 점 등이 강점으로 꼽혔다. 그중에서도 계좌 보유 은행에 상관없이 송금할 수 있다는 것이 가장 강력한 한 방으로 보였다.

온갖 모바일 서비스에 '포 카카오'를 붙이고 카카오 이모티콘을 준다고 홍보하면 사용자 수가 급증하던 시기였다. 카카오 내부에서 직원용 테스트를 시작했는데, 점심 먹고 죄다 뱅크월렛으로 더치페이한다는 등 반응이 엄청나다는 소문도 들렸다. 반면 토스는 언제 서비스를 재개할 수 있을지 여전히 불확실했다.

이승건의 첫 반응은 놀랍게도 '토스를 포기하자'는 것이었다. 아직 어떤 은행도 토스에 펌뱅킹을 열어주겠다고 약속하지 않은 상태였다. 정부기관이자 은행망을 쥐고 있는 금융결제원이 카카오의 뒤를 받쳐주는 한 토스가 다시 문을 연다 해도 이길 가능성이 없어 보였다. 겨우 1년 전, 다보트를 카카오에 붙이려다 좌절한 경험 또한 아직 생생했다. 베타 서비스 기간의 호응은 머릿속에서 희미해져 갔다. 서비스를 시작했다가 몇 달 뒤 카카오에 밀려 사라질 거라면, 하루라도 빨리 미련을 버리고 새로운 아이템을 찾는 게 낫겠다는 결론이었다. 팀원들은 이대로 끝낼 수 없다며 반대했지만, 당시 이승건의 심리 상태는 '알아서 기자'에 가까웠다.

체념한 이승건을 돌려세운 것은 당시 여자친구의 한마디였다. 유망한 스타트업에서 일하던 그는 업계에 발이 넓고 경험도 많았다. 당시 토스팀에 필요한 사람을 소개해주고 필요한 조언을 아낌없이 건네는 이였다.

"정신 차려. 지금 네가 성공하든 망하든 아무도 몰라. 차라리 카카오랑 맞붙어서 제대로 망해봐. 그러면 팀이 유명해지기라도 하겠다."

'싸우다 망하면 유명해지기라도 하겠다', 후회 없는 한 판을 벌이자던 이승건의 다짐을 일깨우는 일침이었다. 세상을 바꾸겠다고 큰소리쳐놓고 싸우지도 않고 퇴각이라니, 있을 수 없는 일이었다.

막연히 겁을 먹는 대신 몇 가지 시나리오를 그려보기로 했다. 그동안 주위들은 정보를 모아보았다. 뱅크월렛 서비스를 카카오톡에 붙은 하나의 기능이 아니라 별도의 앱으로 내놓는다는 이야기가 있었다. 작은 안도감이 밀려왔다. 앱 하나를 다운로드하게 만들려면 생각보다 큰 노력과 비용이 든다는 사실을 토스팀은 뼈저린 실패 경험을 통해 알고 있었다.

입사 2주째였던 남영철은 회의 내용을 '뱅크월렛 포 카카오 대응전략'이라고 메모했다.

첫째, 카카오 이모티콘을 무료로 받기 위해 사람들은 뱅크월렛을 설치할 것이다. 그리고…

① 가입을 거쳐 대부분 계좌 등록까지 할 것이다.
② 계좌 정보를 순순히 내놓지는 않을 것이다.

둘째, 뱅크월렛을 설치하지 않은 상대에게 송금하면, 앱을 설치하라는 메시지가 간다. 그러면…

① 상대방은 돈을 받기 위해 뱅크월렛을 다운로드하고 계좌 등록을 할 것이다.
② 귀찮으므로 은행 계좌로 직접 이체해달라고 요청할 것이다.

셋째, 뱅크월렛 계좌에서 자신의 은행 계좌로 환급받으려면 하루가 걸린다. 이에 대해…

① 큰돈, 급한 돈 아니니 상관없다, 기다릴 것이다.
② 바로 받을 수 없고 돈이 묶여 있다는 부담을 느낀다. 뱅크월렛 사용을 주저할 것이다.

이 세 지점에서 사람들이 어떤 선택을 내리느냐가 뱅크월렛의 성공 여부를 가를 것이라 판단했다. 토스팀은 물론 2번 시나리오대로 상황이 흘러가기를 바랐지만, 결과를 예측할 수는 없었다. 1차 관문은 계좌 등록 과정이 얼마나 간편한가였다. 언제 서비스를 재개할 수 있을지는 모르지만, 우선 뱅크월렛과 비교해 토스의 강점을 정리해 봤다.

① 토스는 돈을 주고받는 데 기다릴 필요 없이 실시간 이체를 제공했고,
② 토스를 설치하지 않은 수취인도 계좌번호만 입력하면 돈을 입금받

을 수 있다.

③ 은행 계좌와 토스 간 돈을 충전하고 환급받는 절차를 만드는 대신, 은행 계좌에서 바로 입출금하는 형태로 서비스를 구현했다.

그다음은? 기다리는 수밖에. 뱅크월렛이 공개된 뒤 사용자들의 불편이나 문제가 부각되면 그때 토스의 강점을 대중에게 어필하자는 것이 이날 회의에서 도출된 '대응전략'이었다. 남영철은 위기감을 느꼈다. "뱅크월렛이 스스로 망하기를 기다리는 것이 전략인 거잖아요. 한마디로 요약하면 '대책 없음'이었죠."

하지만 뱅크월렛이 일반에 공개된 후 남영철은 속으로 쾌재를 불렀다. 언론에서는 1일 송금 한도 10만 원, 수취 한도 50만 원 등의 제한이 뱅크월렛이 성장하는 데 걸림돌이라고 지적했다. 하지만 토스팀의 분석은 달랐다. 20대 사용자가 절대다수인 간편송금 서비스는 평균 송금 금액이 많지 않기 때문에, 한도 제한은 대수로운 문제가 아니었다.

그보다는 별도의 앱으로 출시된 뱅크월렛을 설치하고 가입해서 송금을 실행하기까지 길고 복잡한 과정이 문제였다. 토스팀이 예상한 대로였다. 특히 계좌를 등록하려면 은행에서 발급한 보안카드나 OTP 비밀번호를 입력해야 하는데, 이 대목에서 상당수가 이탈했다. 남영철이 뱅크월렛으로 돈을 보내면 '귀찮으니 계좌로 보내라'는 친구들의 불평이 돌아오곤 했다. 이승건도 "당시 뱅크월렛의 서비스 퍼널을 뜯어보니 서비스 가입, 등록, 이용까지 전 과정을 통과할 사용자 비율이 토스와 비교해 현저히 낮으리라고 예상할 수 있었다"고 했다.

뱅크월렛은 2년 뒤인 2016년 12월 말을 기점으로 서비스를 종료했다. 시시한 결말이었다. 오늘날 토스와 간편송금 시장을 양분하고 있는 카카오페이도 당시에는 간편결제 서비스에 주력했고, 1년 반이 더 지나서야 카카오톡 앱을 통한 송금 기능을 제공하기 시작했다. 토스로서는 상당한 시간을 번 셈이었다.

정식 출시

해가 바뀌어 2015년, 토스 서비스 오픈은 여전히 기약이 없었다. 어떤 은행의 펌뱅킹망도 뚫지 못한 채였고, 뾰족한 수도 보이지 않았다.

하지만 토스팀이 속 끓이는 것과 달리, 바깥의 시선은 조금씩 달라지고 있었다. 알리페이 등 해외 핀테크 산업의 눈부신 성장을 목도한 정부와 언론이 핀테크를 새로운 산업 동력의 하나로 조명하기 시작했다. 이승건의 이름도 덩달아 알려졌다. 조선일보 신년 특집호에 '한국 경제, 이들이 젊은 심장'이라는 제목으로 김범석 쿠팡 창업자, 김봉진 배달의민족 창업자 등 한창 잘나가던 스타트업 창업자들과 함께 이승건이 소개되기도 했다. 국내에 이렇다 할 성과를 거둔 핀테크 기업이 드물 때라 정책 간담회 같은 자리에도 이따금씩 불려가곤 했다.

2015년 1월 15일 청와대에서 열린 정부 업무보고에도 이승건은 핀테크 스타트업 대표로 초대되었다. 경제혁신 3개년 계획의 일환으로 핀테크 산업 활성화 방안을 논의하는 자리였다. 이날 이승건의 얼굴에는 유독 긴장감이 돌았다. 대통령과 금융위원회 위원장, 기획재정부 장관, 산업통상자원부 장관, 여러 국책은행장까지, 토스의 운명을 좌우할 수 있는 이해관계자들이 모두 모였기 때문이다.

2시간 넘게 진행된 행사 중 이승건에게 주어진 시간은 단 3분. 마이크가 켜지자 그는 유례없이 강한 어조로 빠르게 말을 이었다. 눈빛은 형형했다.

"안녕하십니까. 저는 비바리퍼블리카의 대표 이승건입니다. 저희는 지급결제 분야에서 국내 최초로 등장한 핀테크 스타트업으로서, 간편한 송금 서비스를 만들기 위해 아주 유능한 사람들이 모여 노력하고 있습니다. 저희가 최초의 도전자에 가까운데요. 저희 팀의 성공 여부가 국내에서 핀테크 스타트업이 가능한지 아닌지 가늠하는 바로미터가 될 것 같아서, 모두가 애국심을 가지고 정말 열심히 하고 있습니다.

처음에 성장할 때 가장 힘들었던 부분은 확실히 스타트업이 늘 그렇듯 자금 확보입니다. 특히나 금융업 같은 경우에는 중소기업창업지원법에 의해 국내에서 투자를 받는 것이 불가능한 상황이었는데요. 저희는 실리콘밸리 투자사로부터 투자를 유치해서 이 문제를 해결했습니다. 중소기업창업지원법상의 규제가 정부에서 이번에 전폭적으로 풀렸다는 소식을 들어서 너무 기쁩니다. 시장에 자금이 풀리기까지는 시간이 좀 걸리니 이 부분이 확실히 될 수 있도록 여러 가지 신경을 쓸 필요가 있습니다.

아까 업무보고 시작될 때 이야기 나왔던 것처럼 올해가 굉장히 중요한 골든타임인데, 핀테크 산업은 특히나 더 그런 상황입니다. 그래서 마음이 굉장히 조급합니다. 저희가 이 자리를 통해 꼭 말씀드리고 싶었던 것은 현장에서 은행 등 금융기관의 태도가 너무나 보수적이라는 점입니다. 핀테크가 성공하기 위해 핀테크 IT 기업과 기존 금융기관이 유기적으로 협조하지 않으면 절대 혁신은 일어날 수 없는 상황인데요. 이런 문제상황을 해결하기 위해 몇 가지 제언을 드리고 싶습니다.

첫째는 보안 사고에 대한 금융당국의 정책이 변화될 필요가 있다는 말씀을 드리고 싶습니다. 보안 사고에 민감한 금융당국의 입장은 충분히 이해할 수 있지만, 과도한 제재로 인해 금융회사가 새로운 시도를 열심히 해보기가 참 어려운 상황입니다. 그래서 지금처럼 모든 보안 사고를 일일이 제재하는 식의 정책보다는 영국이나 미국 같은 해외 금융 선진국이 하는 것처럼 보안 사고가 일정한 범위 내에서만 발생하도록 컨트롤하는 데 집중하는 리스크 매니지먼트 정책으로의 변화가 필요할 것 같습니다.

둘째는 핀테크 산업에 대한 정부의 전폭적인 지원입니다. 해외 핀테크 산업은 정부의 전폭적인 지원을 통해 이루어진 바가 큽니다. 일례로 6억 명 이상이 사용하는 오늘날의 알리페이가 있었던 것은 금융을 혁신하고자 하는 (중국) 정부의 강력한 의지가 있었기 때문입니다. 금융당국의 핀테크 산업에 대한 전향적인 의지가 은행 등 금융기관에 충분히 전달될 수 있도록 하는 것이 매우 중요합니다.

핀테크는 기본적으로 기존 금융업에 새로운 혁신을 통해 부가가치를 많이 창출할 수 있는 윈윈 비즈니스인 만큼 은행도 전향적인 입장을 가질 수 있도록 독려해주시면 좋겠습니다. 은행과의 계약이나 기존 금융기관과의 협조 없이는 사실상 사업의 시도조차 어려운 것이 IT기업의 현실이기 때문에, 이런 부분이 꼭 전달될 수 있으면 좋겠습니다. 이상입니다."

이승건이 말을 멈추었을 때, 장내에는 물을 끼얹은 듯 2~3초간 침묵이 흘렀다.

"진지하고 열정적으로 쏟아냈어요. 젊은이의 기상 혹은 간절함이 전달되기만을 바랐죠. '안 될 거야'라는 사람들의 시선을 '도와주고 싶다'는 마음이 들도록 바꾸고 싶었습니다."

그 순간 와자하게 웃음이 터져 나왔다. 박근혜 대통령은 규제 일변도의 금융 정책을 바꾸겠노라 화답했다.

"(규제의) 울타리를 쳐놓으면 이 안에서 우리가 안전하다는 것은 착각이에요. 안전한 게 아니라 그 안에서 고사되는 거예요. 울타리가 아무런 소용이 없는 시대가 됐기 때문에. (중략) 획기적인 발상의 전환, 이번에 확 바뀌지 않으면 금융 산업에 미래가 없다는 위기감, 절박감, 이런 걸 가지고 적극적으로 뛰어들 수 있도록 하는 노력이 반드시 필요합니다. 금융위가 앞장서서 해주시기 바랍니다."

불가능이 가능으로 바뀌는 순간이었다. 얼마 지나지 않아 금융위원회에서도 토스 서비스를 사실상 허용하는 유권해석[4]을 내렸다. 청와대 업무보고에 참석했던 권선주 기업은행장은 "핀테크 산업의 발전에 기여하겠다"며 토스와 업무협약을 맺고 처음으로 펌뱅킹망을 열어주는 전향적인 결정을 내렸다. 그러자 부산은행과 경남은행도 긍정적인 신호를 보내왔다. 지방은행으로서 모객의 한계를 극복하는 계기를 토스와의 제휴로 만들어보려 했을 것이다. 토스팀은 의욕적으로 정식 서비스 론칭 준비에 박차를 가했다.

2015년 2월 23일, 토스 서비스가 정식 출시됐다. 토스 앱을 열고→첫 화면에 보낼 금액을 입력하고→받을 사람의 계좌번호나 연락처를 입력한 뒤→숫자 4자리와 영문 1자리로 된 비밀번호를 누르면 송금이 완료됐다. 연락처로 송금하면 받는 사람에게 입금받을 계좌번호를 입력하는 SMS 메시지가 전송됐다. '끝난 건가?' 싶으면 재치 있는 메시지가 떴다.

'송금이 완료되었습니다. 정말로요.'

토스 앱의 메인 컬러는 짙은 파란색으로 정했다. 남영철이 책 《브랜딩 불변의 법칙》에서 '색의 법칙'이라는 대목을 보고 결정했다. "파랑은 빨강과 정반대되는 색이다. 평화롭고 차분하다. 파랑은 느긋한 색이다. 브랜드 세계에서 빨강은 관심을 끌기 위해 사용하는 소매업의 색이다. 파랑은 견실함을 표방하는 기업의 색이다. 코카콜라의 빨강과 IBM의 파랑을 생각해보라."5 저자 알 리스는 '원색을 쓰라. 그리고 주요 경쟁자와 정반대 색을 쓰라'고 권했다. 남영철은 카카오와 네이버를 떠올렸다.

"IT 회사가 빨간색을 키 컬러로 쓰면 안 된다는 건 네이트에서 배웠어요. 서비스에서 확인, 승인 등 각종 버튼을 만들 때 키 컬러를 쓰는데, 빨간색은 경고나 삭제의 의미가 있어서 사용자에게 혼란을 줄 수 있거든요. 그럼 우리의 상대는 누구지? 아직 명확하지는 않았어요. 그렇지만 초록색은 네이버, 노란색은 카카오가 생각나서 안 되겠다. 그럼 남는 건 파란색. 마침 신뢰의 의미도 있네. 신기하게도 우리은행을 떠올리지는 않았어요. 토스의 경쟁자가 은행이 아니라는 걸 그때도 어렴풋이 알았던 것 같아요."

처음에는 기업은행, 부산은행, 경남은행 세 곳만 토스를 통한 송금을 지원했다. 받는 사람의 계좌는 국내 어느 은행이든 상관없지만, 토스에 가입해 돈을 보내려면 이 세 군데 은행 중에 계좌가 있어야 했다. 크게 걱정하지는 않았다. 1년 전과 같은 성장을 보여주면 다른 은행들도 곧 못 이기는 척 문을 열어줄 거라 믿었다.

2014년 베타 서비스 때 토스를 써보고 싶다고 연락처를 등록했던 모든 이들에게 단체 메일을 보냈다.

'드디어 다시 토스가 나왔습니다.'

그리고 기다렸다. 절치부심 준비해온 토스에 사용자가 모여들기를. 2014년에 두 달 동안 경험했던 뜨거운 열기가 되살아나기를.

리텐션 자부심

2015년

2월 말   870명

3월 말	5110명
4월 말	1만 2924명
5월 말	4만 6158명
6월 말	7만 5445명
7월 말	9만 297명
8월 말	9만 9620명

'다시 열기만 하면 성공할 것'이라는 자신감은 반년 만에 산산조각 났다. 별다른 홍보 없이도 입소문을 타고 눈덩이처럼 불어나던 베타 서비스 때의 성장세는 재현되지 않았다. 가입자 수가 늘기는 했지만 턱없이 느렸다. 처음에는 당황했다. 론칭 하나만 보고 달려왔을 뿐, 정작 문을 열고 나서 어떻게 사용자를 모을 것인지 전략이 없었다. 뒤늦은 깨달음은 고통스러웠다. 그러나 손 놓고 구경만 할 수는 없었다.

　토스팀은 매주 모여 'AARRR'을 추적했다. AARRR은 실리콘밸리에서 활용하는 개념으로 스타트업이 제대로 성장하고 있는지, 앞으로 더 성장할지를 가늠하는 지표다.

— 획득(Acquisition): 광고나 입소문을 타고 토스에 유입된 새로운 사용자
— 활성화(Activation): 토스에 처음으로 자신의 계좌를 등록하고 서비스를 이용한 사용자
— 유지(Retention): 한 번 활성화한 이후 다시 토스 서비스를 이용한 사용자
— 수익(Revenue): 서비스를 통해 토스가 창출한 이익
— 추천(Referral): 토스를 써본 뒤 친구에게 추천해준 사용자

커다란 보드에 비닐을 씌운 뒤 보드마카로 매주 숫자를 고쳐 적다 보니, 특기할 만한 것이 눈에 띄었다. 활성화(activation), 즉 계좌 등록률은 20%대로 저조한 반면, 활성화 이후 반복해서 토스를 찾는 유지율(retention)은 70% 안팎으로 매우 높았다. 잔류하는 사용자가 많다는 것은 간편송금이라는 서비스가 본질적인 가치를 지닌다는 뜻이었다.

그럼에도 사용자들은 토스에 계좌를 등록하지 않았다. 등록 가능한 은행 계좌가 없었으니 당연한 일이었다. 친구에게 추천받아 토스 앱을 다운로드해도, 정작 내가 가진 계좌는 토스에 등록해 쓸 수 없는 경우가 대다수였다. 페이스북 광고로 10명을 데려오면 2명만 토스에 계좌를 등록했다. 토스에 극렬한 지지를 보내준 몇몇 고객은 송금 가능한 은행을 일부러 찾아가 계좌를 개설하기도 했다. 하지만 이는 아주 예외적인 경우고, 대부분 이탈했다. 다행스러운 점은 한 번 토스에서 송금해본 사람들은 매주, 매달 토스 앱을 켠다는 사실이었다. 쉽고 간편한 송금 프로세스에 익숙해지면 불편한 은행 앱으로 돌아갈 수 없을 것이라는 가설이 증명되는 듯했다. 그야말로 '리텐션 자부심' 하나로 버틴 시기였다.

문제가 분명하니 해결책도 단순했다. 더 많은 은행, 그중에서도 국민 대다수가 사용하는 대형 시중은행을 하루빨리 토스 앱에 붙여, 사람들이 쉽게 계좌를 등록하도록 만드는 것이다. 이승건은 가장 많은 시간을 은행 영업에 할애했지만, 큰 은행은 미팅을 잡는 것부터 쉽지 않았다. 어렵게 담당자를 만나면 '레퍼런스'가 필요하다고 했다. 은행들과 연동해 아무런 문제 없이 서비스를 운영하고 있으며, 펌뱅킹망 이용료를 지불하고 있다는 사실을 증명하라고 했다. 시간이 걸리겠지만 해결할 수 있는 요청이었다.

반면 금융업에 대해 뭘 알고나 뛰어든 것이냐는 면박에는 대응할 도리가 없었다. 일면식도 없는 한 은행 임원은 이승건에게 대뜸 "당신이 얼마나 무모하고 말도 안 되는 서비스를 만들고 있는지 아느냐. 시장을 교란시키기 전에 빨리 포기하라"는 문자 메시지를 보내왔고, 또 다른 은행의 디지털 담당 부장은 선심 쓰듯 택시를 잡아주며 "금융은 그렇게 쉬운 게 아니다. 지금까지 아무도 라이선스 없이 성공하지 못했다. 결코 성공할 수 없을 것"이라고 단언하기도 했다. 은행 사람들의 의심 가득한 눈초리와 말투를 대할 때마다 이승건은 갈피를 잡지 못하고 이리저리 헤맸다.

"정말 내가 모르는 뭔가가 있는 걸까? 은행에서 10년, 20년 일한 전문가들이 모두 아니라고 하는 걸 보니, 그들 말대로 내가 '뭘 몰라서' 잘못된 길을 가고 있는 건 아닐까? 스스로에게 의구심을 가지게 됐어요. 그렇지만 그 사람들 역시 잘 알지도 못하면서 하는 말이기를, 변화를 두려워하며 아무렇게나 내뱉는 말이기를 바랐어요. 그 말이 무서워서 돌아가기에는 너무 멀리 와버렸으니까요. 나라를 시끄럽게 만들든 금융시장을 혼란하게 만들든 더 가보는 수밖에 없었죠."

큰 은행이 여의치 않자 토스팀은 전략을 수정해 규모가 작은 은행부터 차례로 연동해 레퍼런스를 쌓아 나갔다. 출시부터 함께한 기업·부산·경남은행을 시작으로 2015년 말까지 토스는 전북은행, 우체국, 광주은행, 새마을금고, NH농협은행, 신협, SC제일은행, DGB대구은행, 산업은행을 차례로 연동했다. 점차 은행 설득에 능통해졌다. 가능하다면 결정권을 가진 '윗사람'을 만나 설득하는 것이 빨랐다. 토스와의 제휴가 당시 은행들의 화두였던 '디지털라이제이션(digitalization)'을 실천하는 사례로 알려지면서 속도가 났다. 말 그대로 레퍼런스가 쌓이면서 한 은행의 디지털금융 담당자가 다른 은행의 담당자를 연결해주기도 했다.

5대 은행 중에는 농협이 가장 먼저 토스에 펌뱅킹망을 열어주었다. 소관 부서가 스마트금융부였는데, 부서장은 이후 은행장을 거쳐 금융지주회장이 되었다. 바로 손병환 NH농협금융지주 회장이다. 이승건은 "아무 문제도 생기지 않기만을 바라며 뭉개는 관리자가 아니라, 은행의 미래를 고민하고 큰 결정을 내리는 분이었다. 토스가 영업하고 다니는 모습을 지켜보다 전향적으로 문을 열어주었다"고 기억했다.

그러나 KB국민, 신한, 하나, 우리은행은 좀처럼 움직이지 않았다. 얼마나 더 걸릴지 알 수 없었고, 그때까지 손 놓고 있을 수도 없었다. 활성화율(activation rate)을 높이는 것에는 한계가 있으니 잠시 미뤄두고, 신규 사용자를 데려오는(acquisition) 공격적인 마케팅에 집중하자는 결론에 이르렀다. 당시 토스가 커버할 수 있는 은행 계좌가 전 국민이 가진 계좌 수의 10%라면, 이 10%를 샅샅이 찾아내 토스 사용자로 전환시키는 것이 새로운 목표가 되었다.

태생부터 경쟁

"토스 가입하고 친구에게 77원을 송금하면 치킨 한 마리를 드려요!"

토스 로고가 그려진 새파란 티셔츠를 입은 안지영이 외쳤다. 2015년 볕이 따가웠던 어느 봄날, 울산광역시 유니스트(UNIST) 학생회관 앞에 토스 부스가 차려졌다. 천막 옆 파란 입간판에는 오른손에 닭다리, 왼손에는 5만 원짜리 돈다발을 든 세종대왕이 그려져 있었다.

유니스트는 경남은행을 등록금 납부 계좌로 이용한다. 그리고 경남은행은 당시 토스 송금을 허용한 몇 안 되는 은행 중 하나였다. 유니스트 학생들은 모두 경남은행 계좌를 가지고 있을 테니, 안지영은 이들을 토스에 가입시키기만 하면 쉽게 계좌를 등록하고 송금 서비스를 이용해줄 것이라 기대했다. 게다가 유니스트는 공과대학이다. 페이스북에서 토스 광고를 돌리면 공대생들의 반응이 유독 좋았다. 아무래도 새로운 IT 기술과 서비스에 관심이 많기 때문이라고 추측했다. 마케팅 콘텐츠를 함께 만들던 천명승도 동행했다. 두 사람은 직접 제작한 입간판을 둘러메고 울산에 갔다.

계산은 맞아떨어졌다. 늘 치킨이 고픈 학생들이 몰려들어 종일 북새통을 이뤘다. 하루 가입자 목표가 300명이던 시절이었는데, 이날만 토스 앱 다운로드가 1000건이 넘었다. 서울의 사무실에서도 환호성을 질렀다.

"경남·울산 지역 트래픽 뜁니다!"

안지영과 천명승도 신이 나 찾아오는 학생들에게 입이 닳도록 토스를 홍보했다. 두 사람은 밤 9시가 되어서야 녹초가 되어 서울로 돌아왔다.

하루 가입자 목표를 채우면 기쁘고, 채우지 못하면 속상한 날들이었다. 팀원들은 각자의 자리에서 할 수 있는 일들을 했다. 이태양, 박광수, 남영철 등 메이커들은 계좌등록 단계나 송금 과정을 조금이라도 더 쉽게 바꾸고 오류를 줄여보려고 애썼다. 이승건은 은행을 돌며 펌뱅킹망을 열어달라고 읍소하느라 바빴다. 그럼에도 신규 가입자의 계좌 등록률은 20%를 쉽게 벗어나지 못했다. 하루에도 몇 번씩 회사가 생사의 갈림길을 오가는 듯했다.

안지영은 토스 론칭 직전 팀에 합류해 산적한 일을 닥치는 대로 해치웠다. 고객 문의에 직접 응대했고, 온라인 커뮤니티나 소셜 네트워크의 토스 공식계정을 관리했으며, 기자 경력을 살려 보도자료를 작성하는 등 언론 홍보도 마다하지 않았다. 할 일도 많고 배울 것도 많아서 간이침대 라꾸라꾸를 회의실 한켠에 들여놓고 쪽잠을 잤다. 자취방은 일주일에 한두 번 짐을 챙기러 가는 곳이었다.

마케팅의 미음(ㅁ) 자도 모르는 안지영이었지만, 기업 마케팅 또한 그의 몫이었다. 토스로 송금할 수 있는 은행이 제한적이었으니, 해당 은행의 고객 비율이 높은 집단을 찾아내 마케팅하는 것이 효율적이라고 생각했다.

대학생들보다 먼저 타깃으로 삼은 것은 은행 임직원들이었다. 기업은행 임직원은 기업은행 계좌를, 전북은행 임직원은 전북은행 계좌를 사용할 확률이 높으니 이들을 대상으로 이벤트를 열었다. 이벤트 기간 동안 토스에 가입하고 77원을 송금한 사람들 가운데 1등을 뽑아 77만 7777원을 주는 식이었다. 이벤트가 열린다는 사실을 알리기 위해 안지영은 은행 지점장 수백 명에게 손편지를 써서 부쳤다.

지점장님, 안녕하세요.

저는 올해 스물일곱 살이 된 토스팀 마케팅 담당자 안지영이라고 합니다. 언론사에서 1년 반가량 기자로 일하다, 지난해 겨울 간편송금 어플을 만드는 토스팀에 합류해 낯선 마케팅 업무를 온몸으로 배우고 있습니다.

갑작스런 편지에 놀라셨죠? 이번 주에 시작된 IBK기업은행-Toss 이벤트를 잘 부탁드리고자 정성을 담아 편지를 드리게 됐습니다. 이미 알고 계시겠지만, 직원분들께 아침 조회시간에 한 번이라도 더 저희 이벤트에 대해 말씀해주실 수 있을 것 같아서요.

기업은행 전체 임직원을 대상으로 하는 큰 규모이기도 하고, 처음 기획해본 이벤트라 많이 고민하면서 야심차게 준비해봤습니다! 많이 바쁘시겠지만 지점 식구들께 한 번씩만 참여를 독려해 주신다면, 저희 팀에 정말 큰 힘이 될 것 같습니다!

관심 가져주시고 많이 도와주세요! 읽어주셔서 감사합니다.

안지영 드림

나중에는 개발자들도 슬그머니 안지영의 옆자리에 앉아 편지를 썼다. 은행 직원들에게 토스 앱을 써달라고 부탁하는 게 말이 안 되는 것 같기도 했지만 그래도 꾸준히 편지를 보냈다. 정성스럽지만 또 포악스러웠다. 나이 지긋한 지점장님들이 '젊은 청년들이 고생이 많네' 하고 기특해하며 직원들에게 알려주지 않을까 하는 바람이었다. "몇십 년 만에 손편지를 받아봐서 고마운 마음에 토스에 가입했다"는 연락이 오기도 했다. 그렇지만 노력한 만큼 지표가 뛰어오르지는 않았다.

마케팅 전력질주

몇 달 후, 비바리퍼블리카는 알토스로부터 투자받은 자금의 20%를 써서 작은 마케팅 회사 한 곳을 인수했다. 사용자 수가 빠르게 늘어나는 그래프를 보여줘야 다음 투자를 유치할 수 있는데, 은행이 붙는 속도가 너무 더뎠다. 투자 라운드가 시작할 때까지 가입자 100만 명을 달성하지 못하면, 토스는 서비스를 전면 유료화하거나 다시 중단해야 할 수도 있었다. 당시 누적 가입자 수는 11만 명, 남은 시간은 반년 정도였다. 더 노련한 마케팅으로 신규 사용자를 최대한 끌어모아야 했다.

인수한 마케팅 회사의 구성원은 모두 8명이었는데, 그중 5명은 토스팀 합류를 거절했다. 금융이나 핀테크라는 분야는 생소하다며 더 잘나가는 스타트업으로 이직하기도 했다. CMO를 맡은 피인수 회사 대표는 좁은 사무실을 쪼개어 개인 집무실로 썼다. 토스팀에서 자기 방을 요구한 사람은 그 전에도 그 후로도 없었다. 그러더니 '토스는 송금밖에 안 되고 돈도 못 버는 XX앱'이라는 말을 내뱉어 토스팀원들의 마음을 할퀴어놓고, 석 달 만에 회사를 떠났다.

첫 인수 시도는 실패에 가까웠지만, 마케터 하준백이 남았다. 그는 토스팀에 인수되기 전부터 토스 앱을 즐겨 썼다. 불편한 송금 경험으로부터 자신을 해방시켜준 토스를 동네방네 소문내고 싶다는 욕심이 있었다. 또한 토스팀이 처한 절박한 상황에 몰입했다. CMO가 퇴사한 뒤, 안지영과 하준백을 포함한 마케팅 팀원들은 오히려 하나로 뭉쳤다.

마케팅 예산은 월 최대 2000만 원이었다. 하준백은 돈을 아껴 쓰면서도 효율적으로 광고할 방안을 쥐어짜냈다. 원칙은 '작게 실패하고, 실패를 통해 배우자', 목표는 3개월 내 100만 사용자 달성.

"타깃 연령을 1세 단위로 쪼개서 1000원 어치씩 광고하기도 했어요. 어떤 콘텐츠가 어떤 연령대에서 반응이 있을지 모르잖아요. 만14세부터 65세까지 광고 세트를 52개 만드는 거죠. 그래서 어떤 연령대에서 반응이 나타나면 거기에 더 많은 광고비를 태웠어요. 나머지 광고는 끄고요. 생각할 수 있는 모든 방법을 동원했습니다. 발악을 한 거죠. 회사에서 잘리지 않았으면 좋겠다거나 인정받고 싶다는 마음보다는, 토스라는 가치 있는 서비스가 얼른 성장해서 시장에서 사라지지 않았으면 좋겠다는 마음이 컸어요."

마케팅팀은 페이스북에 집중해 수백 수천 가지 실험을 했다. 2015년은 페이스북이 광고 플랫폼으로서 기능을 제공한 지 얼마 되지 않았을 때다. 웹페이지 한켠에 배너 광고 띄우는 것을 넘어 일반 사용자들이 글과 사진을 올리는 정중앙 피드 사이사이에 광고 콘텐츠를 보여주는 서비스를 막 시작한 참이었다. 페이스북이 연령, 지역, 관심사 등을 기준으로 사용자를 분류해놓은 덕에 기업들은 타깃을 나누어 광고를 노출시킬 수 있었다.

예를 들면 페이스북에 '오늘의 꿀팁' 유의 정보성 유머 페이지를 여러 개 개설했다. 토스 앱에 폭발적인 반응을 보인 20대에 '먹히는' 콘텐츠 위주로 만들었다. 꼭 필요한 순간 토스 간편송금으로 빠르게 돈을 보냈던 '썰'도 풀고, 유머러스하게 네 컷 만화를 그려 내보내기도 했다. 같은 내용을 조금씩 변주해 5~6가지 콘텐츠로 만들었다. 만들 땐 1안이 좋았는데, 사람들은 3안에 '좋아요'를 누르는 경우도 많았다. 반응이 있는 콘텐츠들의 공통점을 찾아 비슷한 걸 또 만들어냈다. 매일 10개 넘는 광고 콘텐츠를 올렸다.

지그재그, 여기어때, 아이디어스, 화해 등 다른 분야의 스타트업들과 연합광고도 했다. '오늘의 베스트 앱 5', '요즘 아이폰 필수 앱' 같은 주제로 묶어 소개하는 콘텐츠를 만들고 광고비를 갹출해 규모를 키운 것이다. 하준백은 광고를 대행사에 맡기지 않고 직접 운영했다. 돈을 아끼는 것도 중요했지만, 사람들이 어떤 광고를 보고 토스 앱을 다운로드하는지 정확한 수치를 트래킹하기 위해서였다. 클릭당 또는 다운로드당 비용이 얼마나 들었는지 철저히 측정하는 '퍼포먼스 마케팅'이 토스 마케팅팀의 정체성으로 굳어졌다. 마케팅으로 100만 사용자를 만들어내지 못하면 서비스가 곧 사라진다는 절박함이 컸다. 하준백은 "재미있다, 토스 좋다는 댓글이 아무리 많이 달리고 '좋아요'가 수천 개 찍혀도 앱 다운로드로 이어지지 않으면 무의미한 콘텐츠"라고 말했다. 거꾸로 퍼포먼스, 즉 토스 앱 다운로드로 이어질 수 있다는 판단이 들면 매체, 예산, 내용 등 어떠한 제한도 없이 실행에 옮겼다. 이 시기엔 마케팅이 회사의 최우선 순위였기 때문에, 개발자들도 열 일 제쳐두고 마케팅팀을 도왔다. 수많은 마케팅 콘텐츠의 정량적 성과를 꼼꼼히 측정할 수 있도록 데이터 분석 툴을 만들어주는 것은 물론이고, 엑스트라로 광고 영상에 출연하는 것도 마다하지 않았다.

2015년 12월 30일 업로드한 '9살_차이나는_흔한_남매의_대화.mp3'라는 동영상은 가입당 100원이라는 역대급 효율을 기록했다. 안지영과 또 다른 마케팅 팀원 한규엽의 목소리로 녹음한 이 영상은 여동생이 오빠에게 전화를 걸어 '용돈 10만 원만 토스로 보내달라'고 조르는 단순한 내용이었다. 아침에 아이디어가 떠오르자마자 대본을 썼고, 자연스러운 연기를 위해 소주를 한 잔 마셨다. 대강 편집한 영상을 그날 오후 올렸다. 겨우 몇백만 원 어치 광고를 돌렸는데 조회수는 모두 270만 건이 나왔고, 그중 30만 명이 토스 앱을 다운로드했다. 기존 가입자 숫자만큼의 신규 가입자를 광고 한 편으로 만들어낸 것이다.

2015년
9월   11만 3870명
10월   18만 1676명

11월	25만 8420명
12월	37만 1941명
2016년	
1월	69만 2990명
2월	92만 1545명

이 영상을 기점으로 토스는 가파른 성장가도에 올라탔다. 신규 가입자가 일 평균 1만 명을 넘었고, 하루 광고비도 1000만 원 이상 소진되기 시작했다. 페이스북에 법인카드를 결제수단으로 등록해뒀는데, 법인카드 한도가 낮아 종종 광고가 끊기는 사태가 벌어졌다. 회사 규모가 작아 카드사가 이용한도를 높여주지 않았다. 그러면 팀원들은 주저 없이 개인 카드를 꺼내 결제했다. 하준백도 마찬가지였다.

"물론 회사로부터 돌려받긴 하지만, 나름은 큰돈이라 걱정될 수도 있잖아요. 하지만 다들 아무렇지 않게 바로바로 결제했어요. 광고가 끊기면 안 되니까. 직원들이 회사의 주인처럼 일한다는 것이 무엇인지 보고 느꼈죠."

2016년 3월 초, 드디어 목표했던 가입자 100만을 돌파했다. 4대 시중은행이 아직 토스에 연동되기 전이었다.

위기의 하루하루

목표지점에 골인했지만, 마냥 기뻐할 수만은 없었다. 은행 연동이 확대돼 자연스럽게 계좌등록률이 높아지고 사용자가 늘어난 것이 아니라는 점에서 제품을 만드는 메이커들은 부채감을 느꼈다. 남영철은 "페이드 마케팅을 통한 일시적인 성장에 그치면 어떡하느냐는 공포감, 혼자서도 잘 크는 제품을 만들어 더 빠르고 지속적인 성장을 만들어야 한다는 위기의식이 있었다"고 말했다.

기술적인 문제도 터지기 시작했다. 동시접속자가 크게 늘면서 서버에 부하가 걸리기 시작했고, 앱이 느려지거나 멈춰서는 일이 생겼다. 사용자들이 고객행복팀으로 문의하는데 고객정보를 관리하는 프로그램 '비바매니저'의 작동이 느려 쾌적한 상담도 어려웠다. 아직 대규모 트래픽을 처리할 만한 여건이 갖춰지지 않은 상태였다. 때맞춰 합류한 CTO 이형석은 초기 멤버들이 기초부터 배워가며 만들었던 시스템을 보수하고 증축하는 데 많은 시간을 썼다.

투자금을 모으는 데에도 늘 난항을 겪었다. 시리즈C 투자유치가 한창일 무렵, 한꺼번에 200억 원을 비바리퍼블리카에 투자하고 싶다는 사모펀드가 나타났다. 투자자는 이승건과 면담을 마치자마자 "우리가 이번 라운드 전액 투자할 테니 다른 데서 투자받지 말라"고 호언했다. 하지만 며칠 뒤 도착한 텀싯(term sheet)은 실망스러웠다. 투자 조건 중 하나로 토스가 은행과 펌뱅킹 수수료 협상을 할 때마다 주주의 동의를 받으라는 내용이 명시돼 있었다. 토스가 수수료를 너무 많이 내면 투자자로서 단기적으로 이익을 내기 어려울 테니 이를 제한하려는 의도로 보였다. 이후 사모펀드가 주식을 매각하기로 결정하면, 이승건이 가진 지분까지 같은 조건에 동반 매각해야 한다는 조항도 포함됐다. 토스의 장기적인 성장을 믿고 지지하는 투자자가 아니라, 짧은 시일 내에 기업가치를 끌어올려 비싸게 되팔려는 욕심만 엿보였다.

이런 불합리한 조항에 반대 의견을 표시하자, 투자자는 이승건을 술집으로 불러냈다. 그러고는 문을 걸어 닫고 자신들의 조건을 받아들이라고 강요하다시피 밀어붙였다.

"대표님, 오늘 논의 끝날 때까지 못 나갑니다."

이날 이승건은 투자를 거절하기로 마음먹었다.

"이번 투자 받지 않겠습니다. 다른 리드 투자자 구하겠습니다."

토스팀은 한동안 보릿고개를 견뎌야 했다. 운영자금이 부족해지는 시점도 찾아왔다. 출금이체 펌뱅킹망을 평일에만 제공하는 은행이 더러 있었기 때문이다. 토요일에 돈을 보내려는 A사용자의 계좌에서 출금된 금액은 월요일 오전 9시가 되어야 비바리퍼블리카 법인계좌에 들어왔다. 돈을 받아야 하는 B에게는 비바리퍼블리카가 운영자금으로 먼저 송금하고, 월요일에 채워 넣었다. 하루 거래 금액은 눈덩이처럼 불어나는데 투자유치는 늦어지면서, 결국 운영자금이 모자라는 사태가 일어났다. 팀원들은 광고비를 결제할 때처럼 아무렇지 않다는 듯 사비로 그 돈을 메꾸고, 월요일에 법인계좌에 돈이 들어오면 나눠 가져갔다.

성취감과 불안이 공존했던 당시의 분위기를 함축적으로 보여주는 일화도 있다. 어느 날 마케팅 팀원이 폭죽이 터지는 이모지(emoji)와 함께 '하루 다운로드 수 1만 돌파했습니다!'라고 메시지를 남겼다. 그러자 이승건이 그의 자리로 성큼성큼 걸어와 "이게 왜 축하할 일이죠? 하루 1만이면 충분한가요?"라고 쏘아붙이듯 물었다. 다른 팀원이 "누가 충분하다고 했나요? 지금까지 고생했고 앞으로 2만, 3만 될 때까지 더 잘해보자고 격려하면 되는데 왜 불필요하게 사기를 꺾습니까?" 하고 되받아쳤다. 분위기가 얼어붙었다.

이승건은 뒤늦게 고백했다.

"허무지표(vanity metrics)에 일희일비해서는 안 된다고 생각했어요. 다들 열심히 했고 하루 1만, 전체 100만을 달성한 건 맞지만 아직 가야 할 길이 머니까요. 성공이 아닌데 성공이라고 착각하게 만드는 것들을 경계하는 게 축하보다 중요했죠. 물론 머리로는 알고 있었어요. 사람들은 동료에게 인정받고 축하받을 때 보람을 느끼고 더 힘을 낸다는 것을요. 저는 겁이 났던 것 같아요. 거기서 만족하면 100만, 200만짜리 회사에서 멈출까 봐."

토스팀이 운동화 끈을 잔뜩 졸라매고 더 빠르게, 더욱더 빠르게 달렸던 것은 생존의 절박함 때문이었다. 태생부터 경쟁이었다. 그것도 고만고만한 스타트업 간의 경쟁이 아니었다. 토스 서비스가 중단된 시기에는 '뱅크월렛 포 카카오'가 위협적으로 등장했다. 1년 만에 서비스를 정식 론칭하자 이번에는 네이버가 군침을 흘리며 나타났다. 토스와 유사한 송금 기능을 '네이버페이'에 붙이겠다는 계획이었다. 두 회사 모두 사용자가 수천만에 달하고 브랜드 이미지도 강력했다. 토스가 바윗돌 같은 거대 IT기업에 계란을 던지는 것과 다름없었다.

얼마 후 일간지 경제 1면에 거대한 공룡이 작은 병아리를 집어삼키는 듯한 일러스트와 함께 네이버의 '베끼기 의혹'을 보도하는 기사가 났다. 이미 IT업계의 공룡으로 군림하던 네이버가 곧 네이버페이를 출시한다며 시중은행에 제휴를 타진했는데, 사업계획서를 들여다보니 송금 서비스 구조가 토스의 간편송금과 꼭 닮았다는 내용이었다. 입출금 이체에 펌뱅킹망을 사용하는 것은 말할 것도 없고, 수취인의 전화번호를 입력하는 송금 방식, 서비스 화면 구성이나 안내문구까지 토스의 서비스 화면과 유사했다. 한 은행 관계자는 "네이버가 제의해 왔을 때 제휴를 검토하고 있던 비바리퍼블리카의 모델과 똑같아 깜짝 놀랐다"고 코멘트6했다.

기사가 나자 네이버는 한발 물러섰다. 송금 기능을 대거 후퇴시키고 간편결제 위주로 만든 네이버페이 서비스를 론칭했다. 토스팀으로서는 천만다행이었다.

하지만 팀 내부의 위기의식은 더욱 커졌다. 네이버가 마음만 먹으면 얼마든지 다시 뛰어들어 서비스를 키울 수 있다고 생각했

다. 카카오도 마찬가지였다. 이들이 따라오지 못할 '미친 속도'만이
작고 재빠른 스타트업 토스팀의 유일한 무기였다.

무너진 수익모델

팀원이 20명을 넘자 소리빌딩 사무실이 좁아졌다. 회의실이 딱 2개였는데 그마저 하나는 마케팅팀의 사무공간이 됐다. 화장실도 부족했다. 여러 부동산을 알아본 끝에 테헤란로 현익빌딩 5층에 새 둥지를 틀기로 했다. 건물은 다소 낡았지만 역삼역 1분 거리인 데다, 100평짜리 한 층을 오롯이 토스팀끼리 쓸 수 있어 좋았다.

누군가 이참에 낡은 커피머신도 바꾸자고 했다. 이태양이 60만 원짜리 커피머신을 결제했는데, 팀원들이 난리였다. "우리 이렇게 비싼 커피 마셔도 되나요?" 이사 온 지 1년 만에 더 넓은 공간을 찾아 떠난다는 것은 확실히 팀원들을 들뜨게 했다.

이사를 하루 앞두고 다들 짐을 싸고 있는데, 새로운 얼굴이 사무실로 들어섰다. 토스결제 영업을 맡아 입사한 송호진이었다.

서른 살 송호진은 얼마 전 토스팀에 합류하고 싶다며 제 발로 찾아왔다. 그는 "미국의 민트(Mint), 에이콘(Acorns), 크레딧카르마(CreditKarma) 등 핀테크 기업들을 보면서 이 분야의 전망이 밝다고 생각했고, 한국 시장을 조사하다 토스를 발견했다"고 했다. 고객에 대한 집착이 엿보이는 제품 원칙과 조직문화 또한 매력적이라고 느꼈다.

이승건은 회사에 송호진의 경력과 역량에 걸맞은 일이 아직 없다고 생각했다. 그는 증권사에서 인수합병 및 투자 업무를 했고 국내 대기업의 해외 자회사를 설립하는 등의 커리어를 쌓아왔는데, 당시 토스는 결제 가맹점 확대를 맡아줄 영업자 채용이 급선무였다. 비바리퍼블리카가 간편송금 이후 진출하려던 시장이 결제였기 때문이다. 토스 베타 서비스를 운영하던 2014년 초부터 이승건은 사람들이 '앞으로의 계획'을 물어보면 이렇게 답했다.

"우선 안정적인 송금 서비스를 통해 이용자를 모으고, 때가 되면 가맹점을 모아 페이팔 같은 결제 서비스를 내놓을 예정입니다."

토스는 간편송금을 무료로 제공하면서 드는 은행 펌뱅킹망 이용 수수료를 모두 부담하고 있었다. 사용자가 크게 늘어난 후 10회 무료, 5회 무료 등으로 수수료 정책을 조정했지만, 고객 1인당 월 송금 횟수가 원체 많지 않았기 때문에 비용이 크게 절감되지는 않았다. 대신 간편결제 서비스를 만들고 송금 고객을 결제 고객으로 전환한 뒤, 결제 가맹점으로부터 수수료를 받을 생각이었다. 그러면 송금 수수료 비용을 모두 만회하고도 이익을 남길 수 있을 것이라 예상했다.

결제로의 확대는 자연스러운 수순이었다. 결제는 일상생활에서 송금보다 더 자주 일어나는 금융활동이다. 그런데 당시 온라인 결제 과정은 송금만큼이나 험난했으므로, 토스팀은 가맹점주들이 송금 사용자들처럼 '쉽고 편리한' 결제에 열광할 것이라고 믿었다. 카카오와 네이버가 결제 시장에 진출한 초기에 토스도 가세해야 한다고 생각했다. 미루면 미룰수록 전세가 불리해질 것이 분명해 보였다. 토스를 정식 론칭하고 2015년 7월 알토스벤처스와 KTB네트워크로부터 50억 원의 투자 자금을 수혈받았는데, 이때 투자자들을 설득한 근거도 이와 같았다. 토스는 2015년 8월 간편송금 이후 두 번째로 '토스결제' 기능을 선보였다.

송호진이 토스팀의 문을 두드린 10월은 이승건이 본격적으로 결제 가맹점 제휴에 시동을 걸던 시점이었다. 송호진은 영업을 해본 적도, 영업에 대해 아는 것도 전혀 없었다. 재미교포로 우리말이 다소 서투르기도 했다. 그럼에도 그는 "할 수 있다. 어떤 포지션이든 상관없이 토스팀과 함께하고 싶다"며 의지를 보였다. 출근 첫날 송호진은 소매를 걷어붙이고 사무실 이사를 돕는 것으로 업무를 시작했다.

한동안 송호진은 인터파크, 지그재그, 티몬 등 온라인 쇼핑몰 위주로 결제 가맹점을 유치할 전략을 찾느라 분주했다. 그러다 석 달쯤 되었을 무렵 그는 이승건에게 뜻밖의 요청을 했다. 회사 전체의 재무추정(financial projection)을 자신이 해봐도 되겠냐는 것이었다.

"송금 비용을 커버할 만큼 결제 매출을 내겠다는 게 언뜻 봐도 역부족이었거든요. 결제는 리드타임(lead time)이 길어요. 토스결제를 도입하라고 가맹점을 설득하기도 쉽지 않지만, 도입하기로 결정하더라도 실제 결제 시스템을 붙일 때까지 한참 걸린다는 의미죠. 개발자도 확보해야 하고 돈도 들고, 무엇보다 그 비용을 들여 굳이 기존 시스템을 바꿀 유인이 크지 않아요. 또 결제 매출이 어느 정도 커지더라도, 그 매출이 회사의 생존에 기여하기는 어려울 거라고 봤어요. 그 생각이 맞는지 확인해보려고 모델링을 시작했죠."

그리고 3주 만에 송호진은 그간 토스팀이 품어온 꿈을 부숴버렸다. 그는 당장의 결제 확대가 토스를 구원할 수는 없다는 결론을 내렸다. 송호진은 이승건에게 엑셀 파일 하나를 건넸다.

2015년 말 기준, 사용자 한 명이 한 번 송금할 때마다 토스가 은행에 지불하는 수수료는 400~500원 안팎이었다. 1인당 송금 횟수는 월 평균 6~7번 남짓. 사용자 한 명이 토스에 가져다주는 손익은 매달 마이너스 2700원이었다. 사용자 수가 100만 명일 때 수수료 비용으로 매달 27억 원이 탄다. 사용자가 증가할수록 비용은 눈덩이처럼 불어난다.

계획대로 간편결제 시장을 장악하면 그 비용을 모두 충당할 수 있을까? 그렇지 않다는 결론이었다. 당시 국내 온라인 쇼핑몰 등에서 사용자 한 명이 결제하는 금액은 평균 3만 5000원, 그 가운데 간편결제 업체가 가져가는 수수료는 쇼핑몰의 규모에 따라 1.2~2.0% 내외로 최대 700원 정도였다. 심지어 목표한 모든 가맹점에 토스결제를 붙인다 해도, 카드 결제가 익숙한 사용자들이 토스결제를 선택할 것인지는 물음표로 남았다. 아무리 미래를 장밋빛으로 그려봐도 이대로 가면 토스는 망하는 수순을 밟게 된다.

지금껏 토스팀이 의심 없이 믿어온 두 가지 전제는 잘못된 것으로 드러났다.

① 가맹점들은 결제 과정을 개선하고 싶을 것이다: 그렇지 않았다. 당시 온라인 가맹점들은 사용자의 결제 편의성을 높이는 데 별 관심이 없었다.
② 사용자도 많고 간편한 토스결제를 너나없이 이용하고 싶어 할 것이다: 이 또한 그렇지 않았다. 네이버페이, 카카오페이, 삼성페이 등 오만 곳에서 새로운 페이 서비스가 쏟아질 때였다. 가맹점에서 토스결제를 쓰게 만들려면 오히려 토스가 돈을 들여야 했다.

이승건은 지금도 그 밤이 또렷이 기억난다고 했다. 막연히 이뤄질 거라 믿었던 미래가 붕괴된 충격, 사용자 수를 늘리는 데 골몰하느라 제대로 된 손익 규모조차 파악하지 못했던 자신에 대한 실망, 동시에 '엑셀'이라는 도구에 대한 경외감이 밀려왔다.

"송금으로 우리가 한 달에 얼마씩 잃고 있는지도 제대로 몰랐던 거예요. 설명을 들으면서 처음엔 월 2700원쯤은 감당할 수 있지 않을까 했어요. 그러다 급증하는 사용자 수를 곱해보니 생각이 달라졌죠. 그게 어마어마한 비용이라는 걸 호진 님은 알았던 거예요. 나는 멋진 서비스를 최초로 만들어냈다는 감상에 취해 현실을 보지 못했고요. 사업 시작하기 전에 당연히 해야 하는 기초적인 모델링이었는데도요. 정말 부끄러웠습니다. 2년 동안 '송금으로 사용자 모아서 결제로 전환하면 게임 끝!'이라는 명제를 신봉해왔는데, 한 번에 무너졌어요."

송호진과 이승건은 타운홀 미팅에서 팀이 전력투구할 방향을 선회하겠다고 말했다.

"사람도 돈도 여력이 없는 상황이라, 선택과 집중이 중요합니다. 지금 결제를 무작정 넓히면 토스팀 곧 망해요. 결제는 일단 접어두고, 다음 기회를 찾아봅시다."

송호진의 추정 결과에 대부분은 고개를 끄덕였다. 물론 반대 의견도 있었다. 일부는 어떤 어려움이 있더라도 사람들이 가장 자주 쓰는 '결제' 시장을 잡아야만 핀테크 전장에서 최종적으로 승리할 수 있다고 생각했다. 심지어 1년 후에도 서비스를 몰래몰래 다듬어 온라인 게임에 토스결제를 붙이는 팀원들이 있을 정도였다.

송금을 넘어
금융 플랫폼으로

토스 간편송금의 성장세는 100만 명을 달성한 후에도 멈출 기미가 보이지 않았다. 시중은행과의 제휴도 탄력을 받았다. 2016년 3월 하나은행과 KB국민은행이, 5월에는 신한은행이 드디어 토스에 뱅킹망을 열어주었다. 송금이 당장의 매출과 이익을 가져오지 못하더라도 사용자가 큰 폭으로 늘어나는 것은 분명한 가치가 있었다. 이에 더해 70%에 육박하는 높은 재사용율(retention)은 토스의 강력한 무기였다.

　다만 서비스를 지속하려면 가까운 미래의 수익모델을 수립해야 했다. 지금까지 '결제로 돈을 벌겠다'는 계획으로 자금을 모으고 토스를 운영해왔지만, 이제 결제로는 매출 성장이 불가능하다는 게 명확해졌다. 다음 투자유치를 위해서는 새로운 길을 찾아내야 했다. 스타트업계에서는 이걸 피봇(Pivot)이라 부른다. 축을 중심으로 회전한다는 뜻인데, 기존 인력과 핵심기술은 유지한 채 사업의 방향을 전환하는 것을 말한다.

　어떻게 피봇할지 고심하던 이승건은 시계를 거꾸로 돌렸다. 몇 년 전 참석했던 창업가 대상 강연이 문득 떠올랐다. 지금은 흔적 없이 사라졌지만, 당시만 하더라도 미디어에 자주 등장했던 유명한 사모펀드 회사가 주최였다. 그 대표가 했던 얘기가 흥미로웠다.

　"산업은 늘 같은 방향으로 진화한다. 어떤 산업이 처음 등장했을 때는 그 제품이나 서비스를 아무나 만들지 못하므로 생산업자, 즉 공급자가 힘을 쥔다. 점차 시간이 흐르면 고객과의 접점을 가장 많이 가지고 있는 유통업자에게로 힘이 옮겨간다. 일례로 게임 산업이 그랬다. 처음에는 게임을 만드는 스튜디오의 힘이 셌다. 그러다 게임 운영과 마케팅 등을 대행하는 퍼블리셔에게 힘이 옮겨갔다. 이제는 퍼블리셔가 게임 창작자인 스튜디오에 창작 의도나 게임 스토리를 수정하라고 요구하는 일이 자연스럽다. 게이머들이 퍼블리셔의 게임 플랫폼에 모이기 때문에 퍼블리셔의 힘이 커진 것이다."

고객과의 거리가 가장 가까운 사람이 돈을 가장 많이 번다니, 자연스럽고도 말이 되는 소리였다. 음원 수익의 대부분이 작곡가나 가수가 아니라 멜론 등 유통업체에 돌아간다는 것은 이미 오래된 얘기이지 않은가. 네이버와 카카오는 물론이고 쿠팡, 배달의민족 등 여러 플랫폼 기업이 등장해 고객과의 접점을 늘려가고 있었다. 이승건은 질문 하나를 길어올렸다.

'그렇다면 우리나라 금융 산업에서 고객 접점을 절대적으로 차지하고 있는 건 누구지?'

없었다. 은행, 보험사, 카드사 등 금융 산업의 주요 플레이어는 대부분 제조와 판매를 동시에 하는 공급자였다. 공급자는 충분히 많았다. 은행들이 내놓는 예·적금 및 대출 상품은 수십 가지인데 그 가격과 품질이 대부분 비슷해서 차별점이 없었다. 그러다 보니 어느 한 곳도 시장을 독식하지 못했다.

제품에 본질적인 차이가 없는데 남들보다 더 많이 팔리려면 마케팅, 즉 광고비를 더 많이 쓰는 수밖에 없다. 당시 금융사가 고객을 만나는 창구는 오프라인에 집중돼 있었고 대출모집인, 카드모집인 등에 건당 얼마씩 주면서 모객했다.

만약 토스가 금융의 디지털 유통 창구가 된다면? '플랫폼'이라는 아이디어가 싹을 틔웠다. 토스에 모여든 사용자와 여러 은행, 보험사, 카드사 등의 상품을 연결하는 금융 플랫폼이 되는 것이다.

금융사들이 토스에 광고비를 내고 자사 상품 광고를 걸게 만들 수 있을까? 금융사 입장에서는 오프라인에서 한 사람 한 사람 고객을 모으느라 지출하는 비용을 아끼고, 온라인에서 한꺼번에 수십만 수백만 명에게 상품을 알릴 수 있으니 충분히 구미가 당길 것이다. 사용자들은 어떤 대출, 보험, 카드가 좋은지 알아보느라 발품 파는 대신 토스 앱만 열면 그 자리에서 여러 상품을 비교할 수 있다. 송금을 '쉽고 편리하게' 바꾼 것처럼 어려운 금융상품을 사용자의 시각에서 쉽고 편리하게 접할 수 있도록 만들어보자.

이제부터 토스는 금융을 플랫폼화한다. 잠깐 잃었던 길을 찾은 느낌이었다. 이승건은 비바리퍼블리카의 새로운 비전을 담은 문서를 작성해 팀원들과 공유했다. 토스팀이 꿈꾸는 미래는 이렇게 확장되었다.

— 대다수 모바일 인구가 토스 서비스를 사용하고, 대다수 유저가 깊은 신뢰와 만족감을 가지고 사용한다.
— 토스는 유지 가능 이상의 수익을 확보하고 있고, 보안이나 서비스 안정성 면에서 전문가와 대중의 인정을 받고 있다.
— 토스는 송금을 넘어 다양한 금융 서비스를 제공하는 금융 플랫폼으로 인식되며, 사람들의 머릿속에 '금융이나 은행 관련해 뭔가 하려고 할 때 가장 먼저 떠오르는 서비스'로서, 기존 금융들과는 다르게 심플하고 스트레스 없는(stress-free) 경험을 제공한다는 긍정적 기대감을 주는 서비스다.

송호진은 결제 영업을 중단하고 'Vice President of Strategy'로 직책을 바꿨다. 우리말로는 전략 담당 부사장쯤 됐다. 토스팀이 마주한 문제들을 중요도와 긴급성에 따라 줄 세우고, 어떻게 풀어갈 것인지 전략을 찾는 역할이었다. 우선 토스가 금융 플랫폼으로 사업을 전개하면 얼마나 매출을 일으킬 수 있을지 추정했다. 카드, 보험, P2P 투자 광고 등 금융 핀테크 맥락에 어울리는 아이템들을 찾아 목록으로 정리했다.

첫 번째 공략 대상은 대출 서비스였다. 대출 시장이 광활했기 때문이다. 한국은행 통계를 주로 참고했는데, 2015년 가계 대출 규모가 1138조 원에 이르렀고, 매년 5~11%씩 성장하고 있었다. 대출 모집인에게는 대출 실행 금액의 1% 안팎이 수수료로 돌아간다고 했다. 주택담보대출이나 전세자금대출은 금액이 큰 만큼 오프라인으로 제출해야 하는 서류가 많고 심사도 까다로웠다. 온라인에서 비교적 간단한 절차를 거쳐 돈을 빌릴 수 있을 만한, 즉 토스 플랫폼에 소개할 만한 상품은 신용대출이었다.

토스팀의 비전은 사람들이 토스 앱에서 은행, 저축은행, 캐피탈 등 여러 금융기관의 신용대출을 쉽고 빠르게 비교하고 선택하고 실행하는 것으로 더욱 구체화되었다. 이에 더해 제1금융권에서 돈을 잘 빌려주지 않는 사회초년생이나 대학생에게는 소액을 직접 빌려주는 방식도 가능할 것으로 보였다.

그렇게 우리는
실패하지만 결국 성공한다

"위험천만한 여정에 참가할 사람 모집"
적은 임금, 혹독한 추위, 칠흑 같은 어둠 속에서의 수개월, 상시적인 위험, 안전하게 귀환할 수 있을지 미지수, 성공할 경우 명예와 인정이 뒤따름.

한 세기 전 영국의 모험가 어니스트 섀클턴 경은 남극 탐험대를 조직하면서 위와 같은 구인 공고를 냈다. 그는 죽을 때까지 네 차례 남극에 도전했다. 역사상 최남단인 남위 88도 23분에 영국 여왕의 깃발을 꽂았으며, 거대한 빙벽에 갇힌 채 634일을 견뎌낸 끝에 대원 27명과 함께 전원 무사히 귀환했다. 생의 마지막 순간마저 또다시 남극으로 향하는 배에서 맞았다. 그는 구인 공고에 쓴 대로 '위대한 탐험가'라는 명예를 얻었다.

이승건은 온라인에 구인 공고를 내면서 섀클턴 경의 글을 인용했다. 매출이 없다시피 한 스타트업으로서 팀원들에게 급여를 넉넉히 주지 못했고, 안정적인 삶을 보장할 수도 없었다. 사무실은 낡고 열악했으며, 모두가 늦은 밤까지 일하는 것이 일상다반사였다.

"저희가 모시려는 분을 어떻게 설명할까 하다가 남극 탐험 구인 글이 가장 적절한 설명이 될 것 같아 올려봤습니다. 스타트업은 기본적으로 역량이 탁월한 사람들이 임하는 엘리트 비즈니스라고 생각합니다만, 헌신과 열정이라는 기본 요소 없이는 결코 성공할 수 없다고도 생각합니다. 팀원들과 함께 성장하고, 함께하는 동료들이 나를 성장시킬 것이라고 깊이 신뢰하고 존경하며 불가능한 일을 가능케 할 분을 찾고 있습니다."

송금의 불편을 해결해보자고 달려든 2013년 겨울 이후 토스팀은 줄곧 가속 페달을 밟고 있었다. 제품을 만드는 개발자와 디자이너는 보통 5일 주기로 '스프린트(sprint)'를 돌며 토스 서비스를 개발하고 개선했다. 스프린트란 월요일부터 금요일까지 닷새 만에 프로젝트의 최종 결과물을 이끌어내는 방식으로, 구글 엔지니어 조직에서 창안했다. 스프린트 기간에 구성원들은 모든 일정을 비우고 프로젝트에만 몰두한다. 어려운 과제를 짧은 시일 안에 빠르고 효율적으로 해결하는 것이 스프린트의 목적이었다. 하지만 토스팀의 과제는 영원히 끝나지 않을 것처럼 보였고, 팀원들은 매주 새로운 스프린트를 돌았다.

출근은 오전 11시였고 퇴근 시간은 정하지 않았다. 함께 일하는 데 지장을 주지만 않는다면 언제 퇴근하든 서로 상관하지 않았다. 사정이 있으면 누구나 상황을 공유하고 일찍 사무실을 떠나면 된다. 하지만 실제로는 대부분 밤 11시를 넘겨 퇴근했다. 이태양은 매주 수요일에는 오후 5시에 퇴근해 대전에 내려갔지만, 다른 날들은 새벽까지 일하고 근처 사우나나 사무실에서 눈을 붙이곤 했다. 좋은 서비스를 만들겠다는 열망은 강했고, 일손은 항상 부족했다. 어떻게 해야 야근을 덜 하면서도 강력한 제품을 만들어낼 수 있을 것인가는 해묵은 논의 주제로 남았다.

언제부턴가 '해내세요'라는 말은 팀의 유행어가 됐다. 비속어가 좀 섞였지만, 미국 스타트업에서 구호처럼 쓰는 'Get shit done'이라는 말에서 따왔다. 모든 것은 의지와 실행력의 문제일 뿐, 불가능은 없다는 신념의 표현이었다. 이런저런 핑계를 대는 팀원에게 '해내세요'는 변명하지 말라는 의미였다. 달성하기 어려운 목표를 향해 달려가는 팀원에게 '해내세요'는 응원이었다. 은행에 수수료 협상을 하러 가는 이승건에게 팀원들은 '해내세요'라고 외쳤다. 누군가 '몸살이 나서 하루 쉬겠다'고 메시지를 남기면 '완쾌해내세요' 댓글이 달렸다.

사일로의 탄생

이승건이 더 효율적인 조직구조를 고민하기 시작한 것은 팀이 30명을 넘었을 때쯤이었다. 송금 서비스 하나만 운영하던 초기에는 별 문제가 없었다. 하지만 계좌조회 기능을 붙이고 대출 서비스를 기획하는 과정에서 팀을 나눠야 할 필요성을 여러 사람이 느꼈다.

서비스마다 달성해야 하는 목표와 실행과제가 다른데, 모두가 한 팀이니 어떤 제품을 우선순위에 둘 것인지 갈피를 잡기 어려웠다. 의사결정은 늘어졌다. 하나의 서비스에서 오류가 발생하면 다른 서비스까지 제대로 동작하지 않는 경우가 잦았다. 상대적으로 수가 적은 디자이너에게 업무가 과다하게 몰리기도 했다. 제품들끼리 서로에 대한 의존도를 완전히 끊어내지 않으면 속도를 내기는 갈수록 어려울 것이 분명했다.

조직 분화를 납득하지 못하는 메이커도 더러 있었다. 개발자 몇몇은 "내가 둘 다 할 수 있는데, 나눠서 하나만 하면 속도가 더 느려지는 것 아니냐"고 물었다. 장기적으로 생산성을 높이기 위해서 조직과 제품의 오너십을 분리해야 한다고 설득하는 데 제법 많은 시간이 걸렸다.

토스팀이 지금보다 수십 배 커지더라도 10명 안팎일 때처럼 빠르고 유연하게 일할 수 있는 방법이 무엇일까. 애자일(agile) 조직구조가 좋은 선택지로 보였다. 당시 글로벌 기술 기업들이 애자일 조직론을 설파하면서 몇몇 국내 대기업도 애자일 조직개편을 추진했다. 누가 먼저 했는지는 중요하지 않았다. 목적 중심으로 모인 작은 팀이 스스로 결정하고 움직이는 자율성과 독립성 그리고 속도에 주목했다.

그중에서도 스웨덴의 음원 스트리밍 회사 스포티파이의 애자일 모델이 잘 알려져 있었다. 이들은 단위조직을 스쿼드(squad)라 불렀다. 프로덕트 오너(PO)와 서버 개발자, 프론트엔드 개발자, 프로덕트 디자이너, 데이터 애널리스트 등 제품 하나를 만들기 위해 반드시 필요한 6~12명이 하나의 스쿼드로 모였다. 스쿼드는 독립적으로 의사결정을 내리고 신속하게 가설을 실험했다. 팀이 더 커지면 스쿼드 여럿이 모여 트라이브(tribe)를 이뤘다. 유사한 제품을 다루는 스쿼드끼리 협업할 수 있는 접점을 만들어 조직의 확장 가능성을 확보했다.

누구도 가르쳐주지 않았지만 초창기 토스팀은 이미 애자일 이론을 실천하고 있었다. 허름하고 좁은 오피스텔에서 이승건과 이태양, 박광수, 김민주, 양주영은 다닥다닥 붙어 앉는 수밖에 없었다. 서로 등을 맞대고 일하다가 필요하면 언제든 의자를 돌려 토론했다. 누군가 문제를 발견했을 때, 좋은 해결책이 떠올랐을 때, 이를 논의하기 위해 회의를 소집하고 미팅룸에 모이느라 허비하는 시간이 없었다. 그 자리에서 결정을 내리고 바로 실험했다.

빠르게 실험해 실패하고, 또 실패한 끝에 성공을 만들어내는 것. 이는 토스팀이 경험한 유일한 성공 방정식이었다. 효율성과 유연함을 잃지 않을 방법을 탐색하던 토스팀에 애자일 조직은 자연스럽고 타당한 선택이었다.

열띤 토론 끝에 토스팀의 애자일 단위 조직은 '사일로(Silo)'로 명명했다. 사일로는 지하의 곡식 저장고나 핵무기 격납고를 의미하는 영단어로, 외부와의 완벽한 차단이 중요한 시설이다. 이런 특성 때문에 부서 간 장벽이 높고 정보 교류가 없어 고립되는 조직을 부정적으로 '사일로화됐다'고 표현하기도 한다.

토스팀은 제품의 목적에 따라 구성된 단위조직이 마치 하나의 스타트업처럼 독립성과 완결성을 가진다는 의미로 '사일로'라는 표현을 택했다. 부서 간의 고립이 아니라 제품 간의 완벽한 분리를 의도했다. 송금, 조회, 대출 등 하나의 제품을 함께 만드는 사람들이 하나의 사일로를 이루기로 했다.

사일로는 제품의 목표, 실험 과정과 일정, 예산 수립과 실행 등 모든 의사결정을 직접 내리고 곧장 추진해 민첩함을 유지하도록 했다. 각 구성원은 그저 한 명의 기획자, 개발자 혹은 디자이너가 아니라, 맡은 제품에 관한 한 CEO, CTO이자 CDO의 역할을 했다. 실패의 책임을 온전히 짊어지되, 성공하면 그간의 헌신에 걸맞은 명예와 인정이 뒤따를 것이다. 무겁고도 벅찼다.

처음에는 송금(Transfer) 사일로와 애셋(Asset) 사일로 2개로 나누었다. 2명뿐이던 안드로이드 개발자는 두 사일로로 각각 흩어졌다. 그 후 대출 관련 제품을 만들면서 매출(Revenue) 사일로를 추가했다. 이후 제품의 목적이 바뀌거나 수명이 다하면 그에 맞게 사일로가 신설되거나 폐지되었다.

서로 다른 사일로에 속했더라도 같은 일을 하는 팀원들끼리는 챕터(Chapter)라는 느슨한 조직으로 묶여 업무에 관한 고민을 나누고 해결책을 찾았다. 사일로 외에 특정 사안을 해결하기 위해 결성했다가 해체하는 길드(Guild)라는 조직도 만들어졌다. 보안, 법무, 재무, 인사, 홍보/마케팅, 사업개발, 고객상담 등은 비(非) 애자일 조직으로 남았다.

이승건은 2018년 기업문화 혁신에 관한 콘퍼런스에 참석해 이렇게 말했다.

"애자일한 기업문화는 그저 프로세스를 바꾼다고 달성할 수 있는 것이 아니라고 생각합니다. 인간과 일에 대한 새로운 철학과 관점이 반영된 결과여야 합니다. 목적과 의미가 이끄는 삶을 살고자 하는 사람들, 위대한 일을 성취하고자 하는 욕심을 가진 사람들, 일의 재미에서 오는 자기만족을 중요하게 여기는 사람들을 성찰한 결과, 이들에게 가장 적합한 조직구조가 애자일이라는 결론에 이르게 되었습니다."

금융시장을 혁신하는 데 성공하는 팀은 어떤 문화를 가져야 할까. 실패와 성공의 사이클을 쉼 없이 돌면서 팀의 생존을 위해 분투하던 당시의 토스팀원들은 종종 이 주제로 논쟁했다. 다른 기업의 사례와 문화 원칙을 찾아보고 서로 공유하기도 했다. 남영철은 당시 급속 성장 중이던 넷플릭스의 컬처덱(Culture Deck)을 읽고 팀원들에게 감상을 전했다.

"보통 대기업 문화의 단점을 '관료적이다' '부품이 된다'고 뭉뚱그려 표현하는데, 넷플릭스는 명확하게 문제를 정의하고 있어 무릎을 탁 치게 만드네요. 예를 들면 조직이 커지면서 복잡도가 올라가는데 이를 해결하기 위해 규정을 많이 만든다는 것이죠. 그러면 기막힌 인재들은 떠나가고요. 능력자들은 규제하지 않아도 스스로 열심히 일하고, 문제가 일어나도 쉽게 회복합니다. 따라서 굳이 많은 규정을 만들 필요가 없죠. 조직에서 관리해야 할 가장 주요한 자원은 비용도 근태도 아닌 '열정'이 아닌가 싶습니다."

토스팀의 구조와 문화, 제도는 모든 구성원을 뛰어난 역량과 높은 책임의식을 가진 어른으로 대우한다는 기본 전제에서 시작했다. 이러한 대원칙은 토스팀이 5명에서 2000명에 이르는 큰 조직이 되어가는 동안 단 한 번도 흔들리지 않았다.

세세한 업무지침이나 관리가 필요 없는 탁월한 인재를 채용하며, 그렇게 합류한 팀원에게는 모든 정보를 투명하게 공유하고 자율성을 부여했다. '신뢰할 수 없음'이 전제되는 보고와 결재 등의 프로세스는 하나씩 없앴다. 개별 팀원이라도 맡은 일에 관한 한 토스팀을 대표하는 최종의사결정권을 가졌다. 누구든 이의를 제기할 수 있고 결정권자(Directly Responsible Individual)는 경청할 의무가 있지만, 그 누구도 DRI의 결정을 바꾸도록 강요할 수 없다. 결정이 실패하는 경우가 비일비재했지만 그 피해는 회사가 온전히 감수했다. 당장은 회사에 손해가 되더라도 장기적인 성공에 더 유리하다고 믿었다.

비바! 리퍼블리카

하지만 이상과 현실 사이에는 괴리가 있었다. 작은 스타트업에 불과한 토스팀이 역량과 책임감을 두루 갖춘 인재를 모으기란 여간 어려운 일이 아니었다. 면접은 그럴듯하게 보고 입사했는데 3개월간 코드 한 줄 올리지 못하고 퇴사한 개발자도 있었다. 연이은 채용 실패는 줄퇴사로 이어졌고, 팀원들의 불안을 키웠다. 휴가가 무제한이며 출퇴근이 자율이라고 했지만, 야근을 권장하는 분위기가 강했다. 이승건과 양주영, 송호진 등을 중심으로 매니지먼트 팀이 구성되면서 중요한 일은 소수가 결정한다는 불신이 피어오르기 시작했다. 뒤에서 수군대는 목소리가 들렸다.

이승건은 문제를 감추지 않았다. 외려 전체 팀원이 모이는 위클리 타운홀 미팅에서 수면 위로 끌어올렸다. 여러 질문이 나왔고, 이승건은 소상히 설명했다.

질문: '매니지먼트 팀'이라는 워딩이 보이지 않는 위계질서를 만든다. 중요한 일은 소수가 결정하고, 이들을 우러러봐야 할 것 같은 느

낌이다.

"더 경청하며, 승복이 아닌 공감에 의한 결정이 더 많이 이뤄지도록 하겠다. '대표 휘하' '경영진' 등의 표현은 쓰지 말자. 격의 없이 더 많은 대화를 나누자."

질문: 승리를 축하할 필요도 있는 것 같다. 목표를 달성했는데 아무도 칭찬하지 않는다.

"성장을 체감할 수 있는 셀레브레이션(celebration)을 하겠다. 서로 감사하고 성과를 축하하자. 나도 각자가 잘하고 있음을 더 자주 이야기하겠다. 하지만 우리는 앞으로 더 잘해야 할 것이 많은 것도 사실이다. 파티를 열 때는 아니다."

질문: 아무리 스타트업이라지만 고용 불안이 느껴진다.

"제대로 일하지 않는 팀원이 계속 월급을 받으며 커뮤니케이션 비용을 높이는 대신 퇴사를 선택하는 것은 자연스럽고 건강한 일이다. 그러나 옆 사람의 퇴사가 과도한 불안감을 준다는 것도 인정한다. 채용 과정을 더 강화해서 해결하겠다."

질문: 매니지먼트 팀이 업무시간을 감시하고 휴가도 얼마나 가는지 평가한다던데 사실인가.

"완전한 오해다. 그럴 시간도 관심도 없다. 제발 토스팀을 그런 바보 같은 집단으로 간주하지 말아달라. 실제 업무성과에 아무런 도움이 되지 않는다는 점을 잘 알고 있다. 당신은 오직 업무성과로만 평가받을 것이다."

질문: 휴가 무제한이고 출퇴근이 자율이라는데 사실은 야근을 장

려하는 분위기가 모순적이다.

"밤새워 일하지 않으면 죄인인 듯한 느낌이 들게 한 것은 잘못이다. 즐겁게 일할 수 있는 분위기를 만드는 데 노력하겠다. 그러나 동시에 밤새워서 미친 듯이 하는 사람들에게 더 큰 보상을 주는 것은 필요하다. 헌신은 보상받아야 한다."

질문: 대표로서 PO들을 강력하게 푸시하는 동시에 수평적인 관계, 설득하는 관계가 정말 가능한가.

"수평적이고 설득적이면서도 강력한 푸시와 드라이브를 할 수 있다. PO가 CEO의 지시를 수행하지 않으면 안 될 때, 이를 수직적 관계라고 볼 수 있다. 하지만 CEO가 어떤 실무를 추진하기 위해서는 PO를 설득해야 하고, 설득이 안 된 결과 실제로 일이 수행되지 않는다면, PO와 CEO 사이에는 위계가 존재하지 않는다. 우리는 후자를 지향한다. 이를 통해 더 자율적이고 훌륭한 인재, 창의적인 성과와 분위기를 만들고자 한다. 대신 성과에 대한 부담감과 책임은 PO가 가져간다. 실제로 내가 PO에게 지시를 내리는 일은 없다."

이승건의 의견에 모든 이가 고개를 끄덕였을지는 알 수 없는 일이다. 토론이 이뤄진 2016년 말은 토스팀이 이미 60명을 넘어선 시점이었다. 하지만 조직의 문제를 발견했다면 누구나 공론장으로 가져와도 된다, 또는 가져와야 한다는 메시지만큼은 전달되었기를 이승건은 바랐다.

토스팀의 문화에는 공화주의적 면모가 녹아들어 있다. 회사명을 '공화국 만세!'라는 뜻의 비바리퍼블리카(Viva Republica)라 정했을 만큼 이승건은 공화정을 흠모했다. 특히 미국 프린스턴 대학 마우리지오 비롤리 교수의 책 «공화주의»는 이승건에게 지대한 영향을 미쳤다. 공화주의 국가의 시민은 법과 규칙을 스스로 만들고 지키는 책임감과 도덕성을 갖췄다. 또한 개인의 무분별한 자유보다 공공선을 중시했고, 무엇이 공공선인지는 토론으로 결정했다. 로마 제국의 초대 황제 아우구스투스는 평생 작고 검소한 집에서 살았지만, 공화국 시민 모두가 누릴 수 있는 목욕탕을 거대하게 지었다. 리더가 일방적으로 의사결정하거나 지시하지 않고, 역량과 도덕성을 갖춘 팀원이 실무의 권한과 책임을 가지는 토스팀의 문화는 공화주의 정신에서 비롯되었다.

이태양은 서버 개발자 채용 공고를 직접 쓰면서 토스팀을 이렇게 소개했다.

"기민하고, 책임감 있고, 논쟁을 즐기며, 그 끝에 결정을 내린다. 그렇게 우리는 실패하지만 결국 성공한다."

토스팀의 핵심가치

많은 이들이 "토스 직원들은 왜 회사를 토스팀이라고 부르느냐"고 묻곤 한다. 토스 커뮤니티를 통틀어 한 팀(one team)으로 부르는 것이 다소 낯선 까닭일 것이다. 토스팀을 하나로 뭉치게 하는 데에는 그 중심축이 있다. 바로 토스 핵심가치(Core Values)로, 팀과 개인이 탁월한 성과를 내기 위해 일하는 방식을 뜻한다. 토스 팀원들은 이 가치를 지키며 일할 때 더 좋은 성과를 내고 동료의 인정을 받는다. 또한 토스는 이 핵심가치를 통해 혁신을 지속하며 시장에서 승리를 거둔다. 문서에만 존재하는 허망한 외침이 아니라, 팀원들이 매일 새기고 실천하는 살아 있는 가치다.

토스팀의 핵심가치에는 몇 번의 변화가 있었다. 조직이 커지고 산업 환경이 변화하는 가운데 지속적으로 탁월한 성과를 내기 위해서는 그 방식에도 업데이트가 필요했다. 한때는 5가지 대원칙에 22가지 세부원칙이 있었지만, 그 정수를 8가지 원칙으로 뽑아냈다. 2022년 기준 토스팀의 핵심가치 3.0은 다음과 같다.

Mission over Individual
개인의 목표보다 토스팀의 미션을 우선한다.
토스 팀원은 개인보다 소속 팀, 소속 팀보다는 토스팀의 미션 달성을 우선순위에 둔다. 토스팀에는 탁월한 동료들과 일하며 배우고, 그들의 존경을 얻고, 멋진 변화를 함께 만들고 시장을 혁신하는 일이 안정을 추구하는 것보다 중요한 사람들이 모여 있으며, 이들이 서로 같은 목표를 추구할 때 더 강력한 조직이 됨을 기억한다.

Go the Extra-mile
기대를 뛰어넘는 수준을 추구한다.

탁월함이란 주어진 일을 잘하는 데 그치지 않고, 업무 퀄리티와 판단력, 성과의 새로운 기대 수준을 만들어내는 것을 의미한다. 이를 통해 주변 동료에게 존경을 얻고 자신에 대한 신뢰를 확장한다. 더 오래 일하거나, 내 일이 아닌 일까지 도맡아 하는 것과는 다르다. 엑스트라 마일은 새로운 스탠더드를 창조하는 것이다.

Focus on Impact
하면 좋을 10가지보다, 임팩트를 만드는 데 집중한다.

임팩트란 더 많은 사람들의 삶을 바꾸는 변화를 마침내 이끌어내는 것이다. 그 첫 번째 단계는, 하면 좋을 10가지 일을 하지 말아야 할 일로 규정하는 것이다. 산재한 모든 문제를 풀고 싶은 마음이 들더라도, 가장 중요한 일 한 가지를 의도적으로 정하고 집중하라. 한 번에 많은 일을 목표하는 것, 멀티태스킹, 바쁜 삶은 뿌듯함을 안겨 줄 수는 있지만 임팩트를 대변하지는 못한다.

Question Every Assumption
모든 기본 가정에 근원적 물음을 제기한다.

문제를 다른 관점에서 바라보는 가장 좋은 방법은 모든 가정에 근원적인 의문을 제기하는 것이다. 이미 가정하고 실행 중인 안이라도 그것을 바꾸면 어떨지, 더 나은 길은 없을지 끊임없이 질문한다. 이때 다른 레퍼런스나 유추가 창의적인 사고를 가로막지 않도록 주의한다. 토스팀 혁신의 역사는 당연한 것에 물음표를 던지면서 시작되었다.

Courage to Fail Fast
빨리 실패할 용기를 가진다.

실패를 두려워하지 않는 마음은 성공으로 가는 지름길이다. 성공하고 싶을수록 고민에 머무르기보다 더 빨리 시도하고 실패할 수 있는 용기와 담대함이 필요하다. 막상 실패해보면 예상보다 별일 아니라는 걸 알게 된다. 오히려 어떤 것이 더 중요한 문제였는지, 무엇을 더 잘하면 되는지 간절하게 느낄 수 있다. 실패를 부정하거나 회피해서는 안 된다. 토스팀은 언제나 더 빨리 실패를 선언하고, 거기서 배워 다음 단계로 나아가는 용기에 박수를 보낸다.

Learn Proactively
주도적으로 학습한다.

업무에 관한 지식, 좋은 판단 등 회사의 정보를 주도적으로 학습하고 흡수한다. 우선 내가 무엇을 모르는지를 명확하고 객관적으로 판단한다. 내가 모르는 점을 주변에 용기 있게 드러내고 이를 채울 수단과 방법을 가리지 않고 찾는다. 동료는 가장 좋은 학습 수단이다.

Move with Urgency
신속한 속도로 움직인다.

새로운 혁신은 사용자들에게 금세 최소한의 기준이 된다. 따라서 느리게 움직여 기회를 잃는 것보다 실패하더라도 신속하게 시도하는 게 언제나 낫다. 임팩트가 클 것으로 예상될수록 더 빠르게 실험해본다. 팀원들은 서로가 속도감을 높이는 데 필요한 일들을 받쳐주면서, 팀 전체가 신속한 업무 리듬을 유지하고 강화해가는 것을 지향한다.

Radical Candor
동료 간에는 완전한 솔직함을 추구한다.

동료가 잘하는 점을 비롯해 더 잘할 수 있는 점까지도 솔직하게 이야기한다. 필요한 말을 돌리지 않고 직접 전할수록, 서로에 대한 신뢰가 두터워지고 수월하게 협업할 수 있다. 이때 완전한 솔직함은 동료에 대한 진정한 관심을 기반으로 한다. '내가 맞고 네가 틀려'라는 배타적 관점이 아니라 상대가 성장하기를 바라는 마음을 가지는 것이다. 이는 회사 관점으로도 확장할 수 있다. 모두가 모른 척하고 있는 '방 안의 코끼리'를 용기 있게 공론장으로 끌어내는 행위가 조직의 무능과 실패를 막는다.

3장

세상에서 가장
빨리 크는 스타트업

5년 차 스타트업 비바리퍼블리카는 매일, 매주 다른 회사가 된 것처럼 커나갔다. 실리콘밸리에서 토스팀은 '세상에서 가장 빨리 크는 스타트업'이라는 별칭으로 불렸다. 팀원 수는 곧 100명을 돌파할 기세였다. 성장통이 따르는 것은 예사로운 수순이었다. 더 크기 위해 어디에 힘을 쏟아야 할지에 대해, 서로가 바라보는 방향이 때때로 어긋났다. 한발 잘못 내디디면 늪에 빠졌고, 다른 쪽은 낭떠러지였다. 이승건은 외줄타기하는 심정을 드러내지 않으려 애썼다. 토스가 이만큼 오기까지 크게 기여했으나 어느 날 떠난 이도 있었다. 제각기 다른 이유로 토스팀에서의 마지막 순간을 결정했다.

실리콘밸리에서
흘린 눈물

토스는 엔진 없이 추락하는 비행기였다. 누구보다 가파른 각도로 날아올랐지만 송금 수수료로 매달 20억~30억 원씩 써야 했다. 지금은 아무 일 없는 양 하늘에 떠 있지만, 이대로 가다간 바다에 처박힐 것이 분명했다. 투자금이 연료로 모두 타버리기 전에 확실한 수익원을 찾아내 스스로 날거나, 아니면 다음 투자를 받아야 했다.

이승건은 시리즈D 투자를 받기 위해 홀로 해외 출장길에 올랐다. 국내에서는 투자를 받을 수 없었다. 그때만 해도 대부분의 국내 벤처캐피털(VC)은 언제 투자금을 회수하고 수익을 낼 수 있는지에만 골몰했다. 어쩌다 미팅 기회를 얻어도 "이미 기업가치가 1000억 원이 넘었는데, 투자해서 이익을 내봐야 얼마나 되겠느냐"며 토스를 회의적으로 봤다. 토스가 유니콘 이상으로 성장할 가능성은 상상조차 하지 않았다. 금융 분야 스타트업이라는 것도 마이너스 요소였다. 규제 산업인 데다 네이버와 카카오가 핀테크에 눈독 들이는 상황에서, 토스는 언제 문 닫을지 모르는 구멍가게에 불과했다. 1년 전 약탈적인 사모펀드에 데일 뻔했던 경험 또한 토스가 바다 건너 VC로 눈을 돌리는 데 영향을 미쳤음을 부인할 수 없었다.

해외에 거점이 있는 알토스벤처스 등 기존 투자자들이 이승건에게 글로벌 투자사와의 미팅을 여러 건 주선해줬다. 그때만 해도 글로벌 VC가 한국 스타트업에 투자한 사례는 없다시피 했다. 해외 투자자들의 눈에 한국에서 온 토스가 낯설겠지만, 그건 네이버나 카카오도 매한가지일 것이다. 그렇게 생각하니 오히려 제로베이스에서 시작할 배짱이 생겼다.

한 번 출장을 가면 분초를 쪼개 투자자들을 만났다. 푹푹 찌는 홍콩 거리에서 땀을 비 오듯 흘렸고, 드넓은 실리콘밸리에서는 우버를 타고 이 구역에서 저 구역으로 뱅뱅 돌았다. 낯선 길을 헤매다 약속 시간에 늦어 말도 못 꺼내보고 돌아선 적도 있었다. 어렵게 성사된 미팅도 종종 허무하게 끝났다. 이승건의 서툰 영어 때문이었다.

"준비한 대로 잘 이야기한 줄 알았는데, 한참 설명한 걸 뒤에서 또 묻는 거예요. '내가 하는 말을 하나도 못 알아들었구나. 그냥 알아들은 척해준 거구나.' 이런 생각에 무척 괴로웠죠. 한국에서는 팀원들이 내가 돈 받아갈 거라고 기다리고 있는데, 영어를 잘 못해서 기회를 잃는 게 너무 속상했어요."

한 미국인 투자자가 자신의 아내가 한국인이라며 호의를 보인 게 결정적이었다. 그는 이승건의 말을 차분히 한 문장씩 끊어가면서 들어주고, 잘 이해되지 않는 부분은 여러 번 물어 확인했다. 이승건은 한국 금융시장의 기회와 토스의 성과를 드디어 잘 설명해냈다고 느꼈다.

그런데 영어가 다시 발목을 잡았다. 투자자가 "주말에 스탠퍼드대 홈커밍 파티가 열리는데 같이 가자"고 제안한 것이다. 분명 긍정적인 신호였지만 이승건은 불안했다.

"아마 수많은 미국인이 있는 환경에서 제가 어울릴 수 있는지 확인하고 싶었던 모양이에요. 이번에 자신이 투자하더라도 후속 투자를 이끌어낼 수 있을지 염려가 되었을 것 같아요. 여유 있고 쿨한 아시안 사업가의 모습을 보여주고 싶었는데 성공하지 못했죠. 그때의 저는 너무 소심해서 어찌할 바를 몰랐거든요."

그 투자는 결국 어그러졌다. 햇빛 쨍한 샌프란시스코의 노천 카페에 앉아 이승건은 눈물을 줄줄 흘렸다. 창업할 때만 해도 영어가 걸림돌이 될 거라곤 전혀 생각지 못했다. 학창시절 이승건은 수학과 과학을 유달리 좋아했지만, 영어도 열심히 공부했다. 모범생답게 중학교 3학년 때 고등학생이 공부하는 성문종합영어를 마스터했고, 영단어는 7000개 정도 외웠다. 고등학교 때는 영어 공부에 시간을 따로 할애할 필요도 없었다. 문법과 독해는 자신 있었다. 고질적인 문제는 역시 말하기와 듣기였다.

한국 스타트업의 가치는 창업자의 영어 실력이 좌우하는구나. 온몸으로 부딪쳐 박살난 후의 깨달음이었다. 그렇다면 영어를 제대로 배워 토스의 가치를 인정받아야겠다. 서울로 돌아온 이승건은 한동안 영어 공부에만 매달렸다. 잠시 스피킹 과외를 받기도 했지만 꾸준히 시간을 내기 어려워서 대신 외국 영화나 드라마를 자막 없이 보고, 생각조차 영어로 하려고 의식적으로 노력했다. 회사에서도 기회만 있으면 영어로 말했다. 팀원들에게 '잘난 척한다'는 오해를 사도 개의치 않았다. 이승건에게는 그야말로 서바이벌 잉글리시, 생존이 걸린 과업이었다.

페이팔의 투자

영어 때문에 고꾸라지기도 했지만, 그래도 이승건은 꽤 훌륭한 성과를 일궜다. 2017년 3월 토스는 시리즈D 투자유치를 확정했다. 기업가치는 약 1880억 원을 인정받았고, 굿워터캐피털, 베세머벤처스, 알토스벤처스 그리고 페이팔 등이 총 550억 원을 투자하기로 했다.

페이팔이 한국 시장에 처음 투자하는 대상이 토스라는 사실이 알려지자 큰 주목을 받았다. 국내 금융업계가 토스를 바라보는 시선도 달라졌다. "카카오페이의 송금 서비스로 타격을 입을 것으로 전망됐던 비바리퍼블리카가 투자유치로 사업 확장의 추동력을 얻게 됐다"[7]는 평가가 나왔고, '골리앗이 무서워하는 다윗'과 같은 수식어도 붙었다.

페이팔의 투자 소식은 심지어 한 사람의 인생 항로를 바꾸어 놓기도 했다. 삼성전자 과장으로 '삼성페이' 미국 프로젝트 매니저를 맡고 있던 홍민택이었다. 나중에 토스뱅크 팀 리더가 되는 홍민택은 그때까지만 해도 토스 같은 개인 간 송금 비즈니스는 지속 가능하리라 생각지 않았다.

반면 페이팔은 그에게 선망의 대상이었다. 2년 넘게 미국에서 일하며 페이팔과 협업할 기회가 왕왕 있었는데, 페이팔은 글로벌 핀테크 서비스에 관한 한 모르는 것이 없었다. 전 세계에 지점을 두고, 각국 시장에 최적화한 결제 서비스를 만들어 어마어마한 성과를 이루고 있었다. 그런 페이팔이 한국의 토스에 투자했다고? '내가 모르는 뭔가가 있는 게 틀림없다'고 생각한 홍민택은 휴가를 내고 서울에 와서 토스팀을 만났고, 결국 토스팀에 승선했다.

토스가 세계 최대 온라인 결제 기업인 페이팔을 설득한 요소는 무엇이었을까. 여타 글로벌 투자사에 비해 페이팔은 한국 금융 시장에 대한 이해가 높은 편이었다. 몇 년 전 온라인 결제 서비스로 한국 진출을 시도했지만 미국과 금융환경이 판이한 국내 시장에서 애를 먹은 경험도 있었다. 그때 한국의 시장 규모가 꽤 크다는 것을 확인한 터라 토스가 타기팅하는 시장의 잠재력을 알아본 것이다.

페이팔은 2012년 미국의 간편송금 서비스 벤모(Venmo)를 인수한 경험도 있었다. 미국의 밀레니얼 세대는 벤모에 열광했고 덕분에 많은 사용자를 모았지만, 벤모는 이를 매출로 전환하기 위한 비즈니스 모델을 찾지 못하고 있었다. 토스는 벤모보다 5년 늦게 출시되었지만 성장속도는 훨씬 빨랐다. 당시 실리콘밸리에서 토스는 '세상에서 가장 빨리 성장하는, 그래서 미친 속도로 돈이 타는 스타트업(the fastest growing startup with crazy cash burn)'으로 통했다.

그러므로 돈이 타는 미친 속도를 메울 계획이 관건이었다. 이승건은 사용자를 모으기는 좋지만 돈 벌 방법이 마땅치 않은 송금과 결제에 머무르지 않겠다는 계획을 투자자들에게 밝혔다. 대출을 포함해 다양한 금융상품을 취급하는 금융 플랫폼으로 성장하겠다는 토스의 새로운 구상은 설득력을 인정받았다.

청사진을 실현하기 위한 첫 걸음으로는 소액대출 서비스가 제격이라 판단했다. 대출시장에서 오가는 수수료 규모는 어마어마한데 아직 온라인화는 일어나지 않았고, 중신용자나 금융이력 부족자(thin filer) 등 기존 은행에서 온전한 서비스를 받지 못하는 사람들도 많았다. 이승건은 송금으로 끌어모은 사용자가 대출 고객으로 전환되면 곧 수익을 창출하리라는 장밋빛 미래를 꿈꿨다. 곧장 팀에 크레딧 사일로를 신설하고, 이 사업을 이끌 PO로 김유리를 채용했다.

탈퇴 러시

김유리는 몸집은 작지만 휘적휘적 넓은 보폭으로 걷는 사람이다. 초창기 토스팀을 선택한 이들이 대부분 그랬듯, 김유리는 낯선 환경과 새로운 일에 온몸으로 부딪치기를 즐겼다. 애플 창업자 스티브 잡스를 지척에서 보고 싶다는 일념만으로, 그는 다니던 삼성전자를 그만두고 미국의 경영대학원에 진학했다. 실리콘밸리에서 선호하는 MBA를 졸업하면 어떻게든 애플행 티켓을 거머쥘 수 있으리라 생각했던 것이다.

'저런 혁신을 만들어내는 회사는 뭐가 다를까? 자유롭게 일하면서도 미친 퍼포먼스를 낸다는 것은 어떤 거지? 내 역량은 어느 정도일까? 나도 한번 붙어볼 수 있을까?'

실리콘밸리에 대한 공대생의 막연한 환상인지 모른다고 생각하면서도 김유리는 깃발을 향해 달리기를 멈추지 않았다. 그는 계획대로 여름 인턴십 과정을 거쳐 정규 직원으로 애플에서 일하게 되었다. 인턴일 때 먼발치에서 봤던 잡스는 그사이 세상을 떠났고, 애플 캠퍼스에서는 성대한 추모식이 열렸다.

1년여 뒤 김유리는 한국으로 돌아왔다. 이미 거대한 제국이 된 애플에서 무명의 직원으로 남기보다는 함께 일하는 동료, 일하는 회사, 나아가 우리 사회에 이왕이면 더 많은 영향을 미치는 일을 하고 싶었다. 스타트업 시절의 쿠팡에서 일하게 된 것도 그런 이유였다. 하지만 쿠팡이 로켓배송으로 성공 방정식을 확립한 뒤, 김유리는 앞으로 이 회사가 불확실한 상황에 모험을 거는 일은 없으리라 짐작했다. 다시 떠나야 할 때였다.

김유리가 보기에 토스가 재미있는 일들을 벌이는 것 같았다.

주변 사람들은 "너 토스 가면 뼈도 못 추릴걸. 거기 대표가 엄청 무섭고 독단적이라더라"는 소문을 전했다. 하지만 대표가 욕먹는 것을 보니, 그래도 제대로 하는 모양이었다. 경험상 적(敵)이 없는 나이스가이는 어떤 것도 스스로 결정하는 법이 없는 무능한 사람이었다. 판을 흔들어 무언가를 바꿔보려는 혁신가는 적이 많았다. 김유리는 욕먹으면 먹을수록 날카롭고 단단한 사람일 가능성이 높다고 생각하는 쪽이었다. 거칠고 독단적이기로 세상에서 둘째 가라면 서러울 스티브 잡스의 호랑이 같은 눈빛을 김유리는 좋아했다.

실제로 만난 이승건은 구부정하게 고개를 내민 채 김유리를 뚫어지게 쳐다봤다. 마치 '다 꿰뚫어보고 있으니 거짓말하지 말라'고 말하는 듯한 눈빛이었다. 이승건은 면접 말미에 "유리 님은 세상을 어떻게 바꿀 수 있다고 생각하냐"고 묻더니 대답을 기다리지도 않고 스스로 답했다.

"저는 스타트업이 세상을 바꾼다고 생각해요. 정부가, 국회가, 법과 제도가 아니라 잃을 것 없는 스타트업이 연못에 작은 돌멩이를 던져 파문을 일으키는 것만큼 빠른 방법은 없어요."

김유리에게는 울림이 있는 말이었다. 공고한 기득권을 무너뜨리고 세상을 바꾸는 선한 금융 플랫폼을 만드는 데 일조하고 싶다고 생각했다.

첫 출근 날, 김유리는 두 가지에 크게 놀랐다. 하나는 사무실에 딸린 화장실이 너무 낡고 지저분하다는 점이었다. "면접 때 화장실 문을 열어봤어야 했는데…." 작게 탄식했지만 어쩔 수 없었다. 두 번째 충격은 이승건이 안겼다. 김유리에게 자회사 하나를 맡아주면 좋겠다고 했는데, 회사 이름이 '토스대부'였다. 면접에선 세상을 선하게 바꿀 프로젝트를 맡기겠다더니, 대부라고?

토스대부의 실패

한밤중 난데없는 트윗 메시지가 올라온 것은 김유리가 토스대부를 맡아 소액대출 서비스를 운영한 지 반년쯤 지났을 무렵이었다.

2017년 7월 11일 오전 1시 13분
헐, 토스가 대부업이구나 지금 알았다... 어쩐지 소액 대출하더라 ㅋㅋㅋ

편해서 좋아했는데 이제 (대부업이라는 것을) 안 이상 못 쓰겠다

2017년 7월 11일 오전 1시 25분
으잉 토스 소액대출 돼요? 대부업이에요?
진짜 획기적인데 대체 사업등록은 뭘로 했을까 은행권 제휴는 어떻게 했을까 궁금했는데 대부업이에요???

2017년 7월 11일 오전 1시 33분
네, 안 그래도 소액대출이 생겨서 뭔가 싶었는데 친구가 대부업이랑 관련되어 있다고 하더라구요.
기사 찾아보니까 자회사로 만들어서 하는 거 같아요.

마지막 메시지가 빠르게 리트윗됐다. 사람들마다 한마디씩 보냈다. "대부업이라니 어마어마하다. 일부러 20대 겨냥해서 소액대출은 신용등급 안 떨어지는 척. 초심 잃은 토스 망하길 응원합니다." "아무리 돈이 궁해도 그렇지, 학생들이 많이 쓰는 어플로 대부업을 하냐. 토스 탈퇴함." "토스 쓰지 마세요. 토스 대부업체로 바뀌었답니다. 아무리 편하더라도 대부업체 어플을 쓸 순 없죠." "토스 대부업하는 거 모르시는 분들 많으셨구나. 간편송금은 미끼일 뿐" 등등.

김유리는 트윗을 보고 처음에는 웃어넘겼다.

"토스가 송금 편하게 만든 걸로 청년들을 꼬여서 대부의 길로 안내하는 나쁜 기업이라는 거예요. 심지어 일본 조직폭력배들이 자본을 대는 회사라는 얘기로 부풀려지더라고요. '말도 안 되는 소리 하네' 하고 집에 갔죠. 그러다 말 줄 알았어요."

하지만 밤사이 불길은 크게 번져 활활 타올랐다. 하루 새 리트윗이 5108번 일어났고, 실제 토스 앱 탈퇴로 이어졌다. 평소 10~20명 내외였던 시간당 탈퇴자 수가 최대 160명까지 치솟았다. 김유리는 그 숫자를 보고 얼어붙었다. 토스팀이 만들어온 성장이 눈 녹듯 사라질 기세였다. 어찌할 바 모르고 우두커니 서 있는 김유리에게 이승건이 큰 소리로 말했다.

"유리 님, 정신 차려요! 정신 차리고 제가 쓰는 거 그대로 복붙하세요!"

그러더니 노트북을 펼치고 트위터에 로그인했다. 토스대부를 언급하는 모든 메시지에 일일이 댓글을 달기 시작했다.

"○○님, 토스팀의 이승건 대표입니다. 토스 소액대출은 은행권에서 돈을 빌릴 수 없는 많은 사람들에게, 은행권에서 사용하지 않는 새로운 신용평가를 통해 대출을 해주기 위해 탄생했습니다. 토스 소액대출을 받아도 잘 갚으면 신용도에 영향이 없습니다."

"○○님, 토스팀 이승건 대표입니다. 말씀하신 부분은 완전히 오해이십니다. 토스는 송금을 비롯한 다양한 금융서비스를 우리 세대가 편하게 쓸 수 있도록 만들기 위해 탄생했습니다. 미끼로 사람들을 낚기 위해 만든 게 아니에요."

"소액 빌리기는 토스의 다양한 서비스 중 하나일 뿐이며, 기존 은행권에서 소액조차 대출받을 수 없는 소외 계층이 토스의 새로운 신용평가 기술을 통해 대출받을 수 있도록 만든 혁신 상품입니다."

김유리도 옆에 앉아 댓글을 달았다. 눈물이 그렁그렁 맺힌 채였다. 두 사람이 온종일 트위터에서 씨름을 벌였지만 탈퇴 속도는 줄지 않았다. 첫 트윗이 올라온 11일부터 13일까지 1만 5000명이 토스를 떠났다. 어느 순간 이승건이 노트북을 탁 덮었다.

"유리 님, 그만하시죠."

"네, 역부족이네요. 더 이상은 안 될 것 같아요. 내일 팀원들에게 양해를 구하고 사업을 접는 게 좋겠습니다."

토스는 소액대출 서비스 중단을 공지했다. 첫 번째 트윗이 올라온 지 사흘 만의 패배 선언이었다.

안녕하세요. 토스를 서비스하는 비바리퍼블리카(대부업체 아님)입니다. 토스대부와 제휴하여 서비스하던 소액 빌리기 서비스는 2017년 7월 14일부로 종료되었습니다. 토스에서 제공하는 서비스는 대부업과 관련이 전혀 없으니 안심하고 사용하셔도 됩니다. 앞으로도 고객님의 의견을 경청하여 더 좋은 서비스로 보답하겠습니다. 감사합니다.

안이하고 무모한 도전이었을까. 토스가 소액대출 사업을 벌였던 이유는 분명했다. 그즈음 토스 사용자의 70%는 20대였다. 대학생과 사회초년생 등 금융 기록이 부족한 신 파일러(thin filer)가 다수였다. 앱 이용 패턴을 들여다보면 1만-2만 원쯤 송금을 시도했다가 통장 잔액 부족으로 실패하는 경우가 꽤 많았다. 정기적으로 용돈이나 아르바이트비 등이 입금되긴 하는데, 한 달이 지나기 전에 바닥나는 것이라 짐작됐다. 신용카드 사용 이력이나 직장이 없으면 은행에서 신용대출을 받기도 어려울 터였다. 그런 사람들에게 짧은 기간이나마 소액을 빌려주면 큰 편익을 줄 수 있다고 생각했다. 사업이 자리잡으면 신용평가사 자료뿐 아니라 토스에 쌓인 사용자 데이터를 활용해 새로운 신용평가 모델도 만들 요량이었다.

걸림돌은 라이선스였다. 비바리퍼블리카는 돈을 빌려주고 이자를 받을 권한이 없는 전자금융업자였다. 이런저런 방법을 찾아봤는데, 대출 사업을 하려면 대부업 등록을 하는 게 가장 쉽고 빠르다는 결론이 내려졌다. '토스대부'라는 자회사를 설립해 소액대출을 시작하게 된 내력이다. 처음 입사했을 때 "대부업이라니?" 하고 기함했던 김유리도 사정을 듣고는 고개를 끄덕였다.

소액대출이 곧바로 돈을 벌어다준 것은 아니었다. 사람들은 5만 원, 10만 원 등 적은 금액을 빌려가 며칠 만에 상환했다. 아니면 아예 갚지 않았다. 원금을 너무 빨리 돌려받아 충분한 이자 수익을 낼 겨를이 없거나, 원금마저 갚지 않는 식으로 양극단의 패턴이 나타났다.

그래도 해볼 만한 사업이었다. 적은 돈을 토스에서 빌리고 갚아본 청년들이 '대출은 토스'라는 인식을 갖게 되면, 시간이 흘러 큰돈이 필요할 때 자연히 토스를 찾을 것이라 짐작했다. 자본규모가 작은 토스대부는 최대 50만 원을 한 달 동안만 빌려주는 소액대출을 운영하되, 더 많은 돈을 빌리고 싶은 고객은 다른 금융사와 연결해 플랫폼 비즈니스를 확대하겠다는 계획도 세워두었다.

그러나 '토스대부'라는 이름이 불러온 파장은 난데없고 거대했다. 팀원 몇몇은 물었다. "정말 사람들에게 피해를 주는 나쁜 서비스가 아니라 순전히 이름 때문에 오해받는 것뿐인데 이렇게 포기하는 게 맞나요?" 그 심정도 이해는 됐다. 그러나 탈퇴가 이 속도로 계속 늘어난다면 오해를 풀기도 전에 회사가 무너질지도 몰랐다. 김유리는 묵묵히 토스대부 폐업 절차를 밟았다.

소액대출 서비스를 중단하자 탈퇴 흐름이 비로소 잦아들었다. 중단 소식 또한 신속하게 리트윗됐다. 토스에 대한 여론은 '고객의 목소리를 귀담아듣고 빠르게 반영하는 회사'로 반전됐다. 처음에 메시지를 올렸던 어느 트위터리안은 "모종의 죄책감마저 느껴진다"고 적었다.

핀란드의 게임회사 슈퍼셀은 개발하던 게임 프로젝트가 엎어지면 실패 파티(Failure Party)를 연다. 실패를 겸허히 인정하고 어째서 실패했는지 회고하는 시간을 일컫는다. 파티라는 이름에 걸맞게 실패에 대한 책임을 추궁하는 대신, 실패에서 얻은 배움을 나누고 새로운 도전을 독려한다. 토스대부 폐업 며칠 뒤, 김유리도 실패 파티를 열고 차분히 뒤를 돌아봤다.

"토스는 대부업이라도 다르게 할 수 있다고, 금융소외계층에게 공정하고 편리한 대출의 기회를 줄 수 있다고 자신했습니다. 하지만 '대부업'이라는 표현이 풍기는 부정적인 이미지가 얼마나 큰지는 미처 생각하지 못했어요. 그런 이미지가 사용자의 행동에 어떤 영향을 미칠 것인지 고려하지도 않았고요. 고객의 시선으로 하나하나 의심해봐야 했는데도요. 가벼운 사용자 인터뷰나 통제 가능한 소규모 실험을 해봤다면 어땠을까요. 커다란 불확실성을 제거할 방법이 있었지만 실행하지 않았습니다. 이 사업은 그런 채로 1년 가까이 굴러왔습니다.

우리는 그동안 실패를 방지하거나 회피하기보다는, 실패가 일어났을 때 빠르게 회복하는 데 집중해 왔습니다. 그 실패에서 의미 있는 배움을 얻는 것이 중요했고요. 하지만 시간과 자원이 적게 드는 '저렴한' 실패를 하는 것도 중요하다는 것을 이번에 깨달았습니다."

소액대출과 함께 크레딧 사일로에서 동시에 추진 중이던 개인 맞춤형 대출비교 서비스도 비슷한 시기에 고꾸라졌다.

오프라인의 모든 것이 온라인으로 전환되고 있었지만, 대출시장은 그렇지 못했다. 사람들은 여전히 은행 지점을 찾아가 대출 상담을 받았다. 보통은 주거래 은행이나 집 가까운 은행에서 대출을 받았다. 엇비슷해 보이는 수십 가지 상품 가운데 내가 과연 가장 좋은 조건을 골라서 대출받았는지 확인할 길이 없었다.

토스팀이 상상한 대출비교 서비스는 사용자 개인이 어떤 은행에서 가장 많은 돈을 가장 낮은 이자에 빌릴 수 있는지 조회하는 온라인 공간이었다. 여러 금융사의 대출 상품을 한도와 금리 순으로 줄 세워 보여주고, 사용자가 직접 비교해보고 선택할 수 있는 도구였다. 전북은행, SBI저축은행, 현대캐피탈 등이 입점하겠다고 약속했다. 성과가 나기 시작하면 더 많은 금융사가 관심을 보일 거라고 기대했다.

하지만 대출비교 서비스는 '일사전속주의'라는 규제에 발목 잡혔다. 한국의 금융규제는 대출모집인 한 명이 금융회사 한 곳의 대출 상품만을 중개할 수 있도록 제한했다. 한 모집인이 여러 금융사의 대출을 취급하도록 허용했을 때, 고객에게 유리한 상품이 아니라 자신에게 떨어지는 수수료가 높은 상품을 먼저 추천하는 부작용을 막으려는 취지였다.

토스팀도 대출모집인 모범규준에 이런 내용이 있다는 것은 알고 있었다. 그러나 온라인 플랫폼은 해당하지 않을 거라고 막연히 생각했다. 감독당국의 해석은 달랐다. 토스 앱 또한 금융사와 고객 사이에서 대출모집인 역할을 하며, 토스 앱이 여러 금융사의 상품을 한꺼번에 비교하려는 시도는 일사전속주의에 반하는 것으로 해석되었다. 6개월여 공들여 개발한 제품은 그렇게 출시 직전에 폐기

됐다.

누구를 탓할 일도 아니었다. 불확실성을 제대로 검증하지 않은 잘못일 뿐. 토스는 여전히 미숙한 채 시행착오를 거듭하고 있었다. 금융 플랫폼이라는 꿈이 물거품이 되는 걸까. 투자자들에게 대출로 돈 벌어 오겠다고 장담한 약속은 어떻게 되는 거지. 앞이 캄캄했다.

목표는 대담하게, 실행은 다다다다

영리한 여우는 굴을 여러 개 판다. 토스팀이 대출 하나만 바라보고 있지는 않았던 것이 불행 중 다행이었다. 대출 사업이 계획대로 흘러갔다 해도 토스가 적자를 메꾸고 단번에 흑자기업으로 탈바꿈할 거라고 기대하지는 않았다. 시간이 오래 걸릴 일이었고, 실패할 가능성은 더 높았다. 창업 이후 실패를 거듭하며 이승건이 체화한 것은 그런 태도였다.

'죽고자 하면 살고, 살고자 하면 죽는다.' 성공을 확신할수록 오류를 발견해 바로잡을 기회는 줄어든다. 인력과 자금을 한 곳에 몰아 넣었다가 장렬히 실패하면 회사가 무너질 수도 있다. 토스팀이 살아남지 못하면, 이들이 꿈꾸는 근본적이며 파괴적인 금융 혁신도 지속할 수 없었다. 여러 가능성을 최소한의 자원만으로 검증하고, 아니다 싶으면 빨리 접는 게 여러모로 나았다.

살길은 엉뚱한 곳에서 트였다. 문화상품권 판매였다. 이승건은 사용자 한 명이 가져다주는 손익을 나타내는 AMPU(Average Margin Per User) 그래프를 습관처럼 들여다봤다. 토스의 월간 AMPU는 여전히 마이너스 2000원대를 유지했다. 그런데 문화상품권 판매 AMPU가 몇 달째 플러스를 기록하고 있었다. 2017년 초 기준, 토스에서 돈을 버는 유일한 비즈니스였다.

한때 토스에서 문화상품권을 팔았다는 사실조차 모르는 이들이 더 많겠지만, 토스의 10대 고객은 문화상품권을 줄기차게 사들였다. 카드가 없는 청소년들이 온라인 게임 아이템을 결제하는 주요 수단이 문화상품권이었다. 오죽하면 PC방마다 문화상품권 자판기 설치가 유행했을 정도였다. 토스에서도 2015년 말부터 큰 기대 없이 문화상품권을 팔기 시작했는데, 청소년들의 재구매율이 유독 높았다. 그 판매 수수료에서 꾸준히 이익이 발생한 것이다.

그래봐야 이익은 월 5000만 원 정도였다. 송금 수수료로 매달 수십억씩 태우는 것과 비교하면 코 묻은 돈에 불과했다. 대상이 게임을 좋아하는 중·고등학생으로 한정적이라 판매를 크게 늘리기도 어려웠다. 하지만 이런 아이템이 토스에 수십 개 있다면?

"문화상품권 같은 것 40개를 찾으면 손익분기점은 맞출 수 있겠다."

토스팀의 '다다다다 전략'은 이런 단순한 계산에서 시작되었다. 규모는 작더라도 수익이 날 만한 비즈니스 모델을 화이트보드에 모두 써내려갔다. 해피머니 상품권, 백화점 상품권, 기프트카드 등 각종 상품권 판매 중개, 해외여행보험, 부동산 소액투자 등 금융상품 온라인 광고 같은 아이디어가 쏟아졌다. 금융사 등 다른 기업과 제휴를 맺고 그들의 상품을 광고한다는 측면에서, 규모는 작아도 본질적으로 플랫폼 사업이었다.

천천히 하나씩 시도할 여유가 없으니, 모두 다 빠르게 실험해보자는 뜻에서 '다다다다'라고 이름 붙였다. 무엇이 성공을 가져다줄지 또한 미지수였으므로, 다다다다 전략을 수행할 팀은 '토스X'라 부르기로 했다. 토스X의 목표는 '토스팀 안에 여러 개의 성공적인 스타트업을 만들고 영속 가능한 수익모델을 찾는다'로 정했다.

토스X를 총괄하는 헤드로 박재민이 입사했다. 직전까지 쿠팡에서 일했던 인물이었다. 그는 모바일 사용자 경험이 어떤 임계치를 넘어가는 순간 오프라인에서 온라인, 모바일 플랫폼으로 시장의 일대 전환이 일어나는 장면을 목격했다. 쿠팡이 국내 커머스 산업을 모바일로 당겨온 것처럼 금융의 플랫폼화라는 토스의 비전도 실현 가능하다고 생각했다.

박재민은 토스X를 3개의 '셀(cell)'로 구분했다. 여러 비즈니스를 동시에 진행하려면 사일로보다 더 작은 규모의 애자일 조직이 적합했다. 비즈니스 오너의 줄임말인 BO가 각 제품을 이끌도록 했다. '주니어 PO'라고도 불렀는데, 제품의 처음부터 끝까지 책임진다는 점에서 PO와 같지만 아직 역량이나 경험이 부족한 이들에게 BO를 맡겼다. 그러다 PO와 BO 사이에 괜한 위계가 생긴다는 의견이 대두되면서 2017년 말에 모두 PO로 통합되었다.

토스X는 최소한의 기능만 갖춘 제품을 얼기설기 찍어냈다. 시장의 수요가 있는 제품을 찾아내는 것이 1차 목적이었기 때문에 빠른 속도가 관건이었다. 수요가 확인되면 제품의 완성도는 그때부터 갖추면 될 일이었다.

팀이 커졌어도 손은 늘 부족해서, BO 2명에 개발자와 디자이너 각각 한 명, 또는 BO 3명에 개발자 둘, 디자이너 한 명 식으로 불균형하게 짝을 지었다. 프론트엔드 개발자가 부족해 디자이너들이 직접 코드를 짜기도 했다. 초기 멤버인 디자이너 남영철은 BO와 개발자, 제휴사와 개발자 간의 소통까지 도맡았다.

그렇게 토스X는 1년 동안 서비스 41개를 론칭했다. 그 가운데 절반이 넘는 26가지는 얼마 못 가 문을 닫았다. 세이브더칠드런 등 국제 구호단체와 연계해 토스 앱에서 간편하게 기부할 수 있는 소액기부는 사용자의 수요가 턱없이 부족했다. 모바일 청첩장에서 토스 간편송금으로 바로 연결되는 서비스는 결혼 성수기와 비수기에 따라 사용량이 들쭉날쭉해 꾸준히 공수를 들이기가 어려웠다. 자동차 금융회사와 연계해 승용차 장기 렌트 서비스도 만들었는데, 사람들의 머릿속에 토스와 자동차는 아직 잘 연결되지 않는 조합이었다. 수많은 실패가 이어졌지만 동시에 성공 경험을 단시간 내 축적하는 시기이기도 했다.

주계좌 플러스

마케팅 팀원이자 언론홍보 담당자로 일당백을 해내던 안지영이 직군을 전환하고 토스X에 합류한 것도 그즈음이었다. 그가 입사했을 때 7명이었던 팀은 어느덧 10배로 불어나 있었다. 경력 많은 스페셜리스트가 여럿 합류해 제너럴리스트가 채우지 못했던 영역을 메웠다. 회사의 중요한 결정을 뒤늦게 알게 되는 경우가 잦아지면서, 안지영은 설 자리가 좁아졌다는 박탈감을 느꼈다. 있어도 그만, 없어도 그만인 존재라면 그만두는 게 낫겠다는 생각도 했다.

그 무렵 은행 등 금융사와의 제휴 업무를 맡아오던 동료 한 명이 회사를 떠났다. 안지영은 자신이 그 역할을 맡아보겠다고 자원했다. 선뜻 공감해주는 사람은 없었지만, 어쨌든 토스X의 BO로 일하게 되었다. 6개월간 해보고 성과가 나지 않으면 제자리로 돌아간다는 조건이었다.

토스X에서는 BO 한 사람이 3~4가지 아이템을 동시에 굴리는 게 예사였다. 한 번에 한 가지만 하는 것은 사치였다. 그러니 개발자 한 명은 한꺼번에 8~9가지 제품을 맡는 경우가 허다했다. "스파게티 코드로 짜라"는 얘기가 공공연히 오갔다. 어차피 잘 안 될 거고, 안 되면 없어질 서비스이니 코드를 공들여 쓰지 말고 아무렇게나 빨리 만들라는 뜻이었다.

불완전한 환경에서도 새로운 일은 안지영의 적성에 맞았다. 어떤 문제를 발견하고, 해결책이 무엇일지 가설을 만들고, 하나하나 검증하며 돌파해 나가는 과정에서 재미를 느꼈다. 그가 5가지 아이템을 들고 동분서주하는 모습을 보고 사수 역할을 하던 송호진이 "한두 가지는 다른 BO에게 나눠주면 어떠냐"고 제안하기도 했다.

그런 안지영의 눈에 비대면 계좌 개설과 관련된 뉴스가 들어왔다. 시중은행과 증권사, 저축은행 등에 차례로 비대면 실명 확인이 허용된 것이 불과 1년 전이었다. 고객이 은행이나 증권사 지점을 방문하지 않아도 온라인으로 본인인증을 거쳐 계좌를 만들 수 있는 길이 처음 열렸다. 하지만 전통 금융기관의 비대면 계좌 개설 프로세스는 여전히 복잡해서 이용하는 사람이 많지 않았다. 그 과정을 토스에서 간편하게 만들어 제공한다면 괜찮지 않을까? 뒤엉킨 모바일 프로세스를 간소화하는 것이야말로 토스의 주전공이었다.

팀원들의 반응은 뜨뜻미지근했다. 2016년 국내에서 개설된 비대면 계좌 수를 다 합해봐야 15만 개가 고작이었다. "큰 임팩트가 있을까?" 그래도 한번 시도해보기로 했다. '뭐든 일단 해보자'는 것이 새로운 다다다다의 철학이었기 때문이다.

확인해보니 여러 증권사와 저축은행에 비대면 계좌를 늘리려는 수요도 있었다. 그중 적극적으로 제휴 의지를 내비친 증권사 한 곳과 손을 잡기로 했다. 토스를 통해 종합자산관리 계좌(CMA)가 하나 개설될 때마다 증권사가 일정 금액을 수수료로 지급하는 조건이었다.

결과는 놀라웠다. 3개월 동안 토스를 통해 개설된 CMA 계좌는 21만 개에 달했다. 직전 1년간 국내 금융업권 전체에서 개설된 비대면 계좌를 모두 더한 것보다 40% 많았다. 언론에서는 "토스가 간편함과 가격 경쟁력을 바탕으로 고객을 무서운 속도로 끌어들였다"[8]고 평가했다.

사람들의 폭발적인 반응은 어디에서 왔을까? 안지영이 생각하기에는 두 가지였다. 하나는 토스머니 주계좌와 증권사 계좌를 연동시킨 것이고, 다른 하나는 이를 통해 잔액에 이자를 붙여줄 수 있게 되었다는 점이었다.

증권사는 CMA 계좌 잔액에 대해 최대 연 2.1% 이자를 지급했다. 당시 수시입출금 통장으로는 최고 수준의 금리였다. 하지만 만약 기존 토스머니 주계좌와 연동하는 방식이 아니라, 새로운 증권사 계좌를 하나 더 만들라는 방식이었어도 성공했을까? 주식투자 경험이 상대적으로 적은 토스 사용자에게는 낯설고 귀찮은 일이었을 것이다. 하지만 안지영은 본인인증 등 몇 가지 절차만 거치면, 이미 가지고 있던 토스 주계좌를 '주계좌 플러스'라는 이름의 CMA 계좌로 업그레이드할 수 있다고 알렸다. 전환의 허들을 낮춘 것이다.

그 시절 토스에는 '주계좌'라는 개념이 있어서 토스머니를 최대 200만 원까지 충전해뒀다가 송금할 때 쓸 수 있었다. 토스머니는 게임머니나 신용카드 포인트처럼 특정 재화나 서비스를 구입할 수 있고 언제든 환급받을 수도 있는 '선불전자지급수단'에 해당한다. 그런데 법적으로 선불전자지급수단에는 이자를 지급할 수 없었다. 이름만 계좌일 뿐 이자 한 푼 붙지 않는 돼지저금통이나 마찬가지였다.

그런데 '주계좌 플러스'로 업그레이드하면 사용자는 그동안 못 받던 이자를 받게 되니 좋고, 증권사는 잔액 없는 깡통 계좌가 아니라 실제 입출금이 일어나는 계좌가 개설되니 좋았다. 고객과 파트너사 양쪽에 이득이었다. 계좌를 개설한 사용자에게 송금 무제한 무료라는 혜택을 준 것도 유효했다. 나중에는 금리가 연 1.3%까지 낮아졌는데도 토스는 1년 동안 신규 계좌 57만 개를 만들어냈다. 금융권 전체를 통틀어 압도적인 성과였다.

잘돼도 너무 잘된 게 문제였을까. 토스에서 이렇게 많은 계좌가 개설될 거라고는 누구도 예상하지 못했고, 증권사에서는 잡아둔 예산이 모자란다며 수수료 조건을 재협상하자고 했다. '드디어 우리도 돈을 번다'는 기대에 잔뜩 부풀었던 토스X 팀원들은 당황했다. 오프라인 은행 창구나 인터넷 포털 등 다른 광고 채널과 비교하면

높지 않은 수수료를 또 깎아야 한다니. 그러나 토스는 얼마간의 돈이라도 당장 받는 것이 급했고, 결국 수수료 할인에 합의했다.

토스팀은 수수료보다 더 큰 것을 얻었다고 위안했다. 금융 플랫폼이라는 토스의 미래에 대한 확신이었다. 300만 명의 토스 사용자로부터 플랫폼의 힘이 창출되고 있었다. 그 숫자가 늘어날수록 토스의 힘은 커질 터였다. 안지영도 성공의 경험에 고무되었다.

"애착이 깊게 형성되었다고 할까요. 회사 일에 좀 더 깊숙이 관여하게 되더라고요. 하나의 제품이 돌아가게 만들려면 회사 전체가 돌아가는 상황도 알아야 하고, 다양한 직무를 하는 팀원들과 소통해야 하니까요. 규모가 큰 비즈니스를 처음 담당하면서 PO로서 회사에 기여할 수 있게 돼 의미가 컸어요. 이 팀에서, 똑똑하고 헌신적인 동료들 사이에서 계속 인정받고 싶다는 건강한 욕심도 생겨났고요."

안지영이 물꼬를 튼 증권사와의 협업은 김동민이 이어받았다. 증권사 애널리스트 출신인 김동민은 '주계좌 플러스'에 투자 서비스를 결합했다. 수수료를 대폭 낮춰준 까닭에 일이 수월하게 진행된 측면도 있었다. 2017년 말에는 뮤추얼 펀드에 1000원 단위로 투자할 수 있는 펀드 소액투자를, 이듬해 4월에는 해외주식 직접투자 서비스를 추가했다.

'주계좌 플러스'가 있는 토스 사용자는 증권사 앱 없이도 애플, 아마존, 스타벅스 등 미국 주식 20개 종목에 투자할 수 있게 됐다. 미국 시장이 열리는 늦은 밤까지 기다릴 필요 없이 한국 시각으로 오전 8시에서 오후 9시까지 주문하고, 실시간 변하는 주가를 원화 기준으로 확인할 수 있었다. 한국 투자자의 입장에서 세심하게 설계한 덕분에 사용자들의 반응도 좋았다. 누적 투자금액이 금세 수백억 원에 이르렀다. 그동안 토스에 부족했던 30대 이상 사용자가 투자 서비스를 주로 이용한다는 점도 긍정적인 성과였다.

하지만 금융사와의 협업은 녹록지 않았다. 사용자 경험을 설계하는 철학에서부터 차이가 빚어졌다. 토스는 가입 과정부터 매매, 조회 등 서비스의 모든 단계를 모조리 뜯어서 모바일에 맞게 새로 만들자고 덤볐다. 증권사 입장에서는 서비스에 크고 작은 변경이 있을 때마다 컴플라이언스 부서가 검토하고 승인하는 절차를 거쳐야 했으니 난감할 법도 했다. 서비스를 출시한 뒤에도 토스는 가만히 있지 못했다. 1-2주 단위로 데이터를 분석해 사용자가 많이 이탈하는 단계를 찾아냈고, 이렇게 저렇게 개선하자고 들고 갔다. 증권사 실무자들은 새로 만든 서비스를 또 고치자고 하자 난색을 표했다. 김동민의 제안을 문서로 정리해 보고하고, 위에서 검토하고 결정하는 데 시간이 걸리고, 그사이 타이밍을 놓치게 됐다. 토스팀은 '빨리 한번 해보고 안 되면 다른 걸 찾자'는 식으로 접근했는데, 모두가 그렇게 움직이지는 않았다.

토스팀은 곧 '우리가 직접 하면 왜 안 돼?'라는 질문에 이르렀다. 이미 투자 서비스에 대한 사용자의 열광적인 반응을 확인했고, 토스가 직접 만들면 더 빠르고 더 쉬울 것이라는 자신감도 있었다. 협업 과정에서 전통적인 의미의 금융 서비스가 어떻게 운영되고 있는지 배웠고, 핀테크 기업으로서 어떻게 바꿔나가면 좋을지 힌트도 얻었다. 제품에 대한 최종 의사결정은 실무자가 내릴 수 있어야 하고, 컴플라이언스 부서는 혁신을 지원하는 쪽으로 작동해야 하며, 개발자는 비즈니스 맥락을 잘 이해해야 한다. '증권사 설립 도전'이라는 씨앗은 이미 싹을 틔우기 시작했다.

금융 플랫폼의
선한 영향력

"배너 장사를 해봅시다."

대출에 걸었던 희망이 하루아침에 무너졌을 때, 강정훈이 엉뚱한 아이디어를 냈다. 대출비교 서비스 대신, 금융기관들의 대출 광고 배너를 토스 앱에 한데 모아 보여주는 서비스로 전환하자는 제안이었다.

강정훈은 크레딧 사일로에서 금융기관 파트너십을 구축하고 관리하는 역할을 해오고 있었다. 그를 만나는 저축은행, 캐피탈, 카드사마다 한결같이 하는 말이 "대출 배너만 띄워주면 광고비를 주겠다"는 것이었다. 금융사들은 이미 포털 사이트에 수많은 대출 광고를 집행하고 있었다. 광고 예산도 잔뜩 있다고 했다. 강정훈은 귀가 솔깃했다. 일사전속주의 같은 규제를 뚫겠다고 어려운 길을 갈 게 아닌 것 같았다.

> OO저축은행 직장인 신용대출
> 금리 연 4.9~24.9%, 한도 최대 3000만 원,
> 상환기간 최대 36개월

광고 배너를 누르면 바로 해당 금융사 홈페이지로 넘어가는 구조였다. 개인정보를 입력해 맞춤형으로 금리와 한도를 조회하는 게 아니라, 위와 같이 뭉툭하게 대출상품 정보를 노출하는 것은 일사전속주의 규제를 받는 대출 중개가 아니라 단순 광고로도 운영할 수 있었다. 이런 배너 광고는 네이버나 구글 등 온라인에서 이미 통용됐다. 포털 사이트에서 '신용대출'을 검색하면 주르륵 광고부터

뜨지 않던가. 토스도 이런 광고시장에 뛰어들자는 것이 강정훈의 제안이었다.

그러나 이승건, 송호진, 김유리를 비롯해 대부분의 팀원들은 질겁했다.

"광고만 늘어놓는 건 사용자 경험을 완전히 해치는 일이에요."

"사용자들에게 어떤 가치를 주나요? 시간과 돈을 아껴줄 수 있나요? 그저 돈을 벌기 위해 토스 앱에 덕지덕지 광고를 붙여도 되나요?"

"제품을 피봇한다 하더라도 우리가 세운 가설을 제대로 테스트해볼 수 있는 방향이 아니잖아요. 정훈 님이 제품을 만들어도 되는 사람인지 의문스러울 정도예요."

모진 말들에도 강정훈은 굽히지 않았다.

"대출비교 서비스를 만드는 길은 어차피 막혔으니, 시도해볼 수 있는 건 해보면 좋겠습니다. 배너를 눌러서 넘어간 고객이 대출을 실행하면 그에 상응하는 광고 수수료를 받는 간단한 구조예요. 먼저 제안한 금융사 몇 군데만 열어보면 어떨까요? 대출이 1000만 원 일어나면 우리는 10만~20만 원 벌 수 있어요. 빠르게 실험해보고 안 되면 접겠습니다."

토스X팀에서 프로덕트 디자이너로 수많은 서비스를 다다다다 만들고 있던 남영철은 그 말에 설득됐다. 처음에는 남영철 역시 '토스가 왜 이걸 해야 하지?' 싶었다. 하지만 곰곰이 생각해보니, 당시에 토스X에서 만들던 제품 대부분이 '왜 하지?' 싶으면서도 일단 해보는 것들이었다. 안지영의 비대면 계좌 개설 아이템처럼, 무엇이 터질지 해보기 전엔 모르는 일이었다. 그렇게 생각하니 강정훈의 배너 광고 아이디어도 실행에 옮기지 않을 이유가 없었다.

강정훈은 토스X팀의 BO로 자리를 옮겨 '대출맞춤추천' 서비스를 출시했다. 금융사 4곳의 신용대출 상품 7가지를 주욱 늘어놓은 페이지였다. 출시 첫 주에 대출이 36건 실행됐고, 수수료 수익으로 250만 원을 벌어들였다. 그다음 주에는 2배로 늘었고, 그다음 주에도 또 그다음 주에도 그래프는 계속해서 우상향했다. 서비스를 만드는 데 들어간 비용은 인건비뿐이었으므로 매출은 거의 그대로 이익이 됐다. 놀랍게도 강정훈은 다다다다 전략의 두 번째 주인공이 됐다.

배너 광고로는 사용자들에게 새로운 가치를 줄 수 없으리라는 팀원들의 예측은 설불렀다. 대출받을 수 있는 금융사의 목록을 보여주는 것만으로도 대출맞춤추천은 새로운 가치를 창출했다. 돈이 필요하지만 어디서 대출을 받아야 할지, 어디에 물어봐야 할지조차 몰랐던 사용자들이 있었고, 그들이 토스를 찾았다. 애초에 소액대출과 대출비교 서비스를 구상할 때 '대출 하면 토스'라는 인식을 만들고자 했다는 점에서 대출맞춤추천은 그 목적을 충족시킨 훌륭한 MVP(최소기능제품)였다.

6개월 만에 제휴 금융사가 13곳, 상품 종류는 26종으로 늘었다. 월 매출은 1억 원을 넘어섰다. 강정훈에게는 '암푸킹'이라는 별명이 생겼다. 고객 한 명이 가져다주는 이익, AMPU가 지속적으로 상승하는 첫 번째 서비스였기 때문이다. 팀원들은 강정훈을 마주칠 때마다 물었다. "오늘은 '대맞추' 클릭 몇 건이나 나왔어요? 매출은 얼마예요? 더 늘어났네요!"

배너 광고 아이디어에 격렬하게 반대했던 김유리는 강정훈에게 공개적으로 사과했다. 이후에도 신규 입사자 교육 세션을 진행할 때마다 이 서비스 론칭 과정을 소개했다.

"고객을 잘 이해하지 못한 채로, 우리끼리 생각하는 '좋은 제품'에 대한 기준만 높았던 거예요. 서비스가 빠르게 성장하는 걸 보고 나서야 이 제품이 사용자들에게 본질적인 가치를 준다는 걸 알 수 있었죠. 모두가 반대했는데도 강정훈 님이 불굴의 의지와 끈기를 가지고 밀어붙인 덕분에 토스는 한 발짝 더 성장했습니다. 정훈 님을 몰아붙였던 전 너무 미안했고요."

지속적인 성장에 목말랐던 팀원들에게 대출맞춤추천의 성공은 달콤한 샘물과 같았다. 대맞추는 팀이 앞으로 더 나아갈 동력을 마련해줬다. 강정훈은 "금융 사용자의 경험을 혁신하는 것이 토스 팀의 1번 미션인데, 내가 열심히 매출을 올린 덕분에 다른 팀원들이 미션을 향해 달려갈 수 있게 됐다고 자부했다"고 말했다.

다음 목표는 '토스가 대출 광고시장의 네이버가 되자'로 정했다. 고객인 금융사들의 요구를 빠르게 파악해 반영하는 것부터 시작했다. 저축은행이나 카드사가 새로운 상품을 출시했다고 알려오면 재빨리 배너를 업데이트했고, 사용자들에게 푸시 광고도 보냈다. 배너 옆에 빨간 글씨로 '금리 할인 중' 따위의 문구를 달면 클릭률이 치솟는다는 것을 발견해, 금융사가 이벤트를 진행할 때마다 홍보에 활용했다.

송금 앱으로 시작한 토스에는 '돈'의 맥락이 자연스럽게 달라붙었다. 토스를 통한 대출 광고 효율이 일반 포털 사이트보다 높은 것은 의당한 일이었다. 토스 광고의 효율이 높아지자 고객사들은 토스에 쓰는 광고 예산을 점차 늘려나갔다. 한 저축은행에서는 "처음에는 예산의 10%만 토스에 썼는데 지금은 50%를 쓰고 있다"고 알려오기도 했다. 입소문을 타자 다른 금융사들도 몰려들었다.

강정훈은 경쟁입찰제를 도입해 대출맞춤추천의 매출 규모를 한 단계 점프시켰다. 데이터를 분석해보니 상단에 노출된 배너일수록 사용자들이 많이 눌러봤다. 서비스 화면에 진입했을 때 바로 보이는 배너는 3개였고, 그 아래로 갈수록 클릭률이 낮아졌다. 이를 활용해 더 좋은 자리에는 광고비를 더 많이 내도록 한 것이다. 강정훈이 토스뱅크로 소속을 옮기기 직전인 2019년 말, 대출맞춤추천은 월매출 30억 원을 달성했다. 대출맞춤추천은 오랫동안 토스의 효자 역할을 톡톡히 했다.

비대면 계좌 개설에 이어 대출맞춤추천 서비스가 성공하면서, 토스는 수백만 트래픽을 기반으로 광고 플랫폼으로 성장하겠다는 가설이 유효하다는 것을 재차 증명했다.

그러나 대출이 필요한 금융 소비자들은 여전히 불편을 겪고 있었다. 광고를 클릭해 각 금융사 홈페이지에 접속하고, 개인정보를 입력한 뒤 대출 가능 여부를 조회하고, 대출 비교를 위해 다음 금융사의 홈페이지에 새로 접속하는 과정을 반복해야 했다.

이러한 근원적 불편을 해소하고자 했던 토스팀의 아이디어는 시간이 흘러 2019년 8월이 되어서야 꽃을 피우게 된다. 핀테크 기업들이 마음껏 아이디어를 펼쳐볼 수 있도록 특정 규제를 한시적으로 풀어주는 금융 규제 샌드박스가 시행된 덕분이었다.

토스는 2년간 일사전속주의 규제의 예외를 적용받아 '내게맞는대출찾기' 서비스를 론칭했다. 토스 앱 내에서 은행별 대출한도와 금리를 한꺼번에 조회할 수 있게 되자 사용자 개인이 접하는 정보의 양과 선택의 폭이 확장되었다. 겨우 2분이면 금융기관 수십 곳으로부터 대출 가능 여부를 심사받을 수 있고, 조건만 유리하다면 한 번도 가본 적 없는 지방은행에서도 비대면 대출을 받을 수 있게 됐다.

단지 편의성을 개선하는 작은 변화가 아니었다. 대출 상품의 '비교'가 가능해지면서 대출시장의 주도권이 상품 공급자에서 소비자로 이동하기 시작했다. 이를 반영하듯 토스와의 서비스 제휴에 시큰둥했던 시중은행도 내게맞는대출찾기 서비스에는 입점했다. 2021년 말 정부는 금융소비자보호법을 시행하면서 온라인 대출 모집에는 일사전속주의의 예외를 인정한다는 내용을 시행령에 명시하기에 이른다.

무료 신용등급 조회

한편, 소액대출 서비스를 제 손으로 닫은 김유리는 퇴사를 고민했다. 크레딧 사일로가 회사의 인적자원을 3분의 1 가까이 쓰면서 몇 달을 보냈는데, 성과를 내기는커녕 부정적인 바이럴에 탈퇴 행렬까지 마주했으니 팀원들을 볼 낯이 없었다. 사태에 대한 책임을 통감하고 자리를 내려놓는 것이 멋있는 선택이지 않을까 생각했다.

이승건에게 "회사를 나가겠다"고 말하자, 그는 예의 냉랭한 표정으로 김유리를 내려다봤다.

"유리 님, 지금 이 미팅룸을 나가서 어떤 선택을 하느냐가 유리 님이 어떤 사람인지를 규정할 겁니다. 인생에서 개인을 정의내리는 순간이 드물게 찾아오는데, 바로 지금이 그 순간이에요. 어려움에 빠졌을 때 도망가면 끝까지 실패자가 되는 거고요, 털고 일어서면 어려움 끝에 승리한 사람이 되는 거예요. 어떤 사람으로 남고 싶으세요?"

그러고는 PON 리스트를 건넸다. 토스가 언젠가는 풀어야 할 문제(Problem), 해외사례 등 시장에 존재하는 기회(Opportunity), 사용자 목소리에서 발견한 필요(Needs) 등을 모아놓은 파일이었다.

"여기서 할 일을 한번 찾아보세요. 성공시켜 보세요."

차가운 동기부여에 김유리는 오기가 생겼다. 부채감도 있었다. 나갈 때 나가더라도 토스에 끼친 손해는 만회해야겠다는 생각으로 이승건이 준 목록을 들춰봤다.

해볼 만한 아이템은 어렵지 않게 고를 수 있었다. 6개월 전 론칭했지만 아무도 관리하지 않던 무료 신용등급 조회 서비스였다. 신용평가사 KCB와 제휴를 맺으면서 열어둔 서비스였는데, 김유리가 그동안 맡아온 대출 사업과 가장 연관성이 높았다. 무엇보다 금융 소비자에게 꼭 필요한 도구였다. 신용등급과 평점은 얼마나 많은 돈을 몇 부 이자로 빌릴 수 있는지와 직결되는 중요한 정보다. 그런데 그때만 해도 개인이 자신의 신용등급을 확인할 길이 막연했다. 물론 국내 신용평가사에서 신용조회 서비스를 운영하고 있었지만, 이미 신용이 망가져 회복해야 하는 신용불량자를 주요 타깃으로 했다. 게다가 유료였다. 그러니 당장 신용조회가 급하지 않은 일반인들의 접근성이 크게 떨어졌다.

대출 사업을 담당한 후로 김유리는 신용의 중요성을 모른 채 살아가다 회복하기 어려운 지경에 이르고 만 이들을 때때로 만났다. 예를 들면 이런 일들이 벌어졌다.

한 청년이 20대 후반이 되어 부모님으로부터 독립하기 위해 처음으로 신용대출이나 마이너스 통장을 찾는다. 그제야 은행에서 신용등급을 처음 조회해보는데, 대출 이자가 너무 비싸거나 아예 대출을 내주지 않을 정도로 점수가 낮다. 알고 보니 몇 년 전 스마트폰 할부금을 10만 원 밀려 신용불량자가 되어 있던 것이다. 휴대전화 요금과 달리 기기 할부금은 연체 후 5영업일만 경과해도 기록으로 남아 최대 5년 동안 신용평가에 영향을 미쳤다.

하지만 이 사실을 일반인 중 몇 명이나 알까? 신용평가가 어떻게 이뤄지는지 아는 사람은 거의 없었다. '겨우 10만 원 밀린 건데 무슨 문제가 있겠느냐'고 잊고 지내다, 막상 큰돈이 필요할 때가 되어서야 은행 대출을 받을 수 없다는 사실을 알게 된다. 그러면 올며 겨자 먹기로 제2금융권에서 비싼 이자를 물고 돈을 빌려야 하고, 이자는 빠르게 불어난다. 한번 떨어진 신용을 회복하는 데에도 오랜 시간이 걸린다.

"경제활동을 하는 모든 사람에게 꼭 필요한 게 신용인데, 정작 자기 신용이 얼마인지는 몰라요. 어디에 가면 내 신용등급을 알 수 있는지도 모르고요. 사람들에게 '신용이 중요하냐'고 물어보면 10명 중 8명이 '네, 중요합니다' 하고 답해요. 그런데 그중에 자기 신용등급을 아는 사람은 40%밖에 안 돼요. 나머지 60%는 대학을 가겠다는 수험생이 자기 수능 점수가 얼만지 모르는 격이죠."

김유리는 신용조회 서비스의 대상 고객군을 신용불량자가 아니라 신용이 필요한 모든 경제활동인구로 잡는 것이 타당하다고 생각했다. 무지로 인한 신용등급 하락과 그에 따른 금전적 손실 및 좌절을 맞닥뜨리기 전에 미리 대비하게 하려면, 누구나 언제든 무료로 신용등급을 조회할 수 있어야 했다.

이미 미국에서는 10년 전 크레딧카르마(Credit Karma)라는 핀테크 기업이 비슷한 서비스로 고속 성장한 사례가 있었다. 토스가 간편송금으로 사용자를 모은 것처럼 크레딧카르마는 신용조회 서비스를 모바일로 옮겨와 사용자 수천만 명을 끌어모았고, 이후 신용관리와 맞춤형 대출 중개 서비스로 발전시켜 돈을 벌었다. 토스에는 신용등급 조회 서비스가 이미 있으니, 이를 널리 알리기만 하면 사용자들에게 새로운 가치를 제공하고 추후 대출 서비스로도 연결할 수 있겠다는 판단이 들었다.

김유리는 앱 '설정' 화면에 방치돼 있던 신용등급 조회 서비스를 꺼내어 토스 홈 화면에 눈에 잘 띄게끔 배치했다. 상환 이력, 부채 수준, 신용거래 기간, 신용거래 형태 등 복잡한 내용은 뒤로 보내고, 1000점 만점의 신용등급 그래프가 화면의 3분의 1을 차지하도록 크게 키웠다. 사람들이 신용에 대해 알고 싶은 단 하나의 정보가 있다면 당연히 '내 신용점수'일 터였다.

신용등급 조회 서비스는 세상에 없던 필요를 창조했다. 앱 내에서 잘 보이게 노출하는 것만으로도 사용자가 모여들기 시작했다. 간편송금의 초기 성장 때를 떠올리게 하는 열광적인 반응이었다.

성장세를 가속화하고자 토스 최초의 TV 커머셜 광고도 만들었다. 실사로 찍을 형편이 안 되어 2D 모션 그래픽으로 영상을 제작했다. 15초짜리 광고는 파란색 모자를 쓴 캐릭터 '크레딧맨'이 "당신의 신용등급은?"이라고 말하는 장면으로 끝이 난다. 사용자의 행동을 유도하는 일종의 CTA(call to action)였다.

'광고를 본 사람들이 토스 앱을 다운로드할 것인가?' 토스팀의 광고 평가 기준은 오직 이것이었다. 브랜드 인지도나 선호도에 도움을 주는가, 전하려는 메시지가 신선하고 파격적인가는 고려 대상이 아니었다. 토스 앱을 내려받아 신용조회를 해보게 만드는 트리거가 되는지만이 중요했다. 크레딧맨의 마지막 멘트가 삽입된 것도 그래서였다.

김유리가 방향키를 쥔 뒤 6개월 만에 신용등급 조회 서비스 사용자는 300만 명을 돌파했다. 크레딧 사일로는 드디어 실패의 충격을 딛고 일어나, 사용자의 피드백을 바탕으로 제품을 빠르게 업데이트해 나갔다. 신용조회 서비스를 이용한 이들에게 이유를 물었더니, 47%는 '내 신용등급이 궁금해서'라고 답했고, 25%는 '신용관리에 도움 되는 정보를 얻기 위해', 20%는 '신용등급의 변동 사유를 알아보려고'라고 했다. 점수가 오르내린 이유를 추정해 신용카드 일시불로 이용하기, 밀린 휴대전화 요금 빨리 갚기 등 신용점수를 올릴 수 있는 방법도 함께 제공하기 시작했다.

신용조회 서비스의 리텐션 플래토(retention plateau)는 40%대에서 형성되었다. 서비스를 한 번 써본 사용자의 40%가 꾸준히 되돌아온다는 의미로, 제품의 존재가치가 확인된 것이다. 새로운 사용자를 데려오면 그 비율만큼 활성 사용자로 쌓였다. 기존 사용자가 신용조회까지 접하는 경우도 있지만, 신용조회를 하려고 처음으로 토스 앱을 내려받는 비중도 만만치 않았다. 간편송금 이후 처음으로 폭발적인 사용자 성장을 견인하는 서비스를 찾아낸 것이다. 게다가 서비스 이용자의 63%가 30대 이상이었다. 20대에 집중돼 있던 토스 사용자의 연령대 분포가 확실히 넓어지는 계기가 됐다.

미국의 크레딧카르마는 10년 넘게 신용관리 서비스를 운영했는데, 가입자의 신용점수가 매년 평균 6점씩 상승한다고 밝힌 바 있다. 점수가 낮은 중·저신용자일수록 상승폭은 더 컸다. 토스가 국내에서 처음으로 무료 신용조회 서비스를 론칭해 성공하자, 얼마 지나지 않아 카카오페이 등 다른 핀테크 기업도 유사한 서비스를 내놨다. 그리고 2년 뒤, 국내 경제지에서도 '신용 인플레이션' 현상을 기사로 다뤘다. 우리나라 경제인구 가운데 1-3등급인 고신용자의 비중이 2016년 말 48%에서 2019년 말 53.5%로 높아지는 추세라는 내용이었다. 기사는 "금융 거래에서 신용등급이 중요하다는 인식이 퍼지고 핀테크 기업이 내놓은 무료 신용관리 서비스가 대중화한 것이 크게 기여했다"[9]고 평가했다.

김유리는 데이터 엔지니어 신재승 등 동고동락하며 신용 서비스를 만들어온 동료들과 손뼉을 마주쳤다. "우리 정말 멋진 일을 한 것 같다!" 사람들의 신용점수가 아무 이유 없이 오르는 것이 아니라 토스를 통해 자신의 신용관리를 잘해나간 덕분이라는 사실이 뿌듯했다. 토스가 신용정보에 관한 주권을 소비자에게 돌려줬다는 생각이 들었다. 선한 영향력을 발산하는 서비스를 만들고 싶다는 오랜 꿈을 이룬 듯했다. 토스대부의 빚을 갚았다는 안도감이 비로소 찾아왔다.

성장통

이태양은 빙글빙글 돌아가는 회전문 앞에서 머뭇거리는 날들이 늘었다. 토스가 새로 입주한 아크플레이스 건물 로비의 회전문이었다. 아크플레이스는 역삼역 3번 출구로 올라오면 겨우 열 발자국 거리에 있었다. 이전에 세들었던 어떤 빌딩보다 높고 화려했다.

"월요일이면 대전에서 버스로 올라와 지하철 갈아타고 역삼으로 출근했어요. 건물 앞에만 서면 숨이 턱 막혔어요. 한 달 넘게 그랬어요. 회전문을 쳐다보면서 속으로 '들어가기 싫다'고 되뇌곤 했죠."

한 가지 일에 지나치게 몰두하던 사람이 극도의 신체적, 정신적 피로로 무기력증에 빠지는 현상. 6년 가까이 서울 사무실과 대전 집을 오가며 토스의 성공을 향해 집념을 불태우던 이태양은 번아웃(burn out)되었다.

이태양은 서버 개발, 안드로이드 개발, 송금 서비스 운영, 보안 시스템 구축 등 초기 스타트업에서 필요한 일이라면 무엇이든 해치웠다. 이후로는 프로덕트 오너(PO)로 직군을 바꾸고 계좌조회 서비스를 운영하는 애셋 사일로(Asset Silo)를 맡았다. 당시 통계에 따르면 계좌 내역과 잔액을 조회하는 행동은 송금보다 더 빈번하게 일어나는 금융활동이었다. 계좌조회 서비스가 처음 생겼을 때는 오류와 불편이 많았는데도 한 번 계좌조회를 해본 사람은 토스를 몇 배나 자주 찾았다. 이 서비스를 더 간편하고 안전하게 개선해서 더 많은 사용자를 모으는 것이 이태양이 맡은 임무였다.

결혼하고도 내내 새벽녘에야 퇴근했기 때문에, 이태양은 평일에는 보통 회사 휴게실에서 잤다. 월요일 아침 7시 버스를 타고 서울에 올라오고, 수요일에 일찍 퇴근해 대전에서 가족과 저녁을 먹었다. 그리고 목요일 아침 출근했다가 금요일 저녁에 내려가 주말을 대전에서 보냈다. 다시 월요일 아침이면 회사로 돌아오기를 매주 반복했다.

PO가 된 이태양은 매니지먼트팀과 성과를 공유하는 회의에 참석했다. 이승건과 송호진, 박재민을 포함해 재무·법무·인사팀의 리더들이 함께하는 자리였다. PO들이 지난 2주간의 업무 진행 결과와 그에 따른 지표 변화, 그리고 다가오는 2주의 계획을 이야기하면 매니지먼트팀이 피드백을 줬다. 말이 좋아 공유지, PO들은 평가와 다름없다고 느꼈다.

이태양도 마찬가지였다. 그는 "지표는 원하는 만큼 나오지 않는데, 그걸 '보고'할 수 있는 형태로 정리해야 한다는 스트레스, 앞으로 어떻게 지표를 개선할 건지 나도 잘 모르겠는데 계획을 말해야 한다는 스트레스가 컸다"고 말했다.

이승건은 이태양이 힘들어하는 상황을 눈치채지 못했다. 오히려 PO로서의 이태양을 다그치곤 했다. 개발자였던 이태양을 PO로 양성하기에 이승건의 그릇은 아직 작았다. 자꾸 부족한 점만 눈에 들어왔다. 제품 성장을 위해 가설을 세우는 방법, 이를 검증하는 법, 결과를 예측하는 법 등 PO가 가져야 할 스킬을 가르쳐주지는 않은 채 "인터넷 찾아보면 다 나와. 네가 혼자 해내야 해"라며 이태양을 몰아붙였다.

이승건은 "태양의 성장을 전력으로 지원했어야 한다는 것을 이제는 안다"고 말한다. "제가 PO로 성장하기까지 세상이 2년 넘게 기다려줬잖아요. 간편송금을 발견하기 전까지 계속 실패하면서요. 토스 초기에도 그랬고요. 사용자 수도 적고, 팀원도 몇 명 없었으니까 실수하고 잘못해도 그냥 다시 하면 됐어요. 하지만 태양이가 PO가 되고 싶다고 했을 땐 이미 회사가 컸고, 그래서 저도 조급했어요. 기다리지 못하고 빨리 잘해내라고 독촉만 했어요. 이미 경험과 역량을 갖추고 입사한 다른 PO들과 비교하면서요."

그즈음 이태양의 둘째아이가 태어났다. 3년 재직한 팀원에게 주어지는 1개월 유급 리프레시 휴가를 썼지만 가족을 돌보기에는 역부족이었다. 과중한 업무강도에 짓눌리다 집에 돌아가면, 아내가 세 살배기 첫째와 젖먹이 둘째를 끌어안고 분투하고 있었다.

"첫째는 아빠에게 잘 안기지도 않는 아이가 되었어요. 아내가 혼자 키우다시피 하면서 제가 일에 몰두할 수 있도록 배려해줬는데, 둘째가 태어난 뒤로는 미안함이 너무 커졌어요. 누구도 제게 회사를 그만두라거나 당장 성과를 가져오라고 하지 않았지만, 스스로 압박을 느끼기도 했고요. 그 상태로 더 버틸 수는 없었습니다."

이태양은 휴직을 결정했다. 퇴사까지 염두에 둔 휴직이었고, 다섯 달 뒤 이태양은 정말 토스를 그만두었다. 그는 동료들에게 메일을 남겼다.

제목: 인생 반차
받는 사람: 토스팀
안녕하세요. 삼태양입니다. 돌아오지 못할 장기 휴가에 들어갑니다.

나를 키운 건 8할이 바람이라고 했던가. 미천한 능력의 삼태양을 여기까지 멱살 잡고 끌고 성장시킨 건 8할이 동료들이었습니다. 정말 다시 태어나도 겪을 수 없는 멋진 경험을 6년 동안 했습니다.

우리 회사가 얼마나 위대한 회사인지는 매출보다도, 사용자 수보다도, 나와 동료들이 얼마나 열정적으로 이 공간에서 함께하고 있는지를 돌이켜보면 알 수 있었습니다.

누군가는 비웃는 도전도, 그런 건 안 될 거라는 시도도 기꺼이 함께하고 함께 배워가는 동료가 있어서 두렵지 않은 모험이었습니다. 앞으로도 비바리퍼블리카 멱살 잡고 함께 끌고 가주세요.

죄스럽지만, 저는 이만 내려갑니다.

이승건은 냉정하게 생각하려 노력했다. 토스는 지금 유례없는 성장으로 무섭게 비용이 타고 있고, 동시에 빅 플레이어들과 어려운 전쟁을 치르고 있다. 이태양이 제 몫을 다하는 PO로 빨리 성장하지 못하고 힘들어한다면 잠깐 자리를 비우고 쉬는 게 낫다, 그렇게 이태양의 부재를 받아들이려고 했다.

하지만 이승건은 곧 엄청난 것들을 알게 되었다.

"태양이만큼 빠른 속도로 성장하는 PO는 세상에 별로 없다는 사실이었어요. 그리고 더 큰 깨달음이 뒤따라왔는데요. 개인의 실력도 중요하지만, 신뢰자원이 얼마나 소중한 것인지 회사가 커지면서 알게 된 거예요. 혼자서만 일을 잘하는 게 아니라, 팀원들로부터 깊이 신뢰받고 안정감을 주는 사람이 코파운더(co-founder)로 존재하는 것만으로 팀에 정말 좋은 영향을 준다는 걸요. 굳게 빛나는 등대 같은 사람을, 제가 그때는 놓쳐버렸죠."

이태양은 2019년 토스팀에 돌아와 베트남 진출의 기반을 닦았고, 1년쯤 지나 다시 퇴사했다. 그 외에도 초기 팀원들은 저마다의 이유로 토스팀에 남거나 혹은 떠나기를 선택했다.

창립 멤버 등 초기 직원과의 이별은 토스가 아니더라도 많은 스타트업이 성장하면서 종종 직면하는 문제다.

페이팔 초기 멤버이자 링크드인 창업자인 리드 호프먼은 저서 «블리츠 스케일링»에서 "모든 사람이 회사와 똑같이 발맞춰서 성장하지는 않는다"고 썼다. 그의 설명에 따르면, 빠르게 성장하는 스타트업의 초기 단계에는 속도나 상황에 따른 적응력이 가장 중요하다. 따라서 직원을 고용할 때도 불확실하고 빠르게 변하는 환경에 적응하며 다양한 일을 처리할 수 있는, 다방면에 걸쳐 박학다식한 제너럴리스트를 찾는 데 힘을 쏟아야 한다. 하지만 회사가 어느 정도 성장하면 스페셜리스트가 필요하다. 이들은 다른 역할로 전환하기는 어렵지만, 조직을 키우는 데 반드시 필요한 전문지식을 가진 사람들이다.[10] 이 변화에 누군가는 상처를 받는다. 주로 초기에 전방위로 맹활약했던 제너럴리스트들이 그렇다. 조직은 자연스럽게 세대 교체를 겪는다.

같은 꿈을 꾸며 동고동락했던 동료들을 떠나보내는 일은 곤욕스러웠지만, 이승건은 필요하다면 기꺼이 곤욕을 치렀다. 토스팀이 성장하기 위해서는 불가피하다고 생각했다. 안타까운 점은 초기 멤버들이 떠날 때, 그동안 팀에서 쌓아온 신뢰와 문화적 끈끈함마저 함께 가지고 떠난다는 사실이었다.

다른 초기 팀원들에게 주어졌던 도전은 이승건에게도 매 순간 찾아왔다. 비바리퍼블리카의 창업자로 그동안 팀을 잘 이끌어왔다고 해서 100명, 300명, 1000명이 넘어가는 어엿한 기업이 되었을 때에도 좋은 리더이자 경영자로 발맞춰 성장할 수 있을까? 만약 그의 역량이 조직의 성장을 따라가지 못한다면, 이승건이 리더를 유지하는 것이 토스가 더 큰 성공을 이뤄내는 데 방해가 되는 것은 아닐까?

문화의 수호자

송금 사일로 서버 개발자 최준호는 언제부턴가 팀원들에게 이상한 말들을 듣기 시작했다.

"승건 님한테 직접 의견을 말하면 ○○팀 리더에게 DM이 와요. 자기를 거쳐야 한대요."

"그런 건 승건 님이 별로 안 좋아한다던데요. 매니지먼트팀끼리 얘기한 적이 있대요."

"승건 님이 연봉 더 올려주면 버릇 나빠진다고 했대요. 저분이 잘 얘기해서 간신히 올려준 거라던데요."

소재는 대체로 '이승건이 이랬다더라' 하는 뒷말 또는 '이승건은 이럴 거야' 하는 추측이었다. 공대생이던 최준호가 아르바이트생처럼 가볍게 첫 출근했던 2015년의 토스와는 사뭇 달라진 광경이었다.

얼마 전까지만 해도 타운홀 미팅에서 상대가 누구든 상관하지 않고 싸움인지 토론인지 헷갈릴 정도로 무섭게 언쟁이 벌어졌지만, 이제는 말하는 사람만 계속 하는 분위기가 됐다. 공론장에서 이승건의 말이나 결정에 반대하는 의견은 줄어들었다. 이제 막 100명을 넘긴 토스팀은 이승건에게 직접 말을 걸 수 있는 사람과 그렇지 않은 사람으로 양분되었다. 회사에 오래 다닌 사람들의 의견이 더 존중받고 비교적 최근에 입사한 팀원들은 발언권이 제한된다고 느꼈다.

토스팀에도 어쩔 수 없이 권력관계와 위계질서가 생겨나는 것일까. 회사가 커졌으니 자연스러운 과정으로 봐야 할까. 소수의 윗사람이 결정하고 많은 이들은 그것을 실행에 옮기기만 하는 것이 역시 효율적일까. 자율과 책임을 바탕으로 한 수평적인 문화는 듣기 좋은 허울일 뿐일까.

모두의 머릿속에 물음표가 쌓여갔지만 입 밖으로 꺼내는 사람이 없었다. 이승건도 뭔가 분위기가 이상하다고는 느꼈지만 그 고리가 어디인지 쉽게 알아내지 못했다. 모두가 급진적으로 솔직할 때에만 유지될 수 있는 토스팀의 문화는 가장 어두운 순간을 맞이하고 있었다.

새로 만들어진 스트라이크 제도가 방아쇠를 당겼다. 자율을 핑계 삼아 무임승차를 일삼거나 부정한 일을 저질러 팀에 피해를 주는 팀원에게 '함께 일하기 어렵다'고 경고하는 제도였다. 경고가 세 차례 누적된 사람은 퇴사시킬 수 있었다.

"이번에 스트라이크 받고 나간 그 개발자 얘기 들으셨어요? '사실상' 이승건이 내보낸 거나 마찬가지래요."

처음으로 스트라이크를 받은 팀원이 회사를 떠나기로 했다는 사실이 알려지자 팀원들이 와글와글하기 시작했다. 스트라이크처럼 퇴사로도 이어질 수 있는 중대한 인사제도의 기준과 절차가 명확하지 않았던 것도 문제였지만, 팀원들 사이의 신뢰가 심각하게 훼손된 것이 더 큰 문제였다. 말이 말을 낳았다. '이승건이 사주했다더라' '스트라이크는 이승건의 필요에 따라 인사팀이 발동하는 장치다' '이제 이승건 마음에 안 들면 잘리는 거다' 등 온갖 말들이 허공에 떠다녔다. 최준호도 갸우뚱했다.

"팀원들과 사이도 좋고 친절한 분이었는데, 갑자기 나가신다고 하니 놀랐죠. 그보다도 사람들 사이에 도는 말들이 점점 심각해지는 거예요. 어떤 사람들 말을 들으면 승건 님이 만악의 근원이더라고요. 그런데 제가 가장 존경했던 팀원 두 분은 여전히 승건 님을 굳게 신뢰하고 있었어요. 누구 말이 맞는지 혼란스러웠어요."

이승건을 찾아가 진실이 뭐냐고 묻고 싶었다. 당신을 둘러싸고 온갖 소문이 돌고 있다는 것을 아느냐고, 이제는 직접 대화를 나눌 수 없는 높은 '대표'가 된 거냐고, 토스를 떠나고 싶어 하는 팀원들이 얼마나 많은지 아느냐고 묻고 싶었다. 하지만 겁이 났다. 3년 차 개발자 최준호에게 토스는 첫 직장이었다.

"저는 아무런 힘도 없었고, 일을 잘해서 엄청나게 신뢰를 얻은 것도 아니었고요. 파리 목숨 같은 느낌이었어요. 이런 분위기에서 말을 잘못 꺼냈다가 잘리는 건 아닐까 무섭더라고요. 하지만 아무것도 안 하고 남아 있는 건 싫고, 싫다고 이직하자니 지금까지 토스팀에서 경험한 문화가 좋았기 때문에 너무 아쉬웠어요."

그래서 용기를 짜냈다. 에라, 모르겠다. 이승건을 만나 속 시원히 얘기해보자. 사람들 말대로 이승건이 나쁜 사람이라면 내가 잘릴 거고, 아니라면 문제가 해결되고 찜찜함이 사라지겠지 싶은 심정이었다. 최준호는 이승건에게 '할 얘기가 있으니 밥을 먹자'고 메시지를 보냈다.

"팀 내에서 이런 이야기들 오가는 거 알고 계세요? 팀원들이 회사와 승건 님을 믿지 못하고 솔직하게 말하기를 점점 더 어려워하고 있어요. 퇴사를 결심한 동료들도 셀 수 없이 많아요. 승건 님이 이 상황을 전혀 모르는 것 같아서 찾아온 거예요. 이제 문제를 아셨다면 빠르게 조치를 취해주시면 좋겠어요."

처음에는 숨이 잘 쉬어지지 않을 정도로 긴장했지만, 최준호의 이야기는 이승건에게 가닿았다. 밥을 다 먹고도 할 이야기가 남아 두 사람은 커피를 사 들고 역삼역 골목을 몇 바퀴나 뱅뱅 돌았다. 집으로 돌아간 최준호는 밤잠을 설쳤다.

2주 후, 상황 파악을 완료한 이승건이 문제해결에 나섰다. 먼저 스트라이크 제도를 대대적으로 개편하자고 제안했다. 팀원의 업무 태도나 결과에 문제가 있다고 해도 무작정 스트라이크를 줄 수 없도록 했다. 당사자가 스스로를 돌아보고 개선할 수 있도록 직접 피드백하고, 이후로도 바뀌는 것 없이 같은 문제가 반복되는 경우에만 경고를 할 수 있다. 또 그 문제가 스트라이크를 받을 정도로 심각한 수준인지 판단하는 위원회를 구성했다.

그리고 타운홀 미팅에서 팀원들에게 호소했다.

"무슨 이야기든 중간에 다른 사람을 거칠 필요는 전혀 없습니다. 아무리 사소해 보이는 이야기라도 제게 직접 해주세요. 서운한 부분이나 오해가 있다면 말해주세요. DM을 보내서도 되고 그냥 지나가다 '밥 한번 먹자'고 하셔도 됩니다. 제가 언제든지 설명하고 잘못된 게 있으면 바로잡겠습니다. 한 번 더 저를 믿어주세요."

얼마 지나지 않아 이승건은 C레벨과 매니지먼트팀을 해체했다. 아무도 토스를 몰랐던 시절, 정부나 업계 사람들을 만날 때 꿀리지 않으려고 명함에 C레벨, 부사장(Vice President) 등의 직함을 적기 시작한 것이었는데 팀원들 사이에 이를 기반으로 위아래가 형성되었다는 판단에서였다. 수평적 조직문화를 지향하며 서로 '땡땡님' 하고 이름으로 부르지만, 알고 보면 'CEO' 'COO' 'CFO'라고 적힌 말풍선이 상대방 머리 위에 둥둥 떠다니는 셈이었다. 이승건은 한층 더 수평적인 조직으로의 진화를 선언했다.

토스팀이 성장과 조직문화 관점에서 새로운 도전을 맞이하고 있는 시점에 맞춰, 진화된 새 구조를 통해 더 복잡하고 어려운 문제도 더 쉽게 해결할 수 있는 팀이 되고자 합니다.

— 매니지먼트팀 해체
'이승건 대표'로 상징되었던 매니지먼트팀을 없앤다. 기존 매니지먼트팀이 주도했던 조직 간 얼라인먼트와 전사 정보 공유, 전략 결정은 매달 얼라인먼트 미팅을 통해 누구나 참여하여 의견을 개진한다. 매주 위클리 미팅에서 개별 트라이브 헤드와 팀 리더가 더 잘 공유한다.

- C레벨 해체

  기존 CEO, CFO, COO, CTO 등 C레벨 직함을 모두 없애고, 본래 토스팀의 방식에 걸맞게 헤드 혹은 리더로 변경한다. (법률적으로 반드시 필요한 CISO는 유지하며, 외부 커뮤니케이션에 혼선을 줄이기 위해서 대외적으로만 언급)

- 토스팀에서는 실무자가 언제나 최종의사결정권(DRI)을 가진다

  토스팀에도 직급과 비슷한 것이 있지만 일반적인 개념과는 다르다. 토스팀에서는 하급자가 상급자에 챌린지하고 독립적인 의사결정을 할 수 있다. 상급자가 공감하지 못해도 하급자는 DRI로서 재량대로 그 일을 진행할 수 있다. 상급자와 하급자의 차이는 '더 많은 역할(role) = 더 넓은 권한 범위 = 더 큰 책임과 보상'이라는 점이다. 즉 역할의 크기 차이밖에 없다.

많은 스타트업이 설립 초기 수평적인 조직구조를 신봉하다가도 규모가 커지면 '효율'을 명분으로 관리체계와 위계질서를 만든다. 하지만 이승건은 정반대의 길을 계속 걸어가 보기로 했다.

토스팀은 이미 존재하던 제도와 절차도 하나씩 없애는 방향으로 움직였다. 예를 들면 모든 팀원에게 법인카드를 지급하고 한도나 용처를 정해두지 않았다. 유일한 기준은 토스팀에 이익이 되는 방향으로 사용할 것. 불필요한 사내 경쟁을 유발하는 개인별 혹은 팀별 성과평가와 차등보상도 2017년에 없앴다. 대신 성장이나 매출, 고객 만족도 등 회사 전체의 목표를 얼마나 이루었는지를 기준으로 반기마다 모든 구성원에게 동률의 성과급을 지급하기 시작했다. 전제조건은 하나, 유능한 개인을 채용하고 끝없이 신뢰한다는 것이었다.

이승건은 "통제가 없으면 종종 실수하는 사람이 나오고 가끔

은 프리라이더도 나타나겠지만, 그건 극소수 1%에 불과하다. 유능한 인재의 99%는 제한 없이 신뢰받는다고 느낄 때 훨씬 더 역량을 발휘한다"고 말했다.

지나친 낙관 혹은 이상주의로 보일 수 있다는 것을 이승건도 모르지 않았다. "동료들 다 좋고, 꼰대도 없고, 평가도 통제도 없는데 모두 열심히, 심지어 즐겁게 일해서 성공한다고? 너 무슨 꿈 꾸니? 언제 철들래? 하지만 이런 이상이 실재할 수 있다는 것, 그래서 자율과 책임의 문화가 통제와 불신의 프로세스를 이길 수 있다는 걸 보여주고 싶다"고 그는 덧붙였다.

이승건은 최준호를 위기의 순간마다 나타나는 '문화의 수호자'라고 불렀다. "그에게 영원히 갚아나가야 할 빚이 있다"고도 했다. 이전에도 이후로도 많은 이들이 이승건에게 조언했다. 팀원이 많아지면 수평적인 문화를 지키기는 힘들 거라고, 톱다운 체제가 효율적이라고 느끼는 날이 언젠가 올 거라고. 50명만 넘어도 안 될 거다, 100명 넘으면 끝이다, 300명은 넘기기 힘들 거다…. 하지만 최준호는 자율과 책임의 문화를 지키려는 노력 자체가 가치 있음을 알아주는 사람이었다. 까딱하면 일자리를 잃을지도 모른다는 두려움속에서도 용기를 내는 사람은 드물었다. 그는 이후로도 몇 번 더 이승건에게 DM을 보냈다.

"할 말이 있는데, 밥 먹을 수 있을까요?"

토스팀 PO의
핵심역량

토스팀은 목적 중심 조직이다. 디자이너는 디자이너끼리 엔지니어는 엔지니어끼리 모인 기능 중심이 아니라, 기획자, 디자이너, 개발자, 데이터 전문가까지 서로 다른 직군이 한 팀을 이룬다. 그러니 하나의 목표를 향해 서로 다른 일을 하는 사람들을 이끌어갈 사람이 필요하다. 프로덕트 오너(Product Owner)가 그 역할을 맡는다.

토스팀은 PO에게 꼭 필요한 핵심역량으로 7가지를 꼽는다. 모든 스킬셋이 필요하지만, PO 각자가 제품 성공을 위해 가장 중요하게 생각하는 역량은 무엇일까 궁금했다. 토스팀 PO들에게 질문을 던졌다.

"당신에게 가장 중요한 스킬셋은 무엇인가요?"

Interview 금혜원 토스팀 콘텐츠 매니저[14]

1. Grit/Obsession
어떻게든 성과를 만들어내는 능력. 될 때까지 이것만 생각하며 몰입하는 힘.
"담당하는 제품의 고객이 생소한가요? 아예 그 고객이 되어보세요. 고객의 삶을 직접 경험해보는 것만큼 좋은 방법은 없어요.

토스 앱 내에서 처음으로 매출 장부 등 자영업자 사장님을 위한 서비스를 만들었어요. 제가 사장님이었던 적이 없다 보니 승인, 매입, 세금계산서 등 모든 것이 낯설었어요. 아예 '사장님이 되어보자'는 생각으로 사장님들이 하시는 모든 일을 다 해봤습니다. 사업자등록을 하고, 포스기를 구입하고, 거래처와 세금계산서를 발행해보고, 물건을 싸게 떼어와 사내에서 직접 장사도 했어요. 통장 거래내역에 난생 처음 '가맹점 대금'이 꽂히고, 발행된 세금계산서들을 두 눈으로 보니 사장님의 일상과 일이 살에 와닿더라고요. 장사로 생계를 이어가는 분들에 비할 바는 못 되지만요.

과정을 직접 겪어보니 이해가 훨씬 쉬워지고, 제품에 대한 실마리도 많이 나왔어요. 장부의 메인화면을 어떻게 구성해야 쉽게 이해하실지, 사장님들이 가장 궁금해하는 정보는 무엇일지 우선순위도 쉽게 잡을 수 있었고요. 정식 출시 6개월 만에 어느덧 사장님 20만 명이 쓰는 서비스가 됐어요.

PO의 그릿(Grit)에는 두 가지 의미가 담긴 것 같아요. 몰입과 의연함인데요. 가설을 검증하는 과정은 사용자의 불편함과 사업의 본질을 꿰뚫는 과정이라, 몰입 없이는 성공이 어렵다고 생각해요. 그리고 성공해내기까지의 과정에서 수많은 실패를 겪거든요. 이때 누구보다 내가 나를 믿어줘야 해요. 수많은 실패에 잘 대처할 수 있는 의연함은 필수겠죠."

— 토스 PO 안지영

2. Analytic Mindset
제품의 전략과 우선순위를 모델링이나 수학적 사고를 통해 찾아내는 능력. 헛발질할 가능성이 줄어든다.

"토스증권 디스커버리 사일로는 고객이 '주식을 사야겠다'고 마음먹기까지의 과정에서 처음과 끝을 담당했어요. 주식 탭의 홈과 종목 상세화면, 즉 사용자들이 가장 오랜 시간 머무는 화면을 만들었죠.

홈에서는 이것저것 눌러보거나 검색하면서 둘러봐요. 종목 상세화면에 들어가면 그래프를 살펴보고, 투자 정보도 찾아보고, 회사 소식도 보면서 구매하기 전의 시간을 보내고요. 그래서 투자자가 올바른 투자 판단을 할 수 있게 도움이 되는 정보를 제공하는 것을 사일로의 우선순위로 삼았어요.

홈이나 종목 상세화면에서의 정보 배열은 아트와 데이터의 영역이었어요. 고객이 주식을 매매할 때 꼭 필요한 정보를 제공하면서도 너무 많은 정보가 범람하면 안 되거든요. 여태까지의 데이터를 통해 가설들을 세우고, 어떤 것이 작동(working)하는지 실험하면서 하나씩 배제하거나 증명해 나갔어요. 빠르게 숫자를 만들어가는 과정에서 데이터를 분석하는 역량은 꼭 필요한 스킬셋이라고 생각합니다."

— 전 토스증권 PO 김동민

3. Experience, Handling Complexity
모바일 서비스 개발 경험, 복잡도가 높은 제품을 다루는 능력

"토스페이먼츠의 가맹점들이 매일 들어와 자금흐름과 정산내역을 확인하는 대시보드, 새 상점 관리자를 만들었어요. 매출액, 정산주기, 계약사항 등을 확인할 수 있는 제품이죠. 저희가 인수한 LG유플러스 PG사업부의 상점 관리자 구 버전을 병행 운영하면서, 토스다운 UX를 가진 대시보드로 이주하는 작업도 거쳤어요.

복잡한 결제 산업을 이해하고 제품을 만들기 위해서는 충분한 배경지식을 쌓아야 했어요. 정산, 마감, 청약, 결제로 나누어져 있는 기술/운영 흐름과 카드, 가상계좌, 계좌이체, 상품권, 휴대폰 결제 등 다양한 결제수단에 대해 자세히 공부했습니다. 가맹점 규모와 관계없이 사업 전반에 어떤 고충이 있는지, 기존의 상점 관리자 버전을 이용하면서 불편했던 점이 무엇인지를 파악하는 고객 인터뷰도 꼼꼼하게 진행했고요.

그 결과 정산내역에서 사용되던 전문용어들을 상당수 개선할 수 있었어요. PG를 잘 모르고 정산을 처음 해보는 사람도 바로 이해할 수 있는 용어들로 바꿨습니다. 대표적으로 '정산액' 관련 용어를 깔끔하게 정리했는데요. 고객사가 입금받는 금액을 기존에는 PG사 관점에서 지급이 나간다는 이유로 '지급 예정 금액'이라는 용어를 사용했어요. 이를 '입금 예정 금액'이라는 고객 중심의 용어로 변경했습니다. 또 '전기잔액' '당기발생액' 같은 회계용어가 어렵다는 피드백을 반영해 '누적 미입금 정산액' '당일 정산액' 등으로 표현했어요. 결제부터 정산, 입금으로 이어지는 전체 흐름을 이해하기가 훨씬 쉬워졌습니다. 고객 반응도 매우 좋았어요."

— 토스페이먼츠 PO 김성아

4. People Management
동료로부터 신뢰를 형성하고 조직을 이끄는 능력

"토스에서 사일로가 시작되는 방식은 창업이랑 똑같아요. 보통 창업자가 먼저 사업을 시작하면 그다음에 필요한 직군이 하나씩 모이게 되잖아요. 저희도 마찬가지입니다. PO가 먼저 사업과 제품을 기획하고 있으면 다른 직군의 동료들이 합류하게 돼요.

이렇게 창업가 역할을 해야 하다 보니 팀을 이끄는 역할을 잘 해낼 수 있어야 합니다. 동료들이 공감할 수 있는 명확한 비전을 만들고, 팀원들로부터 자연스러운 공감을 이끌어내 같은 방향을 바라보게 하는 방식이 필요해요. 모든 팀원들의 역량이 뛰어나기 때문에 이들의 다양성을 잘 이끌어낼 수만 있다면, 전체 팀의 시너지가 커질 수 있어요.

토스팀은 일이 많으면서도 빠르게 실행하려는 조직이다 보니, 눈앞에 있는 것부터 빨리 풀어야겠다고 중구난방으로 일을 해나갈 수 있거든요. 그런데 이때 가장 중요한 것이 바로 '장기적인 시각'이란 생각이 들었어요. 급박하게 일하다 보면 실패를 많이 하게 되는데, 실패를 자꾸 겪다 보면 금방 지치거든요.

눈앞의 문제를 푸는 것과 동시에 팀원들에게 장기적인 비전을 지속적으로 공유하는 과정이 필수라 생각했어요. 수없이 많이 겪게 되는 작은 실패들은 가설 검증을 위한 과정이라 이해할 수 있도록 하는 것, 한 번 실패하더라도 팀이 무너지지 않고 계속 도전할 수 있도록 팀원들을 동기부여하는 것 또한 중요하고요."

— 토스페이먼츠 TPO 김명훈

5. Business Development
비즈니스에 대한 이해와 파트너로부터 협업을 이끌어내는 능력

"기업이 존속하기 위해서는 계속 돈을 벌 수 있어야 하고, 그러려면 서비스를 잘 만드는 것만큼이나 사업적 기회를 찾아내는 게 중요하다고 생각해요.

토스에서 만든 여러 서비스 가운데 가장 기억에 남는 서비스는 '내게맞는대출찾기'예요. 국내 최초로 대출 상품을 은행 단위로 비교하고, 더 나아가 금리 심사와 비교까지 한 번에 할 수 있는 서비스인데요. 기존 제도에서는 허용되지 않던 것을 금융위원회의 혁신금융 서비스 지정 제도를 통해 가능하도록 만들었어요. 신청, 서류 준비부터 최종 선정까지 모든 과정에 공을 들였죠. 은행들과의 파트너십도 매우 중요했고요.

지금 토스뱅크의 제품을 만드는 상황에서도 이때 경험이 굉장히 도움이 돼요. 파트너사나 제휴사, 당국과의 관계를 고려해야 하고 규제 문제도 잘 해결하면서, 토스뱅크만이 할 수 있는 혁신적인 일을 찾아낼 수 있어야 하거든요. '왜 기존에는 이런 상품이나 서비스가 없었을까?' '왜 처음에 은행들은 이런 방법을 선택했을까?'를 고민하며, 혁신을 이뤄낼 수 있는 가치를 만들고 새로운 사업적 기회를 찾아나가고 있습니다."

— 토스뱅크 PO 최성희

6. Growth Hacker Mindset & Mobile Gut Feeling
당장의 지표에 변화를 줄 수 있는 아이디어를 도출하는 능력 & 모바일에서 통할 서비스를 알아보는 능력

"스타트업과 성장은 떼려야 뗄 수 없는 관계죠. 송금지원금은 친구 초대 기능에서 관점을 바꾸어 폭발적인 바이럴을 만들었어요. 토스가 1000만 MAU를 달성하는 데 큰 힘이 되었고, 토스에서 여러 소셜 맥락을 강력하게 활용할 수 있다는 걸 발견하게 된 제품이기도 합니다.

처음에는 기존에 많던 친구 초대 스킴, '친구를 토스에 가입시키면 나도 5000원, 친구도 5000원'을 활용했어요. 그러다 이것을 '친구에게 5000원 보내기'로 바꾸었습니다. 초대자가 받는 보상을 제거하고 '초대' 맥락을 '송금' 맥락으로 바꾼 거예요. 테스트했더니 '5000원 보내기' 스킴이 훨씬 효과가 좋았어요. 내가 받을 보상을 없애서 효과가 좋아진 것, 상당히 반직관적일 수 있는데요. 이렇게 잘 안 될 것 같지만 실제로는 잘되는 것들을 찾는 것이 중요해요. 찾기는 어렵지만 한 번 찾으면 임팩트가 매우 크기 때문이에요. 이런 틈을 포착하려면 모바일 제품에 대한 감각이 필요하죠. 고정 관념 없이 사람들이 좋아할 만한 것을 독립적으로 생각하고, 편견 없이 목표를 향해 문제를 해결해 나가는 능력이 중요하다고 생각해요."

— 전 토스 PO 정승진

토스팀 최초 PO 이승건이 생각하는 Product Owner

"사실상 작은 CEO로서 자신이 선택한 제품의 모든 것을 결정합니다. 제품 전략 뿐 아니라 마케팅, 채용, 코칭, 사업개발, 우선순위, 법률적 문제 해결 등 모든 것이요. 예산 사용의 여부와 규모까지 모두 PO가 결정하고, 그 결정에 공감할 수 있으면 파이낸스팀은 지원합니다. 만약 PO가 실패 선언을 하면 거기까지이고, 그것은 토스팀 리더인 저도 말리거나 바꿀 수 없어요.

재미있는 예가 있는데요. 토스에서 만든 토스보험파트너라는 앱이 있어요. 사실 2년 전에 제가 팀에 제안해 론칭할 뻔한 아이템이었거든요. 당시 론칭 바로 전주에 담당 PO가 '솔직히 해당 제품에 대한 믿음과 신념이 없다'는 이유로 중단해버렸습니다. 보통 조직이었다면 대표가 밀어붙이는 아이템이니 진행이 됐겠죠. 하지만 토스팀에서는 제품에 대한 PO의 권한이 더 우선하기 때문에, 결국 해당 아이템은 접어야 했어요. 나중에 그 아이템을 정말 좋아하는 PO가 다시 등장해서 론칭할 때까지 2년을 기다려야 했죠.

이렇게 제품을 할지 말지, 예산을 얼마나 쓸지, 팀원 채용이 얼마나 필요한지 등 사실상 단위 조직의 모든 것을 결정할 수 있기 때문에 PO가 가진 권한과 책임은 막강해요."

4장

로드바이크가
불편한 이유

속도의 이면

한동안 토스 엔지니어들은 매월 10일이면 신경을 한껏 곤두세웠다. 토스팀이 처음 마주한 대규모 송금 장애가 3개월 연속, 공교롭게도 10일에 일어났던 탓이다.

간편송금의 지속적인 성장, 다다다다 전략과 신용등급 조회 서비스의 성공에 힘입어 2017년 말 토스 사용자 수는 600만 명을 바라보고 있었다. 하지만 회사의 서버와 데이터베이스 등 인프라 증설은 앱 성장 속도를 따라가지 못했다.

특히 매달 10일에 사용자 트래픽이 집중됐다. 월급을 후지급하는 중소기업이나 아르바이트 급여일이 10일이다. 그때만 해도 토스는 20대 사용자가 많았기 때문에 20일이나 25일 급여일보다 10일이 가장 북적였다. 게다가 몇 달 전 송금 사일로 PO로 입사한 홍민택이 계좌에 돈이 입금될 때마다 사용자에게 알려주는 푸시를 보내기 시작했다. 돈이 들어왔다는 메시지를 받은 사람들은 앱을 켜서 급여를 확인하고, 월급 계좌에서 적금 계좌로, 용돈 계좌로 돈을 이체했다. 트래픽이 늘어날 수밖에 없는 조건이었다. 토스는 범람하기 직전 물이 가득 차오른 강둑처럼 아슬아슬한 상태를 유지했다.

그러다 10월 10일 처음으로 둑이 터졌다. 저녁 7시부터 무려 3시간 동안 고객 7만 명이 송금을 시도했다가 실패했다. 처음에는 일부 은행으로 보내는 송금만 오류가 났지만, 곧 어떤 은행으로도 송금이 되지 않았다. '언제 정상화되느냐'는 고객 문의가 쏟아져 고객행복팀이 완전히 마비될 정도였다.

이렇게 큰 규모의 장애를 겪은 적이 없었던 토스팀은 그 어느 때보다 날카로워졌다. 대책 마련이 시급했다. 고객이 토스에 실망해 떠나가지 않도록 선제적으로 보상안을 만들자는 쪽으로 의견이 모아졌다. 그때 한 팀원이 의문을 제기했다.

"고객이 금전적으로 손해를 본 것도 아닌데, 토스를 통해 송금하지 못한 스트레스까지 보상해야 할까요?"

이승건이 대꾸했다.

"고객이 정신적으로 입은 스트레스가 바로 우리가 끼친 손해입니다. 우리는 고객의 미친 만족감을 향해 달리는 기업입니다. 사소해 보이는 송금 실패가 바로 그 미친 만족감의 적입니다. 토스는 송금 서비스인데 송금을 해주겠다는 약속을 어긴 셈이라고 생각합니다. 고객에게 미친 만족감을 주는 데 실패했고, 보상을 통해 다시 미친 만족감을 줄 수 있는 방법을 찾아야 합니다."

박재민도 "물리적인 피해가 아니더라도 보상해야 한다. 약속한 날짜에 배송해주지 못하면 사과 쿠폰으로 보상하는 커머스 기업도 있다"고 첨언했다. 어떤 문제가 발생하더라도 고객에게 선제적이며 적극적으로 보상하는 토스의 기조는 이때 확립되었다.

구체적인 보상안을 정하는 과정에서도 많은 의견이 오갔다. 송금 실패를 직접 겪은 사용자에게만 보상할지, 같은 시간대에 토스 앱에 접속했지만 장애 공지를 보고 송금을 시도하지 않은 사용자도 포함할 것인지부터 정해야 했다. 현금으로 보상할 것인가? 그렇다면 얼마의 금액이 토스의 재무 상태에 큰 타격을 주지 않으면서도 고객을 만족시킬 수 있을까? 의견은 또 다른 의견을 낳았다. 무료 송금이 월 5회로 제한되었을 때라, 무료 송금 횟수를 늘려주고 수수료를 토스가 부담하는 안으로 이어졌다.

홍민택이 빠르게 데이터를 추렸다.

"송금 실패 사용자의 62%는 매달 6회 이상 송금하는 충성 유저입니다. 따라서 일회성 현금 지급보다는 수수료 무료 횟수 보상이 고객만족도 측면에서 나은 선택입니다. 충성 유저에게 무료 횟수 5회는 충분한 보상으로 느껴지기 어려울 것이므로, 10월 한 달 무제한 송금을 제공하는 것으로 결정하겠습니다. 송금 실패 유저는 7만 1888명으로, 최대 1억 4000만 원의 예산이 소요될 것으로 예상됩니다."

이튿날 고객행복팀이 정리된 보상안을 피해 고객에게 공지하며 사과 메시지를 전달했다. 다른 문의나 항의로 번지지는 않았다. 장애는 그렇게 일단락되는 듯했다.

하지만 꼭 한 달 뒤인 11월 10일, 이번에는 앱 접속조차 되지 않는 전면 장애가 발생했다. 대규모 장애를 연타로 맞은 엔지니어들은 정신이 어질어질했다. 서비스 복구에 매달렸지만 트래픽이 자연히 줄어들기를 기다리는 것 말고는 뾰족한 해법이 없었다.

상황이 심각하게 흘렀다. 전면 장애가 지속되자 고객뿐 아니라 언론과 금융당국에서도 무슨 일이냐며 문의가 들어왔다. 포털 사이트 실시간 검색어 1, 2위를 '토스'와 '토스 장애'가 차지했다. 그걸 본 사람들까지 토스 앱에 유입되면서 서비스 정상화는 더 지체됐다.

오늘 16시 10분부터 19시 15분까지 약 3시간 5분 동안 토스 서비스가 원활히 제공되지 못했습니다. 최근 TV 광고를 시작한 신용등급 조회 및 새로 공지된 자동이체 서비스의 순간 동시접속자 수가 급증한 것이 주원인으로 파악되었습니다.

순간적으로 사용자가 급격히 몰리면서 정상적인 서비스 응답이 되지 않는 상황에 이르렀고, 특히 고객 문의가 급증하는 과정에서 포털 사이트 실시간 검색어에 올라 트래픽이 폭발적으로 증가하여 복구에 더욱

긴 시간이 소요되었습니다.

　오늘은 많은 고객님들의 급여일이었고, 한창 송금이 많이 이루어지는 시간대에 장애가 발생해 그 시간에 반드시 돈을 입금하거나 받으셔야 했던 분들, 이체 약속이 되어 있으셨던 분들, 토스만을 믿고 발을 동동 구르셔야 했던 고객님들께 진심으로 송구한 마음입니다.

　불편을 겪으신 고객님들에 대한 저희의 마음을 담아 아래의 보상을 제공하고자 합니다.

1. 장애 시간 중 접속한 모든 고객 대상 송금 수수료 11월 한 달 무료
2. 장애 시간 중 발생한 중복 송금 건 전액 반환
3. 토스 전체 사용자 대상 ATM 수수료(건당 1300원) 연말까지 무료

토스팀은 향후 재발 방지를 위해 데이터베이스의 물리적 확충 및 운영 고도화를 통해 예상치 못한 규모의 트래픽 급증에도 안정적인 서비스를 제공할 수 있도록 할 예정이며, 사용자 동시접속에 따른 영향을 최소화하는 설계로 전환하는 등 인프라를 조속히 강화할 계획입니다.

　불편을 겪으신 고객님들께 깊이 사과드리며, 기다려주신 모든 분들께 진심으로 감사드립니다. 저희의 약속을 믿고 다시 토스를 찾아주시기를 부탁드립니다. 향후 이러한 일이 재발하지 않도록 서비스 안정에 만전을 기하도록 하겠습니다. 다시 한 번 고객 여러분께 큰 불편을 끼쳐 진심으로 사과드립니다. 감사합니다.

토스 홈페이지에 장문의 사과문을 올리고, 당국에 장애 원인과 대처 방안을 보고하고 난 뒤에야 팀원들은 한숨을 몰아쉬었다. 그러나 '다시는 같은 문제가 반복되지 않도록 만전을 기하겠다'던 굳은 약속과 달리, 12월 10일에도 비슷한 장애가 반복되었다. 비록 장애

시간이 1시간 내외로 짧아졌고 송금과 결제 일부에서만 실패가 일어났지만 팀의 사기는 꺾일 수밖에 없었다.

테크 헤드 이형석은 "토스에 온 후 가장 뼈아픈 석 달이었다. 장애가 발생했고 원인도 아는데 당장 해결할 방법을 찾지 못한 상태에서 비슷한 장애를 두 번 더 맞았기 때문"이라고 말했다.

송금 장애의 표면적인 원인은 데이터베이스 서버 부족이었다. 평상시에는 별문제 없이 서비스가 유지되지만 월급날처럼 트래픽이 급증하면 병목현상이 일어났다. 사용자의 요청을 빠르게 처리하지 못하면서 서비스가 느려지고, 한두 명 오류가 나기 시작하다가 결국 먹통이 되어버리는 것이다. 1차 송금 장애가 발생했을 때 이미 이 문제는 발견되었다. 곧바로 서버 증설에 돌입했지만, 완료되기까지 2-3개월이 걸리는 일이었다.

서버 증설 작업이 늦어지는 동안 비슷한 장애가 발생할 가능성이 얼마든지 있었는데, 재발을 막거나 피해를 최소화하기 위한 장치를 별도로 마련하지 못했다는 것도 문제였다. 병목현상이 나타나기 시작한 순간에도 팀에서 먼저 탐지하지 못하고 결국 송금 실패가 일어난 후에야 상황을 인지했다. 어디서 문제가 일어나고 있는지, 뒤섞인 데이터만 봐서는 쉽게 파악할 수 없었다.

하지만 근원은 다른 데 있었다. '속도'만을 최우선 가치로 두고 다른 중요한 일들을 미뤄두었던 토스팀의 일하는 방식이 장애를 낳은 것이다. 지금까지 빠른 속도는 토스의 경쟁력이었지만, 이제 그 이면을 직시해야 할 때였다.

우선순위

이형석은 2015년 12월 토스에 합류했다. 메신저 '틱톡'의 초기 멤버였고, 그때 인연을 쌓은 양주영이 토스를 소개했다. 초창기 토스에서 이형석은 바쁘게 서비스 개발을 해나가는 동시에 서버를 목적별로 분할하는 등 '급한 것부터' 인프라를 구축했다. 초기 멤버들이 구글링을 해가며 만들어둔 기초적인 인프라는 사용자가 늘어날수록 망가질 위험이 컸다.

그런데 인프라를 탄탄하게 만드는 것은 중요한 일이긴 해도, 가장 먼저 할 일은 아니었다. 당장 하지 않으면 안 되는 순간이 되어야 데이터베이스를 업그레이드하고 서버를 증축했다. 토스에서 일의 우선순위를 정하는 중요한 원칙은 '일하는 속도가 느려져서는 안 된다'는 것이었기 때문이다. 공룡 같은 경쟁자를 상대로 토스가 사용자를 끌어모을 수 있는 무기는 속도뿐이라는 믿음이 팀을 지배했다. 사용자가 늘지 않으면 인프라는 소용없는 구조물일 뿐이다. 가용한 인력과 돈을 효율적으로 활용해야 했다. 문제를 예측해 대비하기보다는 문제가 생기면 빠르게 복원하고 대응하는 방식이 토스팀에 유효했다.

속도와 효율을 강조하는 분위기에 불편함을 느끼는 엔지니어가 없었던 것은 아니었다. 첫 번째 데이터베이스 운영자(DBA)이자 데이터 엔지니어로 입사한 유승민이 그랬다. 그는 특정 데이터를 추출할 때마다 결과값이 다르게 나오는 경우를 종종 발견했다. 수많은 서비스가 우후죽순 생겼다 없어지던 시기, 데이터를 나중에 분석할 것까지 고려해 제대로 쌓고 분류하는 것은 사치였다. 그러다 보니 데이터 애널리스트들은 본연의 분석 업무보다는 활용할 수 있는 데이터가 있는지 찾고 정합성을 확인하는 데 더 많은 시간을 써야 했다.

"전산 용어 중에 '단 하나의 진실점(single source of truth)'이라는 말이 있어요. 데이터 관점에서 보자면 누가 언제 추출하더라도 일관된 진실을 보장해야 한다는 뜻이에요. 그때그때 달라지는 데이터는 신뢰할 수 없고, 신뢰할 수 없는 데이터로부터 가치를 찾아낸다는 건 마술이죠. 이대로라면 토스팀은 배움이 없는 무의미한 실수를 반복할 위험이 있었어요."

유승민은 제품팀이 요구하는 데이터 분석이 이루어지려면 데이터를 올바로 모으고 분류할 수 있는 환경부터 만들어야 한다고 생각했다. 하지만 당장의 제품개발 속도를 늦추는 일이라는 생각에 머뭇거렸다. 팀원 모두가 '포커스 온 임팩트(Focus on Impact)', 가장 큰 영향을 미치는 일에 온 에너지를 집중하자고 외치는 분위기에서 기술부채를 해소하고 업무기반을 다지는 일은 눈에 잘 띄지 않았다. 앞만 보고 달리는 경주마 같은 토스팀원들에게 자신이 장애물처럼 여겨지는 상황은 원치 않았다.

2017년 여름 서버 개발자로 합류한 오창훈에게도 토스는 '오래 다니기는 어렵겠다' 싶은 회사였다. 그는 입사 첫날 동료들과 인사를 나누자마자 서버 하나를 분리해달라는 요청을 받고 일을 시작했다. 서버 코드를 살펴보니 일부 서비스는 당장 장애가 발생해도 이상하지 않을 정도로 허술했다. 동료들은 "문제가 있다면 알아서 해결해달라"고 했다. 오창훈은 입사한 지 3개월이 지날 무렵 이승건에게 직설했다.

"서버 코드가 엉망이에요. 배포 환경도 열악하고요. 지금의 모습에 안주할 때가 아니라, 더 발전하고 노력해야 할 것이 많아요. 토스가 더 앞으로 가려면 외형적인 성장만 신경쓸 것이 아니라 시스템과 문화도 내실을 챙겨야 한다고 생각해요."

#recap

대규모 송금 장애가 잇달아 발생한 것은 그로부터 얼마 지나지 않아서였다. 고통스러운 장애 상황을 마주하고서야 토스팀에는 '속도'보다 먼저 챙겨야 할 일들도 있다는 인식이 생기기 시작했다.

이승건은 슬랙에 '#recap'이라는 채널을 개설하고 이형석과 유승민, 오창훈, 홍민택을 초대했다. 비개발자인 송호진, 김유리, 남영철도 불렀다. 그리고 "장애 재발을 방지할 것으로 확신할 수 있는 방안을 찾자"고 했다.

"몇 가지가 개발되지 않아 일어난 문제가 아니라 우리가 일하는 방식에 문제가 있는 것 같습니다. 형석 님 외에는 문제해결을 위해 필요한 맥락을 아는 사람이 없고요, 다들 뭘 어떻게 해야 할지 우왕좌왕했습니다. 컨트롤타워가 없으니 명확한 지시와 이행이 이뤄지지 않았습니다. 프로세스의 부족이라고 생각합니다. 더 나아가 비즈니스 어젠다에 밀려 모니터링과 경보 시스템을 고도화하는 작업이 충분히 중요한 수준으로 다뤄지지 않은 것도 문제라고 생각합니다."

토스팀은 그동안 뒷전으로 미뤄두었던 시스템 최적화에 나섰다. 이형석이 이 과정을 주도했다. 같은 문제가 다시 발생하더라도 더 큰 불길로 번지지 않도록 방어체계를 만들어 나갔다.

작은 액션 아이템부터 실행에 옮겼다. 예컨대 서버에 병목현상이 일어나 서비스가 중단되는 시점이 오면 곧바로 공지를 띄워 사용자가 재접속을 시도하지 않도록 유도했다. 또 사용자가 토스 앱을 켜는 동시에 호출되는 API의 종류도 모두 점검해 최소화했다. 사용자가 앱을 여는 순간에는 송금을 할지, 신용조회를 이용할지, 계좌 개설을 할지, 혹은 첫 화면에서 계좌 잔액만 확인하고 나갈지 알 수 없다. 이전까지 토스는 사용자가 앱을 열자마자 모든 서비스의 최신 정보를 업데이트했다. 서버에 쉽게 부하가 걸리는 것은 당연했다. 이에 사용자의 의도가 파악되는 순간 필요한 트래픽을 요청할 수 있도록 앱을 최적화했다.

데이터 원본이 쌓이는 데이터베이스 역시 주요 서비스 단위로 분산했다. 이상 현상이 발생하면 빠르게 감지할 수 있도록 모니터링 시스템을 개선하고, API 응답 속도와 호출 수를 볼 수 있는 대시보드를 만들었다.

더 큰 조직적인 변화는 'SRE팀' 신설이었다. SRE(Site Reliability Engineering)는 아마존, 구글 등 글로벌 IT 기업에서 창안한 개념으로, 개발자들이 수동으로 해오던 시스템 운영 업무를 자동화함으로써 문제를 쉽고 빠르게 진단하고 해결할 수 있는 엔지니어링 방식이다. 토스팀 내에도 개발 환경을 고도화하고 서비스의 이상 징후를 빠르게 발견하며 이를 해결하는 개발팀을 별도로 꾸린 것이다. 이 팀은 곧 서버플랫폼팀으로 불렸다. 사일로가 아닌 팀으로 존재하며 빠른 제품개발 사이클의 압박에서 벗어나 시스템 고도화와 안정적인 운영에 집중했다.

다시 한 달이 흘러 2018년 1월 10일이 되었다. 모두가 긴장한 채 상황을 지켜보는 가운데 아무 일 없이 하루가 지나갔다. #recap 채널도 닫혔다.

그 해 여름 토스팀은 데이터센터를 서초와 평촌으로 이중화했다. 많은 기업들이 데이터센터를 이중화하지만, 보통 주 데이터센터 한 곳을 '액티브(활성화)'로 하고 다른 한 곳은 '스탠바이(대기)' 상태로 뒀다. 주 센터에서 장애가 났을 때 다른 한 곳을 재해복구 목적으로 일시 운영하는 방식이다. 하지만 토스팀은 평소에도 두 곳의 데이터센터 모두 액티브 상태로 운영했다. 이형석은 "사용자 트래픽을 50대 50, 70대 30, 100대 0 등 필요한 만큼 자유롭게 조절할 수 있다는 것이 장점"이라고 말했다.

"앞으로도 언제든 물리적인 장애가 일어날 수 있는데, 원인을 찾고 해결하는 동안에도 멈춤 없이 서비스를 제공하기 위해 액티브-액티브로 운영하기로 결정했어요. 시스템 정기점검을 할 때도 서비스를 중단할 필요가 없지요. 막대한 비용투자가 불가피했지만, 금융이 필요한 사람들이 필요한 순간 언제든 토스를 이용할 수 있도록 만드는 것이 더 중요하다는 공감대를 이루었죠."

데이터 정합성의 중요성도 팀의 공감을 얻었다. 유승민은 데이터를 효율적으로 집계해 애널리스트가 보기 좋게끔 제공하는 데이터웨어하우스(DW)를 만들고 매달 수작업을 반복하던 데이터 추출을 자동화했다. 돈의 흐름을 다루는 데이터는 더욱 꼼꼼하게 살필 수 있도록 실시간 모니터링 시스템을 마련했다. 유승민은 "속도와 체계적 관리의 딜레마 속에서 최선을 찾기 위해 노력했다. 내 몸이 두 개라면 더 많은 일을 할 수 있을 텐데, 키보드를 더 빨리 칠 수 있으면 얼마나 좋을까 하는 생각이 들 정도로 신나게 몰입하는 순간이 찾아왔다"고 말했다. 함께 일하는 팀원들의 업무 효율성을 높여주는 프로토콜은 처음 만들 때는 시간이 걸리지만, 한 번 만들어두자 오래도록 영향력을 미쳤다.

결과적으로 연속적인 장애 경험은 토스팀을 한 단계 성숙하게 만드는 계기가 됐다. 위기 상황에서 여러 선택지를 빠르게 검토하고 최선의 결정을 내리는 법을 배웠다. 중요하고 중요하지 않은 일들을 가르는 법, 논리적으로 사고하고 그 결론을 실행에 옮기는 법을 익혔다. 여러 팀원이 손발을 맞춰 문제를 해결해가는 팀워크도 쌓았다. 어떤 문제가 발생했을 때 고객에게 투명하게 커뮤니케이션하는 것이 불필요한 오해를 막는 최선의 방책이라는 점도 알게 되었다.

실패를 회복하고 신뢰를 쌓는 법 역시 터득했다. 장애는 괴로운 일이지만, 장애가 전혀 발생하지 않도록 만들 방법은 없었다. 다만 한 번 겪었던 장애 유형에 또 속절없이 당하느냐, 아니면 같은 상황이 벌어질 때 더 빠르고 유연하게 대처하느냐의 문제였다. 결국 실패하고, 그 실패를 회복하는 과정에서 전보다 나은 모습을 보여줘야 했다.

가장 큰 깨달음은 누구도 의심하지 않았던 가치가 언제든 무너지고 바뀔 수 있다는 사실이었다. 토스팀에서 속도는 여전히 중요한 요소지만, 관점이 바뀌었다. 장애가 발생할 수밖에 없는 환경을 내버려둔 채 속도를 내는 게 아니라, 서비스가 많아지고 팀이 커져도 아무 문제 없이 오히려 더 빠르게 일할 수 있는 환경을 만들어야 한다는 데 모두의 의견이 일치했다. 튼튼한 인프라를 만드는 데 토스팀의 속도와 자원이 집중됐다. 앱 디자인에서도 비슷한 변화가 일어나기 시작했다.

횡적인 혁신

토스 앱 디자인은 꽤 오랫동안 뒤죽박죽이었다. 일단 화면에 쓰인 파란색만 해도 수십 가지였다. 디자이너들이 제품을 만들 때마다 언뜻 보기에 비슷한 파란색을 그때그때 골라 쓴 탓이었다. 색을 맞추기 위해 기존 코드를 수정하거나 다른 디자이너의 파일을 뒤져 보는 시간은 사치였다. 텍스트 정렬, 이미지의 위치, 버튼의 너비 등 기본적인 디자인 요소도 통일되어 있지 않았다. 눈썰미가 세심한 사람이라면 어떤 화면을 어떤 디자이너가 만들었는지 알아챌 정도였다. 하나의 앱은 한 사람이 만든 것처럼 일관되어야 하는데, 당시의 토스는 거꾸로 디자이너 7명이 만들었다는 사실이 분명하게 드러났다.

보기에 아름답지 않은 것만이 문제가 아니었다. 토스 앱에 접속한 사용자들은 송금 외 다른 기능은 탐색하기가 어려웠다. 송금 서비스만 제공할 때 만들어둔 뼈대에 수십 가지 서비스가 덕지덕지 붙으면서 앱은 기형적인 모양이 되어갔다. 수백만 명이 쓰는 신용조회 서비스도 예외가 아니었다. 토스에서 신용조회가 가능하다는 사실을 알고 접속하지 않은 다음에야 우연히 신용조회를 발견하는 경우는 일어나지 않았다.

몇 달 전까지만 하더라도 토스팀 최고의 미덕은 '빨리빨리'였고, 모두가 사용자 수와 매출 성장에 온 정신을 쏟고 있었다. 디자이너도 마찬가지였다. 사용자들의 앱 경험 통일까지 신경쓸 여유가 부족했다.

2018년 초 카카오뱅크는 출범 5개월 만에 500만 계좌를 달성했다고 보도자료를 냈다. 이승건의 예상보다 더 빨리 크고 있었다.

카카오뱅크는 높은 브랜드 인지도뿐 아니라 친절한 사용 경험을 무기로 삼았다. 아예 탭 하나를 이용자 가이드로 만드는 등 서비스를 잘 이해할 수 있게 돕는 배려와 친절이 여기저기 묻어났다.

반대로 그즈음 토스는 출시 이후 처음으로 MAU(월간활성사용자) 그래프가 꺾였다. 커피 사일로 한 켠에 커다란 모니터를 가져다 두고 실시간 주요지표를 하루 종일 띄웠는데, 팀원들은 애써 화면을 쳐다보지 않으려 했다. 토스의 성장이 끝난 것일까? 카카오뱅크의 약진이나 카카오페이의 송금 점유율 확대보다, 토스의 리텐션(retention) 지표가 무너지고 있다는 사실이 더 충격적이었다. 지난 3년 내내 60%대에서 공고했던 리텐션은 2018년 초 신규 가입자만 떼어내 보면 40% 이하로 내려갔다.

이승건도 시시각각 실패의 공포를 느꼈다. 한시 바삐 해결책을 찾아내지 못하면 경쟁사에 속절없이 패배할 것이라는 두려움에 사로잡혔고, 그 불안을 누구에게도 털어놓지 못해 속을 끓였다. 리더로서 흔들리는 모습을 드러내는 대신 확실한 대안을 내놓고 싶었다.

그러나 아무리 연구해도 당장 성장세를 반등시킬 묘수가 없었다. 어떤 기능이 부족해서라면 얼른 만들면 될 텐데, 토스는 오히려 너무 많은 기능이 중구난방이라는 게 문제였다. 이를 해결하려면 성장과 매출은 잠시 미뤄두어야 하나? 성장만을 보며 달려가던 스타트업이 한순간 목표를 수정하기는 쉽지 않았다.

장고 끝에 내린 결정은 이랬다.

'앱 디자인과 기능을 정렬하는 데 시간을 쓰자. 이 방법이 아니면 미친 만족감을 만들어낼 수 없다.'

지금까지는 국내 최초 간편송금, 국내 최초 무료 신용조회 등 기발한 기능으로 사용자에게 만족을 줬다면, 이제는 물 흐르듯 유려한 사용 경험으로 '미친 만족감'을 선사할 차례였다. 그러는 동안 비즈니스가 한 보 후퇴할 가능성도 있지만, 종국에는 토스가 더 멀리 더 빨리 갈 수 있게 만들어줄 거라고 팀원들을, 그리고 스스로를 설득했다.

'토스의 시장지배력을 강화한다' '수익을 낸다' '플랫폼 파워를 강화한다' 등의 공격적인 문구가 나열되었던 '회사의 목표(Company Goal)' 문서에 '토스의 다양한 서비스를 모든 사용자에게 하나의 통합된 경험으로 제공한다' '사용자의 충성도와 신뢰도를 만든다'는 내용이 처음으로 추가되었다.

디자인 시스템

디자인 챕터 회의에 이승건이 매주 참석하기 시작했다. 토스팀 리더가 디자인을 중시하고 있으며 디자이너들을 적극 지원하겠다는 의지의 표현이었는데, 아쉽게도 그 의도는 잘 전달되지 않았다. 이승건은 문제가 있다고 생각되는 화면을 한 장 한 장 캡처했다. "이 화면은 한 페이지에 하나(One Thing per One Page)라는 제품 원칙에 어긋나지 않나요? 괜찮다고 생각하세요?" "이렇게 어렵게 써놓으면 사용자가 이해하겠습니까? 왜 이렇게 만드신 거죠?"

담당 디자이너는 설명하느라 진땀을 뺐다. "PO와 논의해서 결정했다"고 답하면 이승건은 그다음 주에 담당 PO를 데려와서 같은 질문을 퍼부었다. 직설적인 비평에 디자이너들은 상처받기 일쑤였다. 억울함을 느끼고 회사를 떠난 디자이너도 있었다.

그즈음 UI 디자이너로 합류한 강수영은 토스 앱 디자인의 문제가 효율성에 있다고 진단했다. 송금과 계좌조회, 신용조회 등 각 제품마다 텍스트와 버튼, 화면 흐름 등 스타일이 다르면, 사용자들은 마치 서로 다른 앱에 접속한 것처럼 각각의 제품에 익숙해질 시간이 필요해진다. 낯선 환경에서는 이탈하는 비중도 높아질 수밖에 없다.

사용자에게만 비효율인 것이 아니라, 프로덕트 디자이너들의 생산성 측면에서도 효율이 떨어졌다. 정해진 스타일이 없으니 제품을 디자인할 때마다 매번 같은 고민, 같은 잡무가 반복되었다. '빨리빨리'를 외치며 아무렇게나 디자인을 내버려둔 것이 오히려 토스팀의 가속을 방해하고 있었던 셈이다.

이를 바로잡고 일정한 품질과 통일성을 가진 앱 디자인을 실현하는 데에는 두 가지 접근방식이 존재했다.

1. 최고의 안목을 가진 사람이 모든 권한을 쥐고 컨트롤한다. 애플의 방식이다. 최고 디자인 책임자(CDO)가 디자인된 모든 화면을 최종 감수하고 그의 기준을 통과하지 못하면 다시 만든다. 앱 디자인의 퀄리티는 향상될 수 있지만, 소수의 디렉터에 대한 의존도가 높아지기 때문에 업무 속도는 느려지고 조직 내 위계질서가 분명해진다. 국내 IT 업계에서 디자인 조직이 운영되는 일반적인 방식이다.
2. 디자인 시스템을 만든다. 레고 블록처럼 제품 디자인에 필요한 요소(component)들을 제작해두고, 부품 조립하듯 제품을 만드는 방법이다. 시스템을 만드는 데 최소 6~9개월이 걸리겠지만, 한번 만들어놓으면 디자이너와 개발자의 생산성이 크게 올라갈 것이 자명하다. 사일로 내 프로덕트 디자이너가 제품 디자인에 대한 최종의 사결정권(DRI)을 가지는 문화를 유지하기에도 용이하다.

강수영은 디자인 시스템을 만드는 것이 맞다고 생각했다. 국내에서는 아직 논의가 활발하지 않았지만, 구글이나 에어비앤비 등 글로벌 IT 기업들의 디자인 시스템이 회자되고 있었다. 사람이 모든 것을 관장하는 방식은 확장 가능하지 않았다. 토스의 제품과 디자이너가 아무리 많아져도, 규칙과 시스템이 정립돼 있으면 속도와 통일성 둘 다 잡을 수 있을 터였다.

이승건 역시 두 번째 선택지를 지지했다. 첫 번째 안을 택하기에는 토스팀에 그만 한 안목을 가진 디자이너가 아직 없었을뿐더러, 디렉터 한두 명에게 권력이 집중돼 팀 내에 위계질서가 형성되는 것은 더더욱 원하지 않았다.

그렇게 토스 디자인 시스템(TDS) 프로젝트가 시작됐다. 디자인 시스템을 만들어 디자이너와 개발자의 업무 효율을 동시에 높여보자는 취지에 공감한 개발자 이병철이 합심했다. 다른 스타트업에서 디자인 시스템을 제작해본 경험이 있는 정희연도 마침맞게 입사했다. 강수영과 정희연은 UI 디자이너에서 플랫폼 디자이너로 직군명을 전환했다.

이승건은 더이상 디자인 챕터 회의에 참석하지 않기로 하고, 대신 PO 김유리에게 UX 헤드를 맡겼다. 사용자 경험을 비즈니스 지표만큼, 혹은 그보다 더 중요하게 챙겨야 한다는 무언의 메시지였다. 그러나 이 결정에 몇몇 디자이너가 크게 반발했다. 위클리 타운홀 미팅에서 "디자이너가 아닌 사람이 디자인 조직을 대표하는 UX 헤드를 맡는다는 것을 납득할 수 없다"는 공개적인 문제제기가 나올 정도였다. 이승건은 밀어붙였다.

앱 디자인이 제멋대로인 문제는 디자이너들끼리 해결할 수 없었다. 사일로 내 PO의 권한이 막강해 디자이너가 PO에게 쉽게 반기를 들지 못했다. PO가 이목을 더 끌어야겠다고 판단하면 광고 배너의 크기를 마구 키웠고, 앱 푸시도 아무 때나 발송했다. '매출에 도움이 되느냐'는 기준 앞에 사용자 경험을 책임져야 할 디자이너의 목소리는 위축되기 십상이었다. 이승건은 PO들이 존경하는 사람이 디자인 챕터를 이끌면, PO들도 디자이너의 영역을 존중하게 될 것이라 기대했다. 토스대부의 악몽을 딛고 신용조회 서비스를 보란 듯이 성공시킨 김유리가 적임자였다. 김유리는 강수영과 정희연이 주축이 된 TDS 프로젝트를 지원하고, 이를 기반으로 한 토스 3.0 개편을 총괄했다.

본격적으로 TDS를 구축하는 데에는 6개월 이상 소요됐다. 처음에는 앱에 깔린 수많은 파란색을 통일하는 데 주안점을 두고 시스템을 스케치하기도 했지만, 곧 방향을 틀었다. 사용자에게 일관성 있는 제품 경험을 선사하기 위해서는 밑그림부터 완전히 달라져야 했다.

강수영은 '토스의 제품 디자인은 이래야 한다'는 궁극의 목표를 먼저 잡았다. 사용자가 어떤 행동을 하면 되는지 직관적으로 알 수 있도록 설계하자는 심플리시티(simplicity)의 원칙이 기반이 되었다. 그는 "파편화된 기존의 금융 경험을 붕괴시키고, 모든 금융생활을 토스 하나로 가능케 한다, 하나의 앱에서 통합된 금융 경험을 주겠다는 토스팀의 미션을 성취하려면, 평범한 디자인 시스템보다 훨씬 더 일치된 기댓값을 가져야 한다"고 판단했다. 토스가 만드는 제품 하나하나가 종적인 혁신이라면, 각 제품이 일관성을 갖추고 최상의 사용자 경험을 제공하는 것은 횡적인 혁신이었다.

이후 여러 프로덕트 디자이너들이 각자 작업해온 제품을 모두 분석해, 각 화면에서 공통으로 등장하는 요소를 따로 떼어냈다. 정보 입력, 상품 가입, 내역 조회, 오류 발생 등 사용자가 각 제품을 사용하는 과정에서 마주치는 화면이 하나의 목소리를 내도록 디자인했다. 글씨 모양과 크기, 간격, 버튼의 너비와 정렬, 그래프 굵기와 컬러 등을 일관성 있게 만들었다. 각각의 컴포넌트는 이병철이 프로그래밍 언어로 구현했다. 이때 만들어진 컴포넌트는 3년이 지난 현재도 TDS에 80% 이상 남아 있다.

TDS는 토스팀 전체의 효율성을 증대시키는 데 기대 이상의 영향을 미쳤다. 화면 한 페이지를 디자인하고 개발하는 데 걸리는 시간이 1시간에서 15분 이내로 단축됐다. 코드 길이도 절반으로 짧아졌다. 감독하는 사람 없이도 저절로 디자인의 일관성이 지켜졌다. 프로덕트 디자이너가 직접 컴포넌트를 그리는 작업은 줄었고, 오로지 더 나은 제품 경험이 무엇인지를 고민하는 시간이 늘었다. 이승건이 화면 하나하나에 이러쿵저러쿵하는 일도 사라졌다.

배경이 어두운 '다크모드'와 저시력자를 위한 '더 큰 텍스트' 모드를 만들 때도 새로 디자인하는 데 들어가는 공수를 크게 아낄 수 있었다. 중앙에서 모든 컴포넌트를 관리했기 때문에 "다크모드일 때는 글씨를 하얀색으로 바꾸세요" 등의 명령을 입력하면, 토스 앱의 모든 페이지가 한꺼번에 변환되었다.

TDS의 성과는 검증되었지만 이후로도 도전을 맞이하곤 했다. 몇몇 디자이너들은 종종 TDS의 규칙을 깨는 방식으로 문제를 해결하고 싶은 유혹을 느꼈다. 배너 클릭률을 높이기 위해 규칙에 없는 배경색을 쓴다거나, 텍스트와 그래픽을 기준보다 크게 넣어 사용자 눈에 띄게 하는 식이었다. 일관된 사용 경험을 약간 포기하고, 당장의 클릭률을 높여보려는 시도였다.

그런데 실험을 해보니, 놀랍게도 기준을 벗어난 커스텀 배너의 클릭률이 높지 않았다. 외려 같은 조건에서 TDS 규칙에 따라 만들어 밋밋해 보이는 배너가 3배 이상 많은 클릭이 일어났다. 디자이너는 배너를 독특하게 만들면 효율이 더 좋을 것이라 예상했지만, 사용자들은 너무 튀면 '광고'로 인식해 오히려 외면했던 것이다. 강수영은 실험결과를 근거로 디자이너들을 설득했고, '노 애즈 패턴(No Ads Patterns)'은 얼마 후 제품 원칙에 포함됐다. TDS는 점차 안정을 찾아갔다.

정희연은 "돌이켜보면 이 시기는 디자인 시스템을 만들기에 이르지도 늦지도 않은 적당한 때였다"고 말했다. 제품이 너무 많아진 뒤였다면 시스템을 적용하는 데 너무 큰 비용과 시간이 들 터였다. 처음 TDS를 만들었을 때 이를 사용하는 디자이너는 7명이었고, 그 영향을 받는 MAU(월간활성사용자)는 400만 명이었다. 3년여가 흐른 2021년 말에는 70명 넘는 디자이너가 TDS를 쓰고, 매달 1200만 명 넘는 사용자에게 영향을 주었다.

토스 3.0

다음 단계는 TDS를 전면 적용한 토스 앱 3.0 개편이었다. 주요 서비스를 더 쉽게 만들고, 사용자가 자주 쓰는 기능을 전면에 내세우는 것이 개편의 골자였다. 앱 개편에는 강수영과 정희연뿐 아니라 윤성권, 김소현 등 여러 프로덕트 디자이너가 시간을 쏟아부었다.

사용자가 가장 자주 쓰는 기능이라는 것은 그만큼 충분한 가치가 있다는 의미다. 따라서 맨날 똑같은 기능만 쓰는 유저들에게, 다른 사용자들이 애용하는 기능들을 노출시키면 토스 앱의 방문 빈도가 늘어날 것이라는 가설을 세웠다. 당시 토스에는 30여 가지 서비스가 있었지만 사용자가 이용하는 서비스는 평균 한두 가지뿐이었다. 목표는 이를 4개로 늘리는 것으로 잡았다. 성공한다면 궁극적으로 토스 앱의 MAU가 늘어나는 데에도 영향을 줄 터였다.

2019년 초 세상에 나온 토스 3.0은 실행하자마자 숫자 키패드를 보여줬다. 대표 서비스인 간편송금의 사용 단계를 하나라도 더 줄이기 위해서였다. 보내려는 금액을 입력하는 것 말고는 선택지가 없으니 명쾌했다. 간결한 화면은 사용자로 하여금 다음 행동을 고민하지 않게 한다는 장점이 뚜렷했다.

물론 추가 기능을 넣거나 광고를 붙이는 등 부가적인 역할을 수행하기는 어려운 구성이다. 하지만 사용자들이 가장 애용하는 송금에서는 그저 최고의 경험을 제공하는 데에만 집중하기로 했다. '좋은 것은 위대한 것의 적(Good is the enemy of Great)'이라는 개편 슬로건에 충실한 결정이었다.

키패드 아래에는 '송금, 조회, 타임라인, 개설, 전체' 등 5개 탭이 나타났다. 공통분모가 있는 서비스끼리 묶어 사용자가 한 번에 여러 서비스를 접할 수 있도록 했다. 예컨대 조회 탭을 누르면 계좌조회, 카드조회, 신용조회가 한 페이지에 나타났다. 이미 3가지 서비스를 모두 이용 중인 사용자라면 자신의 금융생활 전반을 한눈에 확인할 수 있었다. 반대로 계좌는 등록해뒀지만 카드나 신용조회는 이용한 적 없는 고객에게는 자연스레 새로운 기능이 노출되는 효과가 있었다.

시선을 끈 것은 토스 앱의 이미지를 좌우했던 배경색이 파란색에서 흰색으로 바뀌었다는 점이었다. 팀원들은 이전까지의 레거시를 '파란 토스', 개편된 토스 3.0을 '하얀 토스'라 불렀다. 반응은 엇갈렸다. 깔끔하고 세련되었다는 평이 있는가 하면, 멀리서 봐도 토스임을 알 수 있었던 파란 악센트가 사라졌다는 아쉬움도 컸다. 흰 화면이 너무 밝아 눈이 아프다는 사람들도 있었다.

3년 전 남영철이 슥슥 그려넣었던 토스 로고도 브랜드 디자이너 손에서 새롭게 태어났다. 돈을 주고받는 앱이라는 점을 드러냈던 원화 기호(₩)를 빼고, 날아가는 공의 역동성과 날렵함을 단순한 형태로 만들었다.

토스 3.0 개편 이후 지표는 눈에 띄게 좋아졌다. 토스에 월 5

회 이하로 접속했던 사용자들이 3.0 개편 이후 3개월이 지나자 평균 20번씩 접속했고, 매달 10~15번쯤 접속했던 사용자들은 40번 이상 찾아왔다. MAU에 직접 영향을 주는 지표였다. 이승건은 "3.0 개편은 해야 할 일이 맞았다"고 선언했다. 강수영과 정희연은 플랫폼 디자이너로서 사용성 개선이 토스의 비즈니스 지표에도 긍정적인 영향을 미친다는 사실이 반가웠다. 토스팀의 무게추가 사용자 경험을 향해 기울고 있었다. 물론 그 대척점에 서서 줄기차게 '성장'만을 외치는 사람도 있었지만 말이다.

에픽 그로스

토스의 MAU(월간활성사용자)가 처음으로 역성장했을 때, 그래서 사람들이 '토스도 여기가 끝인가 보다'고 수군거리기 시작했을 때, 정승진이 그로스 사일로를 맡았다. 그는 '가장 어렵고, 힘들고, 그렇지만 성공했을 때 가장 임팩트가 큰 일을 해내겠다'고 마음먹었다.

정승진은 성장과 배움에 목말라했다. 카이스트 전산과 학생이던 그는 2016년 12월 산업기능요원으로 토스팀에 입사했다. 면접 도중 이형석에게 '이 회사는 매출이 얼마나 되냐'고 물어본 개발자는 정승진이 처음이었다. 처음엔 토스팀 내에서 사용하는 인터널 툴 서버 개발을 맡았고, 곧 데이터 엔지니어, 데이터 애널리스트, 그리고 프로덕트 오너(PO)로 역할을 바꿔나갔다.

"전 한 달 전에 못했던 걸 지금 할 수 있게 됐을 때, 한 달 전에 맞다고 믿었던 게 틀렸음을 알게 됐을 때 행복해요. 그래서 3개월 전, 6개월 전을 돌아봤는데 부끄럽지 않으면 슬프더라고요. 내가 발전하지 않았다는 뜻이니까요. 저는 성취와 성장이 중요한 사람이에요. 지금 이 순간의 역량이 아니라, 그 역량이 성장하는 속도가 중요하고요. 그 기울기가 궁극적으로 내가 어떤 일을 이룰 수 있는 사람인지를 결정한다고 생각해요."

이승건은 정승진을 괴물 같다고 생각했다. 맡겨진 업무만 하는 게 아니라, 어느 틈엔가 회사 전체가 돌아가는 걸 꿰고 앉아서 팀에 필요한 걸 스스로 만들어냈다. 토스머니 정산 과정을 자동으로 모니터링하는 시스템 '토스 인사이트'를 혼자 뚝딱거리며 개발했다. 모르는 게 생기면 새벽 3~4시에도 이승건을 붙들고 궁금증이 풀릴 때까지 못 가게 했다. 정승진을 지켜보는 일은 재미있고 한편으로는 자극이 됐다.

정승진이 맡은 그로스 사일로는 이름 그대로 MAU를 성장시키는 것이 유일한 목표였다. 그리고 결국 토스를 포털 사이트 검색어 순위에 오르내리게 만든 행운퀴즈, 1000만 MAU를 달성하는 데 가장 크게 기여한 송금지원금을 탄생시킨 사일로가 됐다.

완성도 vs. 속도전

행운퀴즈는 어떤 상품과 관련된 퀴즈를 내고 정답을 맞히는 사용자에게 최대 1만 원의 상금을 무작위로 지급하는 혜택형 광고 제품이다. 이 제품이 대박을 터트리기까지 정승진은 6개월 동안 조금씩 기능을 더하고 빼는 실험을 반복했다.

처음에는 '숨은 포인트 찾기'라는 제품을 설계했다. 30대 이상을 타깃으로 잡았다. 20대는 이미 80% 이상이 토스에 가입했기 때문에 성장의 여지가 없었다. 연령대를 높여 30대가 좋아하는데 아직 토스는 제공하지 않는 서비스가 무엇인지 조사했다. 그 답이 '포인트'였다. 시럽, 해피포인트 등 포인트를 쌓으면 결제할 때 할인되거나 쿠폰을 주는 서비스가 직장인들 사이에 인기가 좋았다.

각종 포인트를 운영하는 회사와 제휴를 맺고, 오랫동안 휴면상태인 회원이 잠들어 있는 포인트를 찾아 토스머니로 교환해주는 서비스를 만들었다. 숨은 계좌 찾기, 숨은 보험금 찾기 등의 표현에 사람들이 반응하는 것을 목격했기에 서비스명도 쉽게 지었다. 서비스를 열자마자 사용자 유입이 빠르게 늘었는데, 아쉽게도 제휴사 사정으로 며칠 만에 서비스를 접었다.

정승진은 골똘히 생각에 잠겼다.

"인기 있는 제품의 어떤 면을 사람들이 좋아하는 것인지 구체적으로 찾아내려고 했어요. '숨은 ○○○ 찾기' 류가 대체로 비슷한

데, 어떤 식으로든 내가 모르고 지나칠 뻔했던 금전적 가치를 우연히, 운 좋게 얻는다는 사실 자체를 좋아하는 것 같더라고요. 겨울 코트 주머니에 들어 있던 500원 동전을 발견했을 때 괜히 기분이 좋아지는 것처럼요."

그러다 특정 제휴사의 진짜 포인트를 찾는 게 아니어도 된다는 데 생각이 멈췄다. 우연히, 운 좋게 금전적 가치를 얻는 것이 기쁨이라면 그게 반드시 특정 제휴사의 진짜 포인트일 필요가 있을까? 뭐가 됐든 운 좋게 얻은 포인트면 되지 않을까?

정승진은 행운상자라는 새로운 제품을 고안했다. 토스 앱 설치 없이 웹에서 행운상자를 열어보는 사용자에게 토스머니를 몇십 또는 몇백 원 단위로 랜덤 지급하는 단순한 방식이었다. 실험해보니 역시 트래픽이 모여들었다. 자신이 몰랐던 돈을 받는다는 측면에서 사람들은 숨은 포인트 찾기와 행운상자에서 똑같은 가치를 느꼈다.

가능성을 확인한 정승진은 행운상자를 열면 제휴사의 할인쿠폰이나 토스머니를 지급하는 광고 제품으로 발전시켰다. 그다음에는 확률을 도입했다. 토스머니 5000원, 1만 원을 받는 경우가 있는가 하면, 겨우 1원이 나올 수도 있었다. 보상을 얻는 재미가 커지자 숫자도 늘어났다. 실험과 수정이 매일 반복되었다.

행운상자의 다음 버전이 바로 행운퀴즈였다. 광고 효과를 높이기 위해 광고 상품과 관련된 퀴즈를 맞혀야 보상을 지급하는 방식으로 바꿨다. 행운퀴즈는 엄청난 인기를 모았다. 매일 열리는 행운퀴즈에 회당 평균 20만~30만 명이 참여했다. 신규 사용자를 모으기 위한 성장모델로 만든 서비스였지만, 광고 매출 증대 효과가 더 컸다. 1년 동안 100억 원 이상의 광고 매출이 일어났다.

문제가 생긴 것은 성공 그 후의 일이었다.

"실패했을 때는 문제가 일어나지 않았죠. 아무도 그 존재를 모르니까요. 그런데 성공하는 제품이 나오니까 이슈가 생기기 시작했어요."

'왜 이렇게 보상이 적냐' '당첨됐는데 돈이 안 들어왔다' 등 온갖 민원으로 고객행복팀 업무가 마비되는 일이 심심찮았다. 토스 앱 동시접속자 수가 폭증해 서버가 멈춰 서는 사고도 있었다. 급기야 행운퀴즈가 포털 실시간 급상승 검색어 순위를 도배했고, 검색 트래픽을 끌어들이려는 낚시성 온라인 기사도 쏟아졌다. 하필 정치권과 학계에서 검색어 순위가 여론을 왜곡한다는 논란이 불거질 때였다. "행운퀴즈가 포털 운영을 방해한다"는 비판에 "빛바랜 혁신"[11]이라는 지적까지 나왔다.

그러나 정승진을 괴롭힌 것은 외부 잡음이 아니라 팀원들이 그로스 사일로의 실험 자체에 의구심을 품고 있다는 사실이었다. 그로스 사일로를 제외하면 당시 모두가 사용자 경험을 개선하는 토스 앱 3.0 개편에 매달려 있었다. 당장의 성장지표는 잠시 미뤄두고 고객만족도 등 토스에 대한 사용자 인식을 장기적으로 제고할 수 있는 선행지표를 중요하게 보자는 팀 내의 약속이 있었다.

그 와중에 그로스 사일로의 기조는 팀의 혼란을 자아냈다. '토스는 금융 플랫폼을 한다더니 몇백 원, 몇천 원 리워드로 고객을 모으는 게 금융 혁신이냐'는 의문이 팀 안팎에서 계속 제기되었다. 무엇보다 제품의 디자인 완성도가 떨어진다는 피드백을 자주 받았다. 그로스 사일로의 프로덕트 디자이너 천명승은 디자인 챕터끼리 진행하는 제품 리뷰 세션에 갈 때마다 집중포화를 받았다.

2018년 9월의 어느 밤, 정승진은 토스팀 전체에 이메일을 보냈다. 제목에는 '로드바이크가 불편한 이유'라고 적었다.

UX 최우선 토스 3.0의 시대이지만 그로스 사일로에서는 아직 모든 면에서 미흡한 제품들을 내고 있습니다. 이는 프로덕트 마켓 핏(PM Fit) 이전의 제품이기 때문입니다. 최대한 빠르게 제품을 내놓고, 시장의 반응을 통해 제품을 개선하면서 핏을 찾는 것이 토스의 방식입니다. 그렇기 때문에 저희는 하루에도 몇 번씩 이터레이션을 진행하고, 몇 시간 만에 제품을 기획해 론칭하기도 합니다.

PM Fit 이전 제품에서는 완성도보다 속도와 가설 검증 여부가 중요하다고 생각합니다. 핏을 찾지 못하면 제품 자체가 없어질 것이고, 논의를 통해 얻는 교훈보다 MVP(최소기능제품)로 시장에 나갔을 때의 교훈이 더 크다고 믿기 때문입니다.

	PM Fit 검증 단계	제품 확장 단계
사고방식	성장하는 게 맞다.	맞는 게 성장한다.
우선순위	가능한 한 빠른 속도로 유효한 배움을 얻는 것	제품 경험 (시각적 경험, 사용 경험)
핵심지표	성장률, AMPU 등	TDS 적용률
제품 디자인	빠른 실행 (PP는 지키는 것)	제품 품질
엔지니어링	무조건 달린다, 스파게티 코드	구조화, 가독성, 확장성 고려

MVP에는 타협이 필요합니다. 그리고 그 타협이 가장 고통스러운 것은 제품을 만든 사람들입니다. 팀원들 모두 시간을 더 쓰면 더 매끄러운 디자인과 더 좋은 코드를 만들 수 있는 것을 잘 알고 있습니다. 하지만 MVP를 정하고, 그 외에 대한 고민의 크기를 줄여서 빠르게 러닝을 쌓아가는 것이 지금의 방식입니다.

더 시간을 쓰면 제품을 개선할 수 있지만, 다른 곳에 시간을 쓰는 것이 더 임팩트가 크다고 판단하기 때문에 저희는 토스팀을 위해서 아픈 선택들을 하고 있습니다. 그리고 성장을 위해서는 지금보다도 더 빠르고 과감한 시도들이 필요하다고 믿습니다. 이런 제약조건 속에서 고민하고 선택하는 그로스 사일로원들을 조금 더 이해하고 응원해주시길 부탁드립니다.

이메일 말미에는 로드바이크를 타는 선수 사진과 함께, 만화 대사를 인용했다. "스탠드도 바구니도 스피드와 관계없는 건 전부 배제하고 궁극으로 가벼워진 것, 그것이 자전거의 정점 로드바이크다."

정승진의 메일은 난상토론의 시작을 알렸다. 앱 개편을 총괄하고 있던 김유리가 나섰다.

Product Principle(제품 원칙)을 준수하려면 개발 리소스가 더 많이 들어가서 출시가 지연된다? 그렇지 않습니다. 오히려 PP를 철저하게 준수하면 개발 리소스가 줄어들어 출시가 빨라집니다. 왜냐하면 PP는 단기간에 최소한의 리소스와 시간을 가지고 제대로 가설 검증을 할 수 있도록 도와주는 토스팀의 제품 원칙이기 때문입니다. 또한 PP를 준수하지 못한 MVP로 PM Fit을 찾으려 할 경우, 제품 자체의 결함 때문에 '이런 가설은 시장에서 통하지 않는군' 같은 위험한 결론에 도달할 수도 있기 때문입니다.

MVP 자체의 결함 예시
— 화면에 제품의 핵심가치가 잘 드러나 있지 않다.
— CTA가 명확하지 않아 사용자가 이 화면에서 어떤 행동을 해야 하는지 혼란스럽다.
— 화면에 써 있는 말이 무슨 뜻인지 모르겠다.

정승진이 답장했다.

유리 님, PM Fit 이전의 제품에 대해서는 맥락을 모두 이해하고 있는 담당 디자이너를 조금 더 이해 & 신뢰해주시길 요청드립니다. PM Fit 이전 제품들에서는 (MVP 결함 여부를) 담당 디자이너가 판단하고, PP에 대한 본격적인 크리틱은 PM Fit을 찾은 이후에 이뤄진다면 이터레이션 속도와 토스 제품 전체 퀄리티 모두 잡을 수 있을 것 같습니다.

김유리의 메일이 이어졌다.

승진 님이 가지고 계신 속도 저하에 대한 우려만큼 품질 저하에 대한 우려도 있다는 점을 이해해주시면 좋겠습니다. PP에 기반하지 않은 MVP는 잘못된 MVP이며, 잘못된 MVP로 가설을 검증하는 것은 시간과 자원을 낭비하는 것입니다.

이승건도 말을 보탰다.

승진 님이 PP를 허들로 생각하시는 것 같아 우려가 되네요. 그로스 사일로가 더 큰 임팩트를 만들고 싶으시다면 PP를 기반으로 제품을 더 다듬으시는 게 전환율과 효율을 높이는 가장 좋은 길입니다. 무조건 빨리 만드는 것보다 제대로 훅 찌르는 것이 언제나 임팩트가 더 큰 까닭입니다.
　　제품의 모든 생애주기에 대해 챌린지하는 건 토스팀의 가장 중요한 성공원칙 중 하나입니다. 속도를 위해 피드백을 안 받고 블랙박스로 일한다는 건 상상하기 어렵습니다. 결국은 성과를 통해 신뢰를 확보하시는 수밖에는 없습니다.

정승진이 또 답했다.

큰 오해가 있네요. PP를 안 지키겠다, 공유를 안 하겠다, 피드백을 안 받 겠다는 것이 아닙니다.

1. 'PP는 Pass or Fail이다, 지키거나 못 지키는 것이다'라면 PP 자 체와 그 기준에 대해 제품으로 챌린지할 기회가 있으면 좋겠습니 다. 그리고 그 과정에서 압박을 느끼기보다 장려하는 분위기면 좋 겠습니다.
2. 'PP는 점수다, 그래서 지키는 것, 잘 지키는 것, 매우 잘 지키는 것 이 있다'라면, PM Fit 이전과 이후 제품의 기준이 명확하게 달랐으 면 좋겠습니다.

논의는 평행선을 달렸다. 김유리는 정승진, 천명승 등 그로스 사일 로 구성원들과 직접 만나 이야기를 나눴다. 정승진은 "PP가 허들이 라고 생각지 않는다. 오히려 어떻게 하면 지킬 수 있는지, MVP 단 계의 제품은 어디까지 지켜야 하는지 알고 싶었다. PP 달성 기준이 모호하기 때문"이라고 설명했다. 김유리는 "PP는 금과옥조가 아니 다. 사일로의 챌린지를 통해 고도화될 수 있다고 생각한다. 아직 각 PP의 의미가 잘 전파되지 않은 것 같으니, 매주 이뤄지는 PP 리뷰 시간에 디자이너 외 사일로 구성원을 초대해 함께 논의하는 자리 를 만들어보겠다"고 말했다.

　이후에도 갈등은 계속되었다. 정승진은 여전히 토스 3.0이 지 향하는 바와 반대 방향으로 달려갔으니 말이다. 이승건이 "오늘 승 진 님에 대한 신뢰를 잃었다"고 한 적도 여러 번이었다. 그러나 정 승진은 멈출 생각이 없었다.

"모든 팀원들이 저희와 함께할 필요는 없지만, 적어도 우리만큼은 성장을 향해 극한까지 달려야 한다고 생각했어요. 그로스 사일로의 존재이유가 성장이니까, 성장에 대한 DRI는 우리 사일로에 있으니까 할 수 있는 한 최선을 다하겠다. 역사가 평가하겠지 하는 마음으로요."

더더더 많은 실험

어느 날 저녁, 먹다 만 음식물이 그대로 든 배달음식 용기가 쓰레기통 바깥에 버려진 걸 한 팀원이 발견했다. 그는 사진을 찍어 슬랙에 올리며 문제제기했다. "남은 음식물은 음식물 쓰레기통에 분리해 버려주세요."

범인은 정승진의 그로스 사일로였다. 정승진은 이렇게 답했다.

"많은 분들이 옳지 않다고 생각하시네요. 저도 고치겠습니다. 그런데 쓰레기를 편하게 버리는 것도 일에 몰두할 수 있는 최적의 환경을 만드는 데 도움이 될 것 같아요. 청소 담당자분들께 분리수거 업무까지 이관하는 방법은 어떨까요?"

그는 나중 인터뷰에서 "사내에 팀원들이 일에 집중할 수 있는 환경을 만들기 위해 헤어살롱이나 편의점을 두는 것처럼, 쓰레기를 분리하는 시간도 아낄 수 있는 방법이 있으면 찾고 싶었다"고 말했다. 실제로 쓰레기를 일괄 수거해 선별하는 업체가 국내에 등장했을 때, 정승진은 이날을 떠올렸다.

이승건은 정승진을 이렇게 묘사했다.

"짐작건대 그 시간에 MAU를 한 명이라도 더 끌어올리는 게 효율적이라고 생각했을 거예요. 승진 님은 하나를 말하면 열이 아니라 백을 깨우치는 사람인데, 사회적 감수성 문제에 관해서만큼은 그렇지 않았어요. '잘못했다'는 말로 끝내는 대신, 본인에게 손해되는 말을 덧붙이는 거죠. 셜록 홈즈 같다고 해야 할까요?"

정승진은 남들 시선에 아랑곳하지 않고 일에만 몰두했다. 그로스 사일로는 토스팀에 없는 출근 시간을 정하고 지각비를 걸었다. 10시 출근에 늦으면 1만 원, 나중에는 5만 원까지 걸었다. 주말에도 회사에 나왔다. 그러고도 야근은 일상이었다. 한 번 실험하는 데 걸리는 시간은 줄이기 어려우니 일하는 시간 자체를 늘려야 더 많은 실험을 할 수 있었다.

정승진은 아이를 물가에 내놓은 부모처럼 제품을 살폈다.

"서비스를 배포한 뒤 30분 후에 지표를 보고, 1시간 뒤에 확인하고, 2시간 지나 또 보고, 저녁에 보고, 새벽에 보고 퇴근하는 팀이 있어요. 반면 서비스를 오늘 론칭했으면 '고생했다' '축하한다' 하고 퇴근하고 다음 날 출근해서 지표를 보는 팀이 있죠. 첫 번째 팀은 성공하고 두 번째 팀은 실패해요.

서비스를 처음 내놓으면 오류가 나기 마련이고, 미처 생각지 못했던 반응이 오기도 하거든요. 계속 데이터를 보면서 발견하고 고쳐나가야 하는데 그 템포가 늦어지는 거죠. 더 큰 문제는 내 제품에 얼마나 절실한가 하는 것이고요. 1시간마다 체크해서 바로바로 고치자, 그게 제가 생각하는 몰입이에요."

제품을 빠르게 만들고 이런저런 실험을 덧붙여 나가다 보니, 코드가 스파게티처럼 얽히고설켜 고치기 어려운 경우가 생겼고, 몇몇 개발자는 리팩토링을 하자고 제안했다. 계속 확장해 나가기 좋은 구조로 처음부터 다시 만드는 작업으로, 이를 진행하는 동안에는 신규 개발을 할 수가 없다. 정승진은 "언제 없어질지 모르는 제품인데, 리팩토링은 지옥에서나 하라"고 말해버렸다. 그에겐 오로지 실험을 '많이' 하는 것이 중요했다. 실패하면 사라질 제품에 리팩토링을 할 시간은 없었다.

정승진이 사일로를 이끄는 방식이나 성장에 대한 관점에 동의하지 않는 팀원도 많았다. 몇몇은 같은 사일로에 배정됐다가 괴로움을 호소하며 다른 사일로로 옮겼다. 그로스 사일로는 한때 16명까지 늘어났지만, 최후에는 4명만 남았다. 정승진조차 "순탄한 과정은 아니었다"고 털어놓았다.

J커브

2019년 하반기를 맞이하며 정승진은 사일로 이름을 '인플로우 사일로(Inflow Silo)'로 바꿨다. MAU를 성장시키는 데에는 신규 사용자를 끌어오는 인플로우, 기존 사용자가 더 자주 토스 앱을 방문하게 만드는 리텐션(retention), 휴면 사용자를 깨우는 레저렉션(re-surrection)이라는 3가지 측면이 있는데, 반기 동안 신규 사용자 유입에만 집중하겠다는 의지를 담은 이름이었다.

목표는 '에픽 그로스(Epic Growth), 역사에 남는 성장을 만든다'로 정했다.

"리더인 승건 님까지 나서서 반대해도 매번 우리 사일로가 믿는 방향대로 밀고 나갔잖아요. 그런 환경을 제공해주는 조직은 세상 어디에도 없다고 생각했어요. 작은 성공 경험들도 쌓았고요. 그럼 이번 반기에는 세상에서 가장 잘하는 팀이 되어보자. 세상에서 가장 뛰어난 팀은 어떤 목표를 세울까? 그로스를 만드는 팀이 가질 수 있는 가장 큰 목표는 뭘까? 팀원들이랑 머리 맞대고 고민했어요. 세계 최고의 팀이라면 역사에 남을 정도의 성장은 만들어야 한다고 생각했죠."

정승진은 사람들을 끌어당기는 요소를 찾아 헤맸다. 찾고 또 찾다 보니 사회에서 터부시하는 것, 즉 금기에까지 생각이 뻗어갔다. 다단계, 도박 등 부작용이 잘 알려져 있고 법적인 제약이 있음에도 사람들이 너무 좋아해서 사라지지 않는 것들을 주의 깊게 관찰했다.

"우리나라에서 합법적으로 도박할 수 있는 방법이 몇 가지인지 아세요? 카지노, 경륜, 경정, 경마, 스포츠토토, 로또, 우도소싸움 7가지예요. 소싸움이랑 경정 빼고 5가지는 직접 해봤어요. 강원도에 있는 카지노에도 가보고요. 도박의 어떤 점 때문에 사람들이 빠져나오지 못하는 걸까 궁금했거든요."

정승진은 가치 판단을 보류하고 사람들의 행동 그 자체를 바라보고 독립적인 원인과 결과를 찾으려고 노력했다. 도박에서는 확정적이지 않은 보상이 핵심이었다. 카지노에서 도박꾼들은 종이에 뭔가를 열심히 썼다. 자세히 보니 앞 사람들이 주사위를 던질 때마다 나오는 홀짝 순서를 적고 있었다. 그걸 나름대로 분석한 뒤 확률을 예측해 베팅했다. 결과는 맞을 때도 있지만 틀릴 때가 더 많다. 계산이 맞아떨어졌을 때 오는 쾌감에 도박꾼들은 중독되었다. 틀리면? 어떻게든 한 번 더 해보고 싶어 안달을 냈다.

행운퀴즈 같은 제품이 인기를 끌었던 이유도 결국 도박과 비슷한 것 아닐까? 확정적이지 않은 보상 덕분이라면 말이다. 나아가 정승진 또한 확률을 계산하고 베팅하는 도박꾼처럼, 사람들의 행동을 관찰한 결과를 바탕으로 나름의 가설을 세우고 이를 검증할 제품을 설계하고 만들어냈다. 결과는 잘될 수도, 안 될 수도 있었다. 실패를 거듭할수록 '한 번 더' 시도하고픈 열망은 강력해졌다.

하루는 정승진 혼자 카페에 앉아 있는데, 옆자리 사람들의 대화가 귀에 들어왔다.

"네가 두 사람만 데려오면 그때부터 이득이야."

다단계 업자가 친구를 꼬드기는 모양이었다. 정승진은 속으로 말을 삼켰다. '사용자 한 명이 친구 2명만 가입시키면 토스도 무한정 성장할 텐데.' 마침 바이럴리티(virality), 즉 입소문을 만들어내는 제품 아이디어를 구상하던 참이었다. 더 참지 못하고 그들에게 말을 걸었다.

"다단계는 구조가 어떻게 되나요? 돈은 어디서 버나요?"

그들은 당황한 듯했지만 곧 친절하게 다단계의 원리를 가르쳐줬다. 정승진은 다단계의 키 메시지는 '불로소득'이라는 사실을 알게 됐다. 자본을 투입하거나 노동력을 제공할 필요가 없다는 점이 매력이다. 돈이 없어도 주변 사람들을 설득하는 노력만 기울이면 차츰 레벨이 올라가고, 그때부터는 가만히 있어도 '나'를 중심으로 다단계의 거미줄이 빠르게 확장된다.

이와 원리가 비슷한 마케팅 프로그램이 '친구 초대'다. 토스뿐 아니라 이미 수많은 서비스가 이용하는 방식이었다. '친구를 ○○○에 가입시키면 나도 5000원, 친구도 5000원을 받는다'는 식이다. 회사 입장에서는 신규 고객 한 명을 가입시키는 데 1만 원이 든다는 계산이 나온다.

정승진은 이 구조를 '친구에게 5000원 보내기'로 바꾸고 '송금지원금'이라 이름 붙였다. 친구를 초대하는 사람이 받는 보상을 제거한 것이다. 초대라는 맥락도 없앴다. 흔한 다단계 보상구조와 정반대였다. 기존 사용자에게 아무런 보상이 주어지지 않는다면 누가 친구에게 메시지를 보낼까? 정승진은 자신 있게 말했다.

"연락처를 한번 훑어보세요. '토스에 가입하고 우리 둘 다 5000원씩 받자'고 말하는 것보다, 그냥 5000원을 주는 게 마음 편한 상대가 많을 거예요. 내게 이득이 되는 일을 친구에게 부탁하는 것보다 상대에게 이득인 것을 주는 게 쉬우니까요."

송금지원금은 폭발적인 바이럴을 만들어냈다. 토스는 송금 서비스로 알려져 있으니, 초대보다는 송금이라는 맥락이 자연스러웠다. 정승진이 예측한 대로 '친구에게 5000원 보내기'가 훨씬 잘 작동했다. 신규 가입자 한 명을 모으기 위해 지출하는 마케팅 비용은 절반으로 줄었다.

정승진은 한 가지 조건을 더 비틀었다. 사용자가 5000원을 송금할 수 있는 대상을 신규 가입자에 한정하지 않기로 한 것이다. 이미 토스를 쓰고 있는지 아닌지에 상관없이 연락처만 있으면 누구에게나 돈을 보낼 수 있도록 했다.

신규 가입자를 늘리기 위한 마케팅인데 이미 가입한 사람에게 돈을 주는 것은 낭비 아닐까? 반직관적이었지만 맞는 결정이었다. 기존 가입자도 지원금을 받을 수 있는 대상에 포함시키자마자 송금지원금은 J커브를 그리며 엄청난 속도로 성장했다. 불로소득 5000원을 받은 사람들은 신이 나서 친구들에게 마구 지원금을 보냈다. 서비스 론칭 이틀 만에 송금지원금을 받은 전화번호가 1000만 개로 집계됐다. 전 국민의 20%가 송금지원금을 경험한 셈이다.

정승진은 마음먹었던 대로 토스의 역사를 썼다. 2019년 10월 말 토스 MAU는 1000만 명을 돌파했다. 그중 인플로우 사일로가 이끈 성장이 무려 400만 명에 달했다. 6개월 동안 그들이 지출한 마케팅비는 400억 원이었다. 2019년에 토스팀 전체가 집행한 마케팅비 총액이 800억 원이었으니, 그중 절반을 쓴 셈이다. 겁 없는 청년들이었다. 팀 전체의 눈칫밥에도 굴하지 않고 네 사람은 똘똘 뭉쳤다. 그 결과 다른 사일로가 60개월 동안 실험할 것들을 6개월 만에 해냈고, 월 30억 원에 이르는 매출을 만들어냈다. 그야말로 에픽(epic)한 변화였다.

토스팀 바깥에서는 성장과 사용자 경험 사이의 팽팽한 줄다리기를 눈치채지 못했다. 수면 아래서 이뤄진 처절한 발차기였다. 그러는 사이 몇 차례 투자유치를 거친 토스는 기업가치 1조 원이 넘는 유니콘 기업으로 인정받았다.

유니콘이 되다

시곗바늘을 조금 앞으로 돌려, 시리즈E 라운드는 2018년 초 시작
되었다. 이승건과 미국 투자은행 출신의 오진석이 짝을 이뤄 하루
가 멀다 하고 글로벌 투자사의 문을 두드렸다. 그중에서도 세콰이
어캐피털의 투자를 유치하는 것은 토스팀의 오래 묵은 목표였다.
세콰이어는 애플, 구글, 알리바바, 에어비앤비 등에 투자한, 세계적
인 VC 중에서도 가장 이름난 회사였다. 세콰이어의 투자를 받았다
는 사실 자체만으로 토스에 대한 시장의 인식과 신뢰도가 한 단계
뛰어오를 것이 분명했다.

중국에 거점을 둔 세콰이어차이나는 시리즈B 때 이승건을 처
음 만났지만 선뜻 투자하지 않았다. 이승건에게 "한국에도 상법이
있냐"고 물었을 정도로 한국 시장에 어두웠다. 그럼에도 이승건은
때때로 연락해 토스팀의 성과를 전달하곤 했다.

세콰이어차이나와 싱가포르투자청(GIC)이 거의 동시에 투자
참여 의사를 표해왔다. GIC는 싱가포르 정부가 외환보유고 관리를
위해 설립한 글로벌 투자사로, 자산 수백조 원을 굴리는 자이언트
투자자였다. GIC도 한국 스타트업에 투자한 선례가 없었다. 쉽지
않겠지만, 도전해봄 직했다.

당시 토스팀의 유일한 IR 담당자였던 오진석은 도전의식에 불
타올랐다. 투자은행에서 기업 인수합병 등 대형 거래를 자문했던
그는 직전 라운드에서 페이팔로부터 투자유치가 임박했던 시기 토
스팀에 합류했다. 출근 첫날부터 새벽 4시에 퇴근해서 양쪽이 계약
서에 날인하는 날까지 한 달여간 하루도 빼놓지 않고 새벽까지 일
했다. 수백 페이지에 달하는 투자 계약서를 샅샅이 검토하여 세부

조항을 조율했다. 미국에서 축구 선수 생활을 한 오진석에게 프로 스포츠팀처럼 일하는 토스팀은 제 옷을 입은 듯 편했고, 곧 깊은 몰입감을 느꼈다.

특히 이승건의 일하는 방식이 합을 맞추기에 더할 나위 없이 좋았다. 그가 보기에 이승건은 끈질기면서도 투명했다. 투자자에게 좋은 일이든 나쁜 일이든 모두 공유하자는 것이 이승건의 기본적인 태도였다.

"미국의 스타트업보다 더 자주 상황을 리포트했고, 어떤 수치도 가리지 않고 얘기했어요. 투자자와의 관계에서 신뢰가 쌓이기 시작했죠. 한국 기업 중 토스에 처음 투자한 VC는 한국 시장을 잘 몰라 불안할 수 있었는데, 모든 걸 투명하게 얘기하는 태도 덕분에 곧 진실성(integrity) 있는 기업으로 인정해줬어요. 저도 좋은 팀에 왔다는 생각에 더 몰두하게 됐고요."

이승건은 초기부터 단단한 신뢰를 보내준 알토스의 한 킴에게 투자자와 관계 다지는 법을 배웠다.

"한 킴 대표님이 좋은 소식만 공유하는 창업자는 오히려 걱정된다는 얘기를 하더라고요. 회사가 언제나 잘되기만 할 수 없다는 건 누구나 아는 사실인데, 어떻게 늘 좋은 이야기만 할 수 있냐는 거죠. 길게 볼 때 결국 솔직해야만 믿음을 얻을 수 있다는 걸 저도 이해하게 됐어요."

물론 이사회에서 좋지 않은 소식을 전하려면 당장은 난감했지만, 그렇다고 해서 투자자들이 곧장 투자금을 거둬가지는 않았다. 그러면 그다음 이사회, 다다음 이사회에서는 좋은 소식을 전할 수 있었다. 그런 경험이 쌓이자 투자사들은 '토스는 나쁜 것도 모두 말하는구나' '오늘은 좋은 얘기만 하는 걸 보니 정말 잘되고 있나 보다' 하고 신뢰를 보냈다.

토스가 적자라는 사실은 투자 협상 과정에서 큰 문제가 되지 않았다. 투자자들은 경험적으로 알았다. 구글, 페이스북, 유튜브 등 글로벌 테크기업이 성장하는 과정을 옆에서 지켜봤기 때문이다. 이들 역시 사업 초기에는 돈을 한 푼도 벌지 못했지만, 그동안 경험한 적 없는 편익을 사람들에게 제공해 사용자로 끌어당겼다. 이익을 내기까지 수년이 걸렸지만, 한번 시동이 걸리면 막대한 부를 창출했다. 당장의 이익보다는 장기적인 전략이 설득력 있는지가 훨씬 중요했다.

토스의 궤적도 비슷했다. 한국 최초의 간편송금과 무료 신용조회로 사회에 거대한 편익을 제공함으로써 600만 명 넘는 사용자를 확보했다. 직전 투자 이후 1년여간 2배 넘게 성장했다. 여러 부침이 있었지만 마침내 대출, 투자, 카드 광고 등 금융 플랫폼의 꼴을 갖추어 매출을 내기 시작했다.

세콰이어차이나와 GIC는 토스가 그간 이뤄온 성과에 놀라워하면서도 공통적으로 두 가지를 우려했다.

'한국의 시장규모에서 기업가치 1조 원 이상의 유니콘 기업이 나올 수 있을까?'

'한국의 경직된 금융규제가 언젠가 토스의 성장을 가로막지 않을까?'

이들은 토스의 가치를 5000억 원을 조금 넘는 수준으로 평가했다. 토스팀이 스스로 평가한 7000억 원에 크게 못 미치는 수준이었다. 이승건과 오진석은 밤을 새워 7000억 원의 가치를 설득할 논리를 보강했다.

"현재 시점보다 미래를 많이 봐달라고 요청했어요. 당시 세콰이어는 브라질 인터넷은행 누뱅크에도 투자하고 핀테크 분야에 전문성을 갖추고 있었거든요. 누뱅크 등과 비교할 때 토스는 플랫폼 전략을 통해 대출, 카드, 보험, 투자, 결제, 여수신 등 한 명의 사용자가 필요로 하는 모든 금융 서비스를 다룰 거라는 점에서 훨씬 성장 가능성이 크다는 전망을 보여줬어요. 몇 년 후 다시 가치평가를 하면 지금 7000억 원 가치로 투자한 게 결코 아깝지 않을 거라고 설득했죠."

한국의 금융규제가 빠르게 개선되고 있다는 사실도 강조했다. 핀테크 분야를 새로운 산업동력으로 보고 육성하려는 정부의 움직임이 있었다. 규제 샌드박스를 도입해 온라인 대출비교 서비스에는 일사전속주의 적용을 유예했고, 그 혜택을 받아 '내게맞는대출찾기' 서비스를 준비하고 있다는 내용도 덧붙였다. 오진석이 긴 이메일을 세콰이어차이나와 GIC 측에 전송했다. 그때부터 시간이 더디게 흘렀다.

며칠 같은 몇 시간이 지난 뒤, "받아들이겠다"는 메시지가 도착했다. "토스가 지금보다 몇 배 이상 더 클 거라 예상하기 때문에, 더이상 협상하지 않고 토스팀이 원하는 밸류에이션에 맞춰 투자하겠다"는 내용이었다.

"인상적인 답장이어서 기억에 남아요. 실은 메일 보낼 때 저도 엄청 긴장했거든요. 투자사가 처음 정한 기업가치를 번복하는 경우는 드물어요. 다시 투자 심사를 열고 다른 파트너들을 설득하는 게 귀찮아서라도요. 혹시라도 '이번 투자는 하지 않겠다'는 답이 올까 봐 무서웠죠."

2018년 6월, 세콰이어차이나와 GIC 두 곳으로부터 유치한 자금은 440억 원, 토스의 기업가치는 최종적으로 7890억 원을 인정받았다. 세콰이어차이나의 글렌 선(Glen Sun) 파트너는 언론에 이렇게 코멘트했다.

"토스의 매끄러운 사용자 경험과 탄탄한 기술적 역량은 물론,

수익화 전략 및 성장 또한 매우 인상적이다. 아시아의 선두 유니콘 기업에서 목격한 성공의 요소를 토스에서 모두 확인할 수 있었다."12

Too good to be true

세쿼이어와 GIC의 투자를 유치한 토스는 일약 실리콘밸리의 유명 인사가 됐다. 이승건과 오진석이 투자자 미팅을 하러 온다는 소문이 돌면 전화통에 불이 났다. "우리 오피스에도 한번 방문해줄래?" 토스의 기존 투자자들에게 "우리도 토스에 투자하고 싶은데 기회가 있을까?" 하는 문의가 왔다며 한번 만나보라는 연락이 오는 경우도 잦아졌다.

두 사람은 글로벌 투자유치의 물꼬를 튼 첫 번째 한국 스타트업으로서 책임감을 느꼈다. 투자사들은 토스 투자를 검토하는 과정에서 한국 시장의 규모가 자신들의 예상보다 크고 정부의 규제 수준도 다른 아시아 국가에 비해 완화되고 있다는 사실을 이해했다. 그러면서 자연스레 한국의 다른 유망 스타트업에도 관심을 보이기 시작했다. 괜찮은 스타트업인 것 같으면 이승건과 오진석이 먼저 투자자들에게 넌지시 일러주기도 했다. 오진석은 "우리는 모든게 처음이라 많은 어려움을 겪었지만, 다른 스타트업들은 조금이나마 수월하게 투자받을 수 있는 게이트웨이 역할을 하고 싶었다"고 말했다.

투자 라운드를 거듭하며 이승건은 오진석과 환상의 콤비를 이뤘다. 영어가 익숙한 오진석이 복잡한 히스토리와 숫자를 설명하고 나면, 이승건이 이를 받아 "진석의 이야기를 잘 들으셨다면, 여기서 기억해야 할 내용은 딱 하나입니다" 하며 양념을 쳤다. 이승건의 영어도 덩달아 발전했다. 내 말을 제대로 알아들었는지 더이상 눈치를 살피지 않아도 되었다.

"얼마 전 유명한 투자사 앞에서 영어로 발표하고 질의응답을 했는데, 감동받았다고 하더라고요. 무슨 일이든 중요한 건 그걸 해내야 하는 이유의 크기, 절실함과 절박함의 크기, 그리고 그걸 달성하기 위한 전략, 그 전략을 뒷받침하는 의지와 실행의 속도와 양의 문제예요. 불가능은 없다고 생각해요."

굿워터캐피털, 페이팔, 세쿼이어차이나 등 글로벌 핀테크 기업에 익숙한 VC의 투자를 받은 덕분에, 토스 또한 중요한 변곡점을 지날 때마다 그들에게서 많은 조언과 통찰을 구할 수 있었다. 예컨대 토스카드 출시를 논의할 때는 해외 핀테크 기업이 발급하는 카드가 어떤 비즈니스 모델과 수익성 지표를 그리고 있는지 참고할 수 있었다. 투자자들은 구하기 어려운 데이터를 구해다 주면서 '여기서 배울 점은 배우라'고 했다.

2018년 12월 17일, 토스는 유니콘이 됐다. 기업가치 1조 원을 돌파한 비상장 스타트업이라는 의미다. 국내 핀테크 기업으로서는 첫 번째였다. 클라이너퍼킨스, 리빗캐피털 등 내로라하는 글로벌 VC가 한국 스타트업 중에는 최초로 토스에 투자했고, GIC도 후속 투자에 참여했다. 기업가치는 1조 3810억 원, 투자 금액은 900억 원이었다. 7000억 원 기업가치를 힘겹게 설득한 지 불과 반년 만의 성과였다. 짜릿한 순간이었다.

"대부분의 투자자들이 처음 우리를 만났을 땐 투자를 거절해요. '만나서 재밌었다. 그런데 진짜라기엔 너무 좋아서(too good to be true), 좀 더 보겠다'고 하죠. 그러고는 그다음 혹은 다다음 투자 라운드가 열렸을 때 들어와요. 애초 저희가 원했던 것보다 훨씬 큰 규모로요. 계속 지켜봤는데 '진짜'가 맞더라고 하면서요."

성장의 역설

그 무렵 송호진이 퇴직했다. 토스에서 일하고 싶다며 무작정 신논현역 사무실을 찾아온 지 3년 만이었다. 그는 송금 다음은 결제시장 진출이라는 토스팀의 막연한 믿음을 논리와 숫자로 과감히 부수고 다음 단계로 나아가게 만든 전략가였다. PR과 마케팅을 하던 안지영이 제품을 맡고 싶다고 했을 때 차갑게 "왜?"라고 물었으면서도 최선을 다해 그의 성장을 도운 사수였다. 날카로운 면모를 가졌음에도, 자신의 서툰 한국어가 웃음과 친근감을 자아내는 걸 즐기곤 했다.

"뭔가 멋진 걸 만들고 싶은 열망을 가진 사람들과 함께 일하는 게 즐거웠어요. 아무도 못 했던 걸 만들고 있다는 자부심이 있었고요. 회사를 살리고 죽일 수 있는 결정을 빠르게 내릴 수 있는 문화, 그리고 그 결과로 나타나는 성장이 동기부여가 됐어요. 성장은 모든 문제를 다 없애요. 피곤한 것도 못 느끼고, 아파도 안 아프고, 싫은 사람도 안 싫고요. 새벽 2시인지 오후 2시인지 시간 감각도 없애버려요."

그는 토스가 이제는 망하지 않을 것 같아 토스를 떠난다고 했다. 회사는 점점 더 큰 꿈을 꾸고 더 큰 고민을 했다. 역설적으로 그럴수록 선택과 결정이 어려워졌다. 설렘도 줄었다.

"토스는 저 같은 멀티플레이어가 더이상 필요하지 않은 단계에 접어들었어요. 저는 회사의 장기적인 전략도 개발하고 조직구조도 개편하고 동시에 개별 제품을 보는 것도 가능하고, 뭐든지 할 수 있었거든요. 3년 동안 승건 님 옆에 앉아 큰 고민과 작은 고민을 모두 함께했어요. 그런데 이제는 각각의 파트가 나뉘고, 전문가들이 와서 하는 단계가 되었어요. 이제 내가 기여할 수 있는 정도가 크지는 않겠다 싶었죠."

송호진도 마지막 메일을 남겼다.

지난 3년 동안 훌륭한 동료들과 과속 성장하는 환경에서 일하면서, 모든 순간이 소중했습니다. 제가 조인했던 5만 MAU, AMPU -2,000 스타트업에서, 여러분 덕분에 500만 MAU, AMPU Positive, Unicorn status까지 많은 것을 경험할 수 있었습니다. 모두에게 감사합니다.

토스의 역사는 여기가 시작이라고 생각합니다. 토스가 앞으로 금융에 Massive하게 변화를 줄 것이라고 확신하며, 해낼 수 있는 팀과 문화를 갖고 있다고 생각합니다. 하지만 아쉽게도 저는 밖에서 응원을 해야 할 것 같습니다. 아쉬움도 넘치고 후회 안 할 자신도 없지만, 제가 팀에 드릴 수 있는 에너지가 남은 여정을 위해서는 더이상 충분치 않다고 판단되어 어렵게 결정했습니다. 저를 설레게 하는 다음 일이 무엇일지 찾아보려고 합니다.

저를 믿어주시고 같이한 동료들 모두 감사하고 존경합니다. 가족이 아닌 스포츠팀같이 일은 했지만, 밖에서 만날 기회가 있다면 가족만큼 반가울 것 같습니다.

팀원들 여럿이 "고마웠다" "응원한다" "그동안 고생했다"고 답장했지만 이승건은 끝내 아무 말이 없었다. 회사를 함께 키워온 초기 멤버들이 떠나가고, 그 시기에 필요한 역할을 해줄 새로운 멤버들로 채워지는 것은 스타트업이 성장하는 자연스러운 사이클이었다. 그럼에도 이별은 늘 느닷없어서, 매번 처음 겪는 듯한 상처를 남겼다. 이승건은 수년간 등을 맞대고 일했던 동료들이 떠나며 남긴 메일에 단 한 번도 답장하지 않았다.

토스팀의 제품 원칙

토스가 제품을 만드는 원칙을 'Product Principle', 줄여서 PP라 부른다. PP는 토스에서 좋은 제품과 나쁜 제품을 가르는 기준이 되며, 팀원들은 이를 토대로 서로의 제품에 대해 의견을 개진한다. 개인의 취향이 아니라 일관된 잣대로 개선점을 찾기 때문에, PP는 토스가 사용자에게 '미친 만족감'을 주는 제품을 지속적으로 만들 수 있는 원동력으로서 기능하고 있다. PP를 빠르고 완성도 있게 제품에 구현하도록 돕는 도구가 바로 토스 디자인 시스템 TDS다.

토스 앱 탄생 이후 토스팀은 끝없는 실험을 통해 어떤 화면, 어떤 문구, 어떤 흐름이 사용자의 선택을 받는지 검증해왔고, 그 승리전략(winning strategy)을 PP에 담았다. PP는 다만 고정불변의 법칙은 아니다. 시간이 흐르며 새로이 추가되기도, 혹은 너무나 당연해져서 자연히 잊히기도 한다.

그럼에도 단 한 번도 변한 적 없는 핵심적인 가치는 'Simplicity', 즉 단순함이다. 토스가 생각하는 단순함이란 사용자가 서비스를 이용하기 위해 특별히 알아야 할 것, 배워야 할 것 없이 직관적으로 이해할 수 있는 상태다. 별다른 설명 없이도 원하는 가치를 얻을 수 있는 매끄러운 경험을 만드는 것이 사용자 경험 설계의 궁극적인 목표다. 사용자 경험이 단순할수록 더 많은 사람이 사용하는 서비스로 빠르게 성장할 수 있다고 믿는다.

단순함을 구현하기 위한 세부적인 원칙은 제품 전략과 UX 원칙으로 다시 나뉜다. 토스는 이를 통해 사용자들이 지금껏 겪어본 적 없는 놀라운 경험, 너무 놀라워서 주변 사람들에게 말하고 다닐 정도의 '와우 모먼트'를 선사한다.

제품 전략

— Casual Concept

전문적인 금융용어와 개념을 이해해야 하는 수고를 사용자
에게 지우지 않고, 친숙하고 이해하기 쉬운 개념으로 전달한
다.

— Minimum Features

이 기능 없이는 '절대' 목표를 달성할 수 없는지 다시 한 번
생각한다. 기능이 늘어날수록 제품은 점점 어려워지고, 개선
속도도 느려진다. 기능 추가는 목표 달성을 위한 최후의 선택
이다.

— Less Policy

단순한 제품의 시작은 단순한 정책이다. 수많은 정책과 조건
으로 복잡해진 제품은 친절한 설명이나 깔끔한 UI로도 극복
할 수 없다. 사용자가 서비스를 이용하기 위해 '알아야 하는
것'을 최소화한다.

UX 원칙

— One Thing per One Page

하나의 화면은 하나의 메시지만 표현한다. 한 화면에 너무 많
은 정보를 전달하지 않도록 지우고, 제외하고, 제거한다.

— Tap & Scroll

핵심 플로우를 누르기(Tap)과 스크롤(Scroll)만으로 구성한다.

— Easy to Answer

사용자가 마주치는 모든 질문에 3초 안에 대답할 수 있도록
한다. 기억하기 힘든 정보는 알아서 찾아준다.

- Value First, Cost Later
사용자에게 제품의 가치를 먼저 전달한다. 정보를 입력하는 등 비용을 부과하는 행동은 그다음의 일이다.

- No Ads Patterns
광고가 아닌 기능으로 소구한다. 광고 스타일을 사용하지 않을 때 오히려 사용자가 집중하기 쉽다.

- Context-based
사용자가 서비스를 이용하는 맥락을 고려해 플로우를 만든다. 맥락 없이 이어지는 플로우는 사용자의 이탈을 부른다.

- No More Loading
사용자를 기다리게 하지 않는다. 이를 위해 정책, UX 플로우, 새로운 기술 등 모든 방법을 동원한다.

- Sleek Experience
사용자가 의식하지 못할 정도로 매끈한 경험을 설계한다. 모든 시선과 손짓에 어색함이 없도록 배려한다.

5장

위대한
도전이라는 신호

야수성을 되찾다

토스팀이 증권업 진출을 마음먹은 것은 2018년 여름이었다. '펀드 슈퍼마켓'을 운영하는 펀드온라인코리아가 마침 시장에 매물로 나왔다. 여러 자산운용사와 한국증권금융, 예탁결제원 등 증권 유관기관들이 공동 출자해 설립한 회사였는데, 온라인 펀드만 판매한다는 태생적 한계에 부딪혀 수년째 자본잠식 상태였다. 그래도 투자중개업 라이선스가 있었으므로, 인수한다면 토스가 원하는 주식투자 서비스를 만들 수 있었다.

그러나 야심 차게 뛰어든 인수전은 허탈하게 끝났다. 400억 원을 적어 낸 한국증권금융이 펀드온라인코리아의 새 주인으로 낙점되었다. 토스가 인수의향서에 써낸 가격은 그 절반에도 미치지 못했다. 펀드온라인코리아는 이후 포스증권으로 이름을 바꿨다.

인수에 참여했던 팀원들은 맥이 풀렸다. 그러나 이승건은 한걸음 더 나아갔다.

"증권사를 아예 처음부터 설립해보죠."

얼마가 걸리더라도 해내야 할 일이었다. 주식투자 서비스에 대한 열렬한 수요는 그간 증권사와의 제휴 서비스를 통해 확인되었다. 동시에 비효율적인 협업방식으로는 적시에 제대로 된 사용 경험을 제공할 수 없다는 것도 배웠다. 더군다나 카카오페이도 증권업에 눈독 들이고 있었다. 선수를 빼앗길 수는 없었다. 증권사를 제 손으로 차리는 게 가장 빠른 길이었다. 낡은 시스템과 조직을 인수하는 데 수백억 원을 들일 바에는 바닥부터 새 팀을 꾸리는 게 맞겠다고 생각했다.

그러나 누구 하나 선뜻 이승건의 손을 들어주지 않았다.

"설립은 아무래도 무리입니다. 마지막으로 증권사 신규 인가가 난 게 10년도 전이에요."

"레드오션이에요. 더군다나 리테일 위주의 증권사를 새로 차려서는 살아남기 어려울 겁니다."

"우리가 원한다고 다 할 수 있는 건 아니잖아요. 이번엔 포기하는 게 좋겠습니다."

국내 증권 시장이 이미 포화상태라 정부가 새로운 증권사를 설립하도록 인가해줄 리 없다는 게 중론이었다. 대형 증권사들은 프라이빗뱅킹(PB) 센터 위주로 자산가 고객을 관리하고, 소액 투자자들을 상대로는 계좌 수 확보를 위한 수수료 출혈경쟁을 벌였다. 더군다나 주요 수익은 M&A 자문이나 부동산금융 등 수천억에서 조 단위의 돈이 오가는 B2B 사업에서 발생했다. 토스가 뛰어들기엔 어림없는 시장이었다.

이승건은 동료들의 회의론에 상처받았다. 뭐든 과감히 도전하는 쪽을 선택해왔던 토스팀이었는데, 언젠가부터 토스가 할 수 있는 영역과 없는 영역을 나누어 경계를 짓기 시작했다. 이승건이 보기에 토스팀은 야수성을 상실한 상태였다. '이 정도면 토스가 제법 컸다'고 생각했고, 그래서 새로운 영토를 개척하기보다는 가진 땅을 지키려는 보수주의가 생겨나기 시작했다. 외부에서 동력을 얻지 않으면 자체적으로는 추진력이 붙을 것 같지 않았다. 팀을 한바탕 휘저을 필요가 있었다.

그는 짐짓 확신에 찬 태도로 목소리를 높였다.

"제가 금융위원장님을 만나 담판을 짓고 올게요. 그러면 하시겠습니까?"

며칠 뒤 이승건은 광화문 청사를 찾았다.

"토스에서 모바일 증권사를 설립하고 싶습니다. 카카오뱅크가 은행에서 만들어낸 혁신을, 증권업에서는 토스가 만들어내겠습니다."

그리고 잠시 후 팀원들에게 메시지를 보냈다.

"위원장님도 제 얘기에 공감해주셨어요. 혁신기업이 금융시장에 들어와 메기 역할을 하도록 육성하는 것이 정부의 정책적 방향이라고 합니다. 우리 한번 해봅시다."

이승건의 지치지 않는 설득에 어느새 팀 분위기도 반전되었다. 인가를 받을 거라는 보장은 없지만, 핀테크 기업으로서 도전할 가치는 충분했다. 미국에서는 온라인 투자 플랫폼 로빈후드가 간편하고 직관적인 사용자 경험을 제공해 1000만 명 넘는 고객을 확보한 사례가 있었다. 증권업 인가 절차를 밟는 동시에 서비스 개발에 착수해 빠르면 6개월 뒤 토스증권 영업을 개시하겠다는 계획을 세웠다. 이승건은 펀드 소액투자와 해외 주식투자 서비스를 만들었던 PO 김동민에게 증권 인가를 주도해달라고 주문했다.

그러나 바람과 달리, 토스증권 예비인가 심사는 몇 달이 지나도록 시작되지 않았다. 그사이 속절없이 해가 바뀌었다.

프로젝트 브랜치리스

어느 늦은 저녁, 이승건과 오진석이 회의를 소집했다. 박재민과 홍민택, 코퍼레이트 디벨롭먼트팀 김대호, 리걸팀 리더 이규림이 참석했다. 아크플레이스 12층 5번 회의실 한쪽 벽에는 '일단 하는 것이 완벽하게 하는 것보다 낫다(Done is better than perfect)'라는 영어 문장이 큼지막하게 적혀 있었다. 오진석이 대뜸 말을 꺼냈다.

"토스가 인터넷은행에 도전하면 어떨까요? 며칠 전 투자사에서 인터넷은행에 관심 없냐고 가볍게 묻더라고요."

이승건은 이미 눈을 빛내고 있었지만, 다른 팀원들에게는 다소 뜬금없는 제안이었다. 누가 제3인터넷전문은행이 될 것인가를 둘러싸고 금융업계가 시끌벅적했던 2019년 새해 벽두였다. 1기 인터넷은행인 케이뱅크와 카카오뱅크가 출범 2년 차를 맞았고, 정부는 세 번째 도전자를 찾고 있었다.

1월 17일, 전년도 국회를 통과한 인터넷전문은행 특례법이 발효되었다. 일반 기업이 은행 지분을 10% 넘게 가질 수 없도록 한 금산분리 규제를 일부 완화해 정보통신기술(ICT) 회사만큼은 은행 지분을 34%까지 가질 수 있도록 허용한 법안이었다. 이 법이 생기기 전까지는 케이뱅크와 카카오뱅크의 사업을 KT와 카카오가 각각 주도하고 있음에도 불구하고, 지분은 우리은행과 한국투자금융지주가 더 많이 갖고 있었다. 이런 기형적 구조 탓에 두 은행은 의사결정과 자본 확충에 어려움을 겪었다. 특히 증자가 제때 이뤄지지 않은 케이뱅크는 대출 중단과 재개를 되풀이하는 통에 초기 고객을 잃었다.

정부는 인터넷은행법을 통해 기존 인터넷은행의 고충을 해결하고, 동시에 새로운 인터넷은행이 등장해 금융시장에 경쟁과 혁신을 한 번 더 일으켜주기를 기대했다. 모르긴 몰라도 네이버가 그 주인공이 될 거라고들 했다.

토스는 인터넷은행에 참여할 마음이 없었다. 여러 이유가 있었다. 은행은 자본이 엄청나게 들어가는 데 비해 자본시장에서 인정받는 가치는 낮았다. 카카오뱅크만 해도 6개월마다 수천억 원씩 자본금을 증자했다. 토스 규모에서는 비현실적인 액수였다. 또 은행은 전통적으로 강력한 정부 규제를 받는 탓에, 주 수입원인 이자마진을 스스로 정하거나 신규 사업을 벌이는 데 제한이 많았다. 이런 이유로 여러 금융사의 상품을 토스 앱에서 판매하는 플랫폼 전략에 집중하는 것이 낫다고 판단한 터였다. 물론 외부에서도 문 연지 5년밖에 안 된 스타트업을 새로운 은행의 후보로 생각한 이는 없었을 것이다.

상황이 반전된 것은 며칠 만이었다. 네이버가 인터넷은행에 진출하지 않겠다고 발표한 것이다. 네이버 측은 "국내 인터넷뱅킹 환경이 잘 마련돼 있고, 케이뱅크와 카카오뱅크 또한 이미 잘하고 있는 상황에 네이버만의 경쟁력을 가질 수 있을지 고민한 끝에 인터넷전문은행 사업에 참여하지 않기로 결론 내렸다"[13]는 입장을 내놓았다.

이승건은 상황이 바뀌었으니 이참에 "원점에서 검토해보자"고 했다.

"정부에서 새 은행 인가를 내준다는 게 자주 있는 기회가 아니잖아요. 네이버가 한다면 우리에게 기회가 오기 어려웠겠지만 마침 빠지겠다고 하고요. 해외에서도 브라질에서 누뱅크가 이미 성과를 내고 있고, 영국 핀테크 기업 레볼루트도 은행 인가를 받았어요. 정부가 인가해주는 은행이 되는 것만으로도 긍정적인 효과가 크더라고요."

이번에는 회의에 참석한 팀원 전원이 "해봄 직하다"는 반응이었다. 그동안 토스가 풀지 못했던 문제를 해결하는 계기가 될 수도 있을 성싶었다. 토스는 송금 사업이 더이상 성장하지 않는 문제에 봉착해 있었다. 토스에 가입해놓고 송금 서비스는 이용하지 않는 이들을 찾아 이유를 물으면 '토스가 주계좌가 아니라서'라는 답이 돌아오기 일쑤였다. 이승건이 참석한 사용자 인터뷰만 수십 번이었는데 매번 같은 말이 돌아왔다.

그때도 최대 200만 원까지 쌓아둘 수 있는 선불전자지급수단 '토스머니'가 있었지만 은행계좌를 대체할 수는 없었다. 사용자가 몇십만 원을 넣어둔다고 해서 토스를 주계좌로 여기는 일은 일어나지 않았고, 토스의 다른 기능을 더 많이 사용하게 만드는 역할을 하지도 못했다. 이 상태가 이어지는 한 토스는 카카오뱅크를 넘어설 수 없을 것이 분명했다. 이것이 이승건을 초조하게 했다.

경제활동을 하는 사람들은 대부분 월급계좌를 주계좌로 여긴다. 모든 금융활동이 매달 돈이 입금되는 계좌로부터 시작된다. 월급을 받으면 거기서 카드값이 빠져나가고 남는 돈을 쪼개어 다른 계좌에 저축한다. 대출도 보통 월급계좌를 튼 은행에서 받는다. 은행원이 권하는 신용카드를 발급받는 일도 흔하다. 토스가 사용자의 주계좌가 되려면, 사용자와의 상호작용 범위를 넓히려면, 은행이 되는 게 마땅해 보였다.

금융 플랫폼 토스가 인터넷은행을 설립해 직접 금융상품을 만드는 것은, 비유하자면 이마트가 유통업체로서 모든 브랜드의 제품을 진열하고 파는 동시에 노브랜드 같은 PB제품을 만들어 파는 것과 같다. 플랫폼 전략만으로는 적시에 제공하기 어려웠던 경쟁력 있는 예적금 상품을 직접 만들 수 있었다.

걱정은 역시 돈이었다. 계산해보니 초기 출자금으로만 약 250억 원을 넣어야 했다. 처음에야 어떻게 조달한다 해도 이후로도 계속될 증자를 감당할 수 있을까. 당시의 토스로서는 엄두가 나지 않는 일이었지만, 이승건은 낙관론을 펼쳤다. 인터넷은행 설립을 당장 추진해도 인가 과정을 거쳐 실제 서비스를 론칭하기까지 최소 2년은 걸린다. 2년 전에 사용자 1000만 명의 토스를 상상할 수 없었던 것처럼, 2년 뒤의 토스는 현재 우리가 상상할 수 없는 규모가 되어 있을 것이 틀림없다. 그때는 은행 운영을 뒷받침할 정도의 현금흐름을 갖추고 있을 것이다.

이승건은 오히려 토스가 은행이 되지 못하면 미래가 없다는 위기의식을 느꼈다. 사람들은 토스가 이미 유니콘이 되었고 쉽게 망하지 않을 것이라 했지만, 그의 생각은 달랐다. 금융시장은 머지 않은 미래에 모 아니면 도(all or nothing)로 재편될 것이 분명했다. 카카오뱅크가 약진하는 상황이 이어진다면, 조만간 금융상품을 생산하는 엔진과 그 상품을 고객과 이어주는 플랫폼 모두를 장악해버릴 것이다. 그런 미래를 막으려면 토스도 대등한 무기를 갖춰야 했다. 무기가 없어서 지는 상황만은 막자는 생각이었다.

회의가 끝났을 때, 토스가 인터넷은행이 될 수 없는 이유는 사라지고 없었고, 은행이 되어야 한다는 당위와 확신만이 남았다. 날이 밝자마자 이승건은 인터넷은행 참여 의사를 보여온 기업과 은행들에 연락해 토스도 참여를 고려하고 있음을 전했다. '프로젝트 브랜치리스(Branchless·점포 없는)'의 시작이었다.

다시 결제로

그 무렵 이승건에게 한 통의 전화가 걸려왔다. 통신사 LG유플러스였다.

"일전에 하셨던 인수 이야기 자세히 들어볼 수 있을까요?"

몇 달 전, 이승건은 송호진과 함께 LG유플러스를 찾아갔다. '여력이 될 때'로 미뤄두었던 결제를 다시 들여다볼 시점이 되었다고 판단했기 때문이다. 결제는 일상에서 가장 빈번히 일어나는 금융활동 중 하나라는 점에서 언젠가 제대로 사업을 벌여야 할 분야였다. LG유플러스의 PG(전자지급결제대행)사업부는 국내 PG업계 점유율 2위 업체였다.

온라인 결제 산업에는 수십 년간 별다른 변화가 없었다. 오프라인 백화점에서는 옷을 골라 신용카드만 내밀면 신분증이나 비밀번호 없이도 결제할 수 있다. 하지만 온라인에서는 쇼핑 한 번 하려면 느리고 불편한 결제창이 뜨고, 카드번호 16자리를 입력하고, 비밀번호를 입력하거나 카드사의 앱을 떠워 본인인증을 하고, 다시 원래 결제창으로 돌아와서 '확인' 버튼까지 누르는 모든 귀찮음을 고객에게 떠넘기고 있었다. 그 과정에 오류라도 나면 짜증을 이기지 못한 고객이 구매를 포기하기도 했다. 치명적인 결함이 결제 과정 여기저기에 있었다.

'온라인 결제 경험이 오프라인처럼 간단할 수는 없을까?'

목표는 분명했다. 하지만 토스가 가진 자원만으로는 역부족이었다. 토스도 간편결제를 운영하고 있었지만, 이미 몇 년 전부터 경쟁적으로 영업해온 네이버페이, 카카오페이에 대적할 수준은 아니었다. 그래서 온라인 결제의 인프라를 만드는 PG업계로 눈을 돌렸다. 온라인에서 물건을 사고파는 기업이라면 누구나 PG업체와 가맹 계약을 맺고 결제 시스템을 위탁 운영했다. 카드 결제, 계좌 이체 등 대부분의 결제수단이 PG사를 한 번 거치는 시스템이었다.

그러나 PG사를 새로 설립할 엄두를 내기는 어려웠다. 덩치 큰 PG사들의 주무기는 기술력보다는 영업력이다. 그에 대적하고자 토스가 가맹점을 일일이 찾아다닐 영업사원 수백 명을 고용할 수는 없었다. 게다가 계약한 PG사가 있는 가맹점이 1년 안에 다른 PG사로 전환하는 비율은 3% 안팎이었다. 규모가 큰 회사일수록 결제 시스템을 위탁할 회사를 바꾸는 의사결정은 쉽사리 일어나지 않았다. 이런 상황에 토스가 바닥부터 결제를 키워서 가맹점을 비슷한 규모로 모으려면 5년은 걸릴 것으로 예상됐다. 그 전에 게임이 끝날 가능성이 컸다. 그렇다면 남은 대안은 업계 톱 플레이어 중 한 곳을 인수하는 것이었다. 말하자면 5년의 시간을 사들이는 결정이었다.

이 시장은 KG이니시스와 NHN한국사이버결제, LG유플러스의 PG사업부 등 3대 사업자가 장악하고 있었다. 다른 두 곳은 주요 사업분야가 결제이기도 하거니와, 여러 사업이 복잡하게 얽혀 있어 이를 매각할 이유가 없었다. 반면 통신사인 LG유플러스는 PG가 주력사업이 아니었다. 예전에 매각을 시도한 적 있다는 얘기도 들렸다.

"혹시 팔 생각이 있을지도 모르잖아."

이승건과 송호진은 용산에 있는 LG유플러스 본사를 무작정 찾아갔다. 나이 지긋한 임원들 앞에서 후드티를 뒤집어쓴 이승건은 이런 논지를 펼쳤다.

"간편결제의 시대가 오고 있습니다. 온라인 시장에서는 네이버페이, 카카오페이, 페이코 등 브랜드를 내세운 간편결제가 점점 커질 겁니다. 사용자가 처음 한 번만 결제수단을 등록해놓으면, 간편결제가 붙어 있는 어떤 가맹점에서건 비밀번호 한 번 입력으로 결제를 마칩니다. 간편결제 업체는 결제액 일부를 포인트로 돌려주는 등 가맹점을 위해 마케팅도 할 수 있습니다. 점점 더 많은 가맹점과 사용자가 간편결제로 이동하겠지요. PG 결제는 설 자리가 없어질 겁니다.

간편결제는 이익률도 더 높습니다. PG를 통해 일어나는 거래는 99%가 카드 결제라 카드사에 수수료를 넘기고 나면 남는 게 별로 없습니다. 하지만 간편결제는 카드 결제와 계좌 이체의 비중이 6대 4 정도입니다. 계좌 이체는 은행 수수료율이 현저히 낮아 결제업체가 더 많은 수익을 냅니다.

LG유플러스도 간편결제 서비스를 만들긴 했지만, 결제가 주력사업이 아니기 때문에 큰 관심을 기울이지 않는 듯 보입니다. 이대로라면 2위 사업자로서의 지위는 곧 위험해질 거라 생각합니다. 모바일 사용자 1000만에 이르는 토스와 손을 잡으면 큰 시너지를 낼 수 있습니다."

송호진은 이날을 선명하게 기억했다.

"정장 입은 임원들이 주르륵 앉아 계셨어요. 승건 님이 기죽지 않고 '모바일 서비스 역량과 사용자를 가진 토스와 제휴하면 시너지를 낼 수 있다'고 발표를 마쳤죠. 그런데 첫 반응이 '토스가 뭐하는 회사예요?'였어요. 이분들 입장에선 젊은 사람들이 와서 너무 황당한 이야기를 한 거죠. 나중에 밥이나 한번 먹자고 하시더라고요."

그랬던 LG유플러스에서 몇 개월이 지나 "진짜 인수할 생각이 있느냐"고 연락해 온 것이었다. LG유플러스는 5G와 미디어 네트워크 강화 등 주력사업에 집중하고 나머지 사업은 정리할 예정이라고 했다. 그사이 송호진은 퇴사하고 없었지만, 이승건은 '때가 왔다'는 생각이 들었다.

자금 상황은 언제나처럼 빠듯했다. 하지만 사용자를 새로 획득(acquisition)하는 관점에서 인수를 바라봤다. 신규 사용자 한 명을 확보하는 데 드는 비용과, 그 사용자가 향후 창출해낼 이익을 비교하는 것이다. 토스가 간편송금으로 성장할 때 운전자금이 모자랐음에도 마케팅 비용으로 월 1000만 원씩 지출했던 이유는, 그렇게 모은 사용자가 몇 배 더 큰 가치를 창출해낼 것이라 믿었기 때문이다. PG 회사를 사는 데 들어가는 비용과, 이를 통해 결제 사업을 확대함으로써 모을 수 있는 사용자는 몇 명이나 될지를 견주었다. 이득이라는 판단이 섰다.

그렇게 해서 2019년, 토스는 증권과 은행, 결제 그리고 보험까지 여러 전통 금융분야에 뛰어들었다. 미니보험 서비스를 론칭하고 보험대리점(GA) 토스보험서비스를 설립한 것도 이즈음이었다. 2018년 '내 보험 조회' 서비스를 시작한 이후 토스에서도 보험 상담을 찾는 사용자가 증가했다. 이 수요를 기존 GA에 연결해주기도 했지만 상담 만족도가 낮았다. 그래서 자회사로 GA를 운영해 상담 품질을 높이기로 한 것이다.

이 모든 일을 동시에 벌이는 것은 이승건이 바라던 그림이 단 연코 아니었다. 팀 내에서도 걱정이 끊이지 않았다.

"돈도 사람도 없는데 우리가 이걸 한꺼번에 다 할 수 있을까?"

"지금이 가장 많이 드는 은행이나 PG사업부 인수 둘 중 하나 는 접는 게 낫지 않을까?"

얄궂은 타이밍이긴 하지만, 한꺼번에 열린 기회를 놓칠 수는 없었다. 토스는 이때를 기점으로 그간 비교군으로 여겨진 다른 핀 테크 스타트업들과 빠르게 격차를 벌려갔다.

겉에서는 모든 사업이 순조롭게 풀려가는 듯 보였다. 하지만 이승건을 몰아붙이는 힘은 정작 위기감이었다. 그는 기회 될 때마 다 동료들에게 "우리는 미친 것처럼 보이는 꿈을 꾸지만 결국 그 꿈을 현실로 만들어낼 것"이라는 말을 되풀이했다. 뒷말은 생략한 채였다. "그러지 않으면 우리는 죽을 테니까."

스타트업으로서 토스는 끊임없이 성장해야만 나아갈 동력을 얻을 수 있었다. '이만하면 됐어' 또는 '토스는 여기까지야' 하고 자 족하고 안주하면 공룡 같은 경쟁사의 먹잇감이 될 뿐이었다. 현재 규모와 상관없이 토스는 미친 상상력을 펼쳐야 했다. 남들이 뭐라 건 몇 번이고 사점(死點)을 넘을 수 있는 팀이라는 사실을 안팎에 보여주고 싶었다.

이승건이 느낀 또 하나의 위기감은 토스팀의 리더로서 자신 을 끊임없이 증명해야 한다는 사실이었다. '증권에 은행까지 하는 건 무리야' '이렇게 큰 조직을 이끌 재목은 아니야'… 한마디로 '더 이상은 안 될 거야'라는 시선이 그를 압박했다. 하지만 이승건은 항전을 택했다.

　　'이번에도 해낼 수 있다는 걸 보여주지.'

　　전장은 동시다발적으로 펼쳐졌다.

스케일업 전략

제3인터넷은행이 금융업계 초미의 관심사였던 만큼, 토스의 은행
업 도전 과정은 2019년 내내 생중계되다시피 했다. 처음에는 여러
은행이 토스의 컨소시엄 참여를 반겼다. 은행들은 토스를 경쟁 혹
은 견제 대상으로 여기지 않았다. '작은 고추가 제법 맵네?' 정도였
다. 핀테크 혁신기업이라는 이미지는 카카오뱅크를 넘어서는 인터
넷은행을 만드는 데에도 도움이 될 터였다.

　　네이버와 손잡고 인터넷은행을 추진할 것이라는 소문이 파다
했던 신한금융지주는 그 빈자리를 채울 IT기업을 찾고 있었다. 예
비인가 신청 마감까지는 2개월 남짓, 이승건도 자본력 풍부한 신한
과 협력하면 여러모로 일이 쉬울 거라 판단했다.

　　그러나 파트너십은 시작과 동시에 삐걱거렸다. 인터넷은행 지
분구조와 경영방식을 두고 의견이 엇갈렸다. 이승건은 인터넷은행
의 의사결정을 IT 혁신기업인 토스가 완전히 주도해야 한다고 생각
했다. "모바일 중심의 문화가 인터넷은행의 핵심이 되어야 승산이
있다. 그러려면 토스가 사업의 주도권을 쥐어야 한다"고 처음부터
강하게 내세웠다. 토스가 최대 주주로서 의결권 지분 34%와 이사
회의 과반 및 경영진 임명권을 가지고, 신한은 재무적 투자자로서
10% 초반대 지분율을 가질 것을 요구했다.

　　반면 신한지주 측은 이사회 구성 등에 대한 의견이 달랐다. 주
요 경영진 중 리스크관리책임자(CRO), 재무책임자(CFO) 등은 신한
측에서 추천하겠다는 얘기가 나왔다. 언론에도 "단순 지분 참여가
아닌 의사결정 과정을 주도하면서 경영 전반에 직접 참여할 방침이
다"[15]라는 신한 측의 코멘트가 나왔다. 신한이 인터넷은행 지분을

20% 안팎으로 확대할 것[16]이라는 기사가 연달아 나왔다.

　무엇보다 토스와 신한은 인터넷은행을 통해 달성하려는 목적 자체가 달랐다. 이미 주요 계열사로 은행을 거느리고 있는 신한금융지주는 새로 설립하는 인터넷은행이 외식, 장보기, 여행, 부동산 등 일상생활의 불편을 혁신하는 생활금융 플랫폼[17]으로 자리잡기를 바랐다. 그러나 이미 플랫폼인 토스는 새 플랫폼을 만들 생각이 없었다. 중소기업이나 소상공인, 금융소외계층이 접근할 수 있는 혁신적인 여·수신 상품을 직접 생산하는 것이 목표였다. 마땅한 짝이 없어 일단 손을 잡았는데, 서로가 전혀 다른 방향을 바라보고 있다는 것을 뒤늦게 안 것이다.

　입장 차는 좁혀지지 않았다. 결국 토스가 신한 측에 '협력을 지속해 나가기 어렵겠다'는 이메일을 보냈다. 두 회사가 협력을 철회하자, 주주사로 참여를 검토하던 직방, 현대해상 등도 차례로 컨소시엄을 이탈했다. 예비인가 신청 마감까지 일주일도 남지 않은 시점이었다.

　토스팀은 레이스를 중도에 포기할 생각이 없었다. 사업계획서는 박재민이 도맡고 있었다. 짧은 기간 내 시장을 파악한 뒤 전략을 도출하고 결과물을 내야 한다는 점에서 여러 컨설팅 프로젝트 경험을 갖춘 그가 적임자였다. 그는 시장에 없던 중금리 대출을 공급하겠다는 전략을 세웠다. 고신용자는 시중은행에서 연 7% 이내의 신용 대출을 받고, 나머지 중·저신용자는 연 15% 넘는 고금리로 제2금융권을 이용했다. 중금리는 비어 있었다. 1기 인터넷은행도 중금리 대출 확대를 미션으로 삼았지만 약속을 지키지 못했다.

　다른 은행들이 못하는 것을 감히 해보겠다고 나선 근거는 토스가 가진 데이터에 있었다. 여러 은행 계좌의 입출금 내역, 카드 결제 내역, 보험 가입 내역 등 사용자의 금융생활을 입체적으로 파악할 수 있다는 것이 큰 강점이었다. 박재민은 "이를 토대로 사용자의 상환능력을 정교하게 평가하면, 금융이력부족자나 중·저신용자에게도 연 7-15%의 신용대출을 내줄 수 있을 것이라 예측했다"고 말했다. '알바비 당겨 받기' '소상공인 매출 담보 대출' 등의 제품 아이디어가 사업계획에 담겼다.

급선무는 주주 확보였다. 2대 주주가 빠져나간 터라 예비인가 신청 요건을 갖추려면 새로운 주주사를 서둘러 구해야 했다. 우선 송금 수수료, 카드 결제 수수료 등 금융업종에서 발생하는 매출이 절반 이상이라는 점을 근거로 토스는 금융주력자라고 주장했다. 금융주력자는 34%를 초과한 인터넷은행 지분을 가질 수 있기 때문이다. 여기에 비바리퍼블리카 투자사인 굿워터캐피털, 리빗캐피털, 알토스벤처스 등을 설득해 주주로 참여한다는 약속을 받아냈다. 급한 불은 껐지만, 국내 은행이 한 곳도 참여하지 않는 것은 안정성과 전문성 측면에서 약점으로 남았다. 주주 구성의 다양성도 부족했다. 이승건이 일면식도 없는 더본코리아 백종원 대표를 수소문해 연락해볼 정도로 상황은 급박했다.

신청서 접수 직전, 한화투자증권과 베스핀글로벌의 컨소시엄 참여가 확정되었다. 주주사들로부터 계약서 날인을 받고, 두꺼운 사업계획서를 제본해 금융위원회와 금융감독원에 제출하기까지 숨가쁜 일정이 이어졌다.

내막을 모르는 언론에서는 '신한과는 왜 틀어졌느냐' '이러다 인터넷은행 아예 무산되는 것 아니냐'며 추측성 기사가 여럿 나왔다. 노코멘트로 일관하는 것은 필요 이상의 취재 경쟁을 부추겼다. '도대체 토스는 무슨 생각이냐'는 궁금증이 의구심으로 확대 재생산되는 것을 막기 위해 예비인가 신청서 제출 직후 기자간담회를 열었다. 간담회가 열리는 토스 사무실에 창사 이래 가장 많은 기자들이 찾아왔다. 이들은 기존 인터넷은행과의 차별점, 자본금 확충 계획 등을 물었다. 이승건이 답했다.

"현재 인터넷은행은 기존 은행의 상품을 편리하고 간편한 모바일 경험으로 바꾸는 데 성공했지만, 토스뱅크는 한 단계 더 진보한 챌린저 뱅크를 향해 가려고 합니다. 여전히 제1금융권으로부터 소외된 개인 중신용자와 소상공인을 끌어안는 것입니다. 토스가 가진 풍부한 금융 데이터를 기반으로 신 파일러(thin filer)에 대한 정교한 신용평가모델을 만들어 혁신적이고도 포용적인 상품을 만들겠습니다.

토스는 지난해 성공적인 투자유치로 충분한 유동성을 갖추고 있으며, 올해 추가 투자유치도 계획하고 있습니다. 또 굿워터캐피털, 리빗캐피털 등은 장기적인 시각으로 투자하는 VC로서 토스뱅크의 성공을 위해 자금력을 뒷받침할 뿐 아니라 몬조(Monzo), 누뱅크를 비롯한 해외 챌린저 뱅크에 투자한 경험을 바탕으로 노하우를 적극적으로 전수해줄 것으로 기대합니다."

이전까지 '불안' '우려' '논란' 등으로 점철되었던 기사 헤드라인이 반전되었다.

— 이승건 "토스뱅크, 자본력 걱정 없다... 중신용자에 답 주는 챌린저 뱅크 될 것" (한국경제)
— 이승건 토스 대표, "증자 자신 없으면 토스뱅크 시작도 안 했다" (전자신문)
— 토스뱅크, "대한민국 금융에 꼭 필요한 정답 냈다" (디지털데일리)

신한과의 파트너십이 무산된 후에도 토스가 주주 구성을 완성해내는 모습을 지켜본 업계 관계자들은 그들대로 혀를 내둘렀다. 토스는 더이상 작은 고추가 아니었다. 우여곡절을 겪으며 토스의 대외 인지도는 수직상승했다. 주주사 구성이 바뀌고 당국에서 한마디 논평을 내놓을 때마다 기사가 쏟아졌다. 시간이 흐를수록 기대감이 싹텄다.

인터넷은행 재도전

그러나 2019년 5월 토스뱅크 컨소시엄은 인터넷전문은행 예비인가 심사에서 탈락했다. 민간 전문가 7인으로 구성된 외부평가위원회는 "토스뱅크가 혁신성 측면에서는 설득력을 갖췄지만, 자본 조달 방안의 적정성과 대주주 적격성 측면에서 우려가 있다"고 판단했다.

다행이라면 재도전 기회가 열려 있다는 사실이었다. 인터넷은행은 정부가 새로운 법까지 만들어 추진한 역점 사업이었다. 핀테크 기업으로서 토스의 혁신성은 충분히 인정되니, 은행업을 영위할 수 있는 자본안정성만 갖추면 인가를 받을 수 있으리라는 관측이 나왔다.

"토스뱅크가 '혁신성의 상징'으로 꼽힌다"며 "(금융당국이) 토스뱅크가 주주 구성만 잘 짜온다면 충분히 재도전에서 통과할 수 있다고 강조한 것"[18]이라는 언론 보도도 여럿 나왔다. 이 말은 곧 토스뱅크가 재도전에 성공하려면 은행을 위시한 돈 많은 전략적 투자자가 반드시 필요하다는 뜻이었다.

팀원들은 다시 모여 앉아 인터넷은행 재도전 여부를 논의했다. 토스 앱 하나로 사용자의 모든 금융생활을 해결해준다는 비전을 달성하려면 좋은 금융상품을 지속적으로 제공해야 한다. 은행이 되면 소상공인 중금리 대출, 월급 가불 등 고객 지향적이며 실험적인 대출 상품을 직접 만들어 제공할 수 있다. 은행이 되지 않으면, 지금처럼 은행들이 만든 고만고만한 상품들을 소싱해야 한다. 카카오뱅크를 포함한 은행들과의 경쟁 또한 가까운 미래에 격화할 것이 분명한데, 은행 제휴 의존도가 높아지는 것은 바람직하지 않았다.

5개월 전 인터넷은행에 도전하기로 결정했을 때와 근거는 같았다. 재수에 실패했을 때 발생할 일들에 대해서는 지레 상상하지 않기로 했다. 이승건은 "실패한 프로젝트명을 그대로 쓸 수 없다"며 이름을 '프로젝트 팩토리(Factory·공장)'라고 바꿔 달았다. 상품을 직접 만드는 제조업자가 되겠다는 뜻이었다.

누가 봐도 인터넷은행의 자본력을 인정할 만한 주주를 보강하는 것이 첫 번째 과제였다. 토스는 KEB하나은행, SC제일은행과 연합전선을 꾸렸다. 하나은행에서 디지털 조직을 이끌었던 한준성 당시 부행장이 컨소시엄 참여에 힘을 실었다. 의결권 기준으로 토스가 34%, KEB하나은행, 한화투자증권, 중소기업중앙회, 이랜드월드가 각각 10%씩 토스뱅크 컨소시엄의 지분을 갖기로 했다. SC제일은행이 6.67%, 웰컴저축은행이 5%, 한국전자인증이 4%씩 참여했다. VC인 굿워터캐피털, 리빗캐피털, 알토스벤처스도 여전히 주주로 참여했지만 지분율은 크게 낮췄다.

돌부리는 예상치 못한 곳에서 튀어나왔다.

미뤄진 증권인가

김동민은 증권 사업계획서를 붙들고 내내 끙끙대고 있었다. 처음에는 증권사 설립을 큰 사일로 하나 만드는 일 정도로 얕잡아본 것이 사실이었다. 6개월 안에 증권 본인가를 받아 영업을 시작하겠다는 계획을 세우면서, 돈을 아낀다는 이유로 컨설팅회사도 선임하지 않았다. 150장짜리 사업계획서를 혼자 제로에서부터 써나가면서 김동민은 증권사 필수 인력 7명, 자기자본 최소 30억 원 등 법적 최소 요건만 맞추면 될 거라 생각했다. 실제 토스증권이 출범하는 시점에는 조직 규모 90명, 자기자본은 340억 원에 달했으니, 전통 금융업에 처음 발을 내딛는 토스는 아직 세상 물정 모르는 어린아이였다.

그렇지만 기존 투자 시장의 문제만큼은 제대로 찾아냈다. 모든 일상생활이 스마트폰 위로 옮겨왔음에도 모바일 환경에서의 주식투자는 여전히 너무 불편했다. 증권사들은 PC 기반의 홈트레이딩 시스템을 그대로 작은 모바일 화면에 욱여넣었다. 일반 투자자들은 거의 사용하지 않는 기능까지 탑재돼 있어 앱이 무거울 수밖에 없었다. 그걸 해결하기 위해 앱을 여러 개 만들었다. 사용자들은 주식 거래 앱과 주식 거래 계좌를 만들기 위한 앱을 따로 다운로드했다. 펀드라도 가입할라치면 펀드 전용 앱도 설치해야 했다.

이런 식으로 증권사 수십 군데가 각자 앱을 만들지만, 정작 서비스는 대동소이했다. 어떤 증권사를 이용하든 복잡한 그래프에 알 수 없는 용어로 증권을 사고파는 기능만 제공하는 것은 다르지 않았다. 서비스에 차별점이 없으니 수수료 경쟁만 몇 년째 이어가는 실정이었다.

가장 큰 문제는 제한된 고객군이었다. 증권사 입장에서는 거대한 자산을 굴리는 기관투자자가 최우선이고, 개인고객은 고액 자산가와 해외 트레이더 위주로 서비스를 제공했다. 수십억 자산가를 위한 PB(프라이빗뱅킹)센터가 매년 확장하는 와중에 일반 영업점 수는 줄고 모바일 앱은 개선되지 않았다. "젊은 사람들은 투자를 안 한다"는 건 증권사가 자초한 일이었다. 당시 국내 주식투자자 500만 명 가운데 20대는 5%에 불과했지만, 가상화폐 광풍에는 수많은 20대가 몰려들었다. 투자를 시작하고 싶은 밀레니얼 세대가 넘쳐나는데 증권업계는 이들을 방치하고 있었다.

시장이 풀지 못한 문제는 곧 토스의 기회였다. 어렵고 복잡한 금융 서비스의 사용자 경험(UX)을 모바일 친화적으로 개선하고 차별화하는 것은 토스의 주특기였다. 토스 사용자의 압도적 다수가 밀레니얼 세대인 만큼, 토스가 주식투자 서비스를 시작하면 국내 투자 시장의 저변도 넓어질 거라 믿었다.

그런데 토스가 인터넷은행 예비인가 심사에 참여한 것이 증권 설립 계획에 변수로 작용했다. 본인가는커녕 예비인가 심사 일정조차 은행 심사 이후로 차일피일 밀렸다. 은행 1차 도전이 무위로 돌아갔을 때, 김동민은 마치 안갯속에 갇힌 기분이었다.

인가 과정이 지체될 줄 꿈에도 몰랐던 증권팀은 개발을 서두른 상태였다. 진즉에 '토스준비법인'을 설립하고, 증권사 인프라 개발 및 운용을 전문으로 하는 코스콤에 시스템 개발을 맡겼다. 핵심은 주식 거래 내역과 매매 과정을 관리하는 원장 프로그램 개발이었다. 토스의 서버와 완전히 분리되어야 했고, 하루에 수백만 명이 수백 번씩 거래를 체결해도 오차 없이 정교하게 작동해야 했다. 아무리 뛰어난 개발자라도 경험 없이는 거대한 원장 시스템을 구축할 수 없었다. 시간도 비용도 인력도 많이 필요한 작업이라 개발을 서두른 것이었다.

잠시 휴직했던 남영철이 증권팀의 두 번째 멤버로 합류해 코스콤과의 협업 프로젝트를 이끌었다. 그 또한 증권업계에 대해 아는 게 별로 없었다. 처음에는 코스콤에서 보내 온 문서만 보아도 눈이 빙글빙글 돌았다. 한국거래소, 예탁결제원, 금융결제원, 한국은행, 한국증권금융, 금융정보분석원, 은행연합회, 금융투자협회, 신용정보원 등이 죽 늘어선 증권 대외기관 명단을 처음 보았을 때는 "뭐가 이렇게 많아? 이름도 다 비슷비슷한데 하나 정도는 없어도 되지 않을까?" 했을 정도였다. '증권사 차리는 법'이라는 책이라도 있으면 좋겠다고 생각했다.

하지만 남영철은 어렵고 복잡한 개념을 쉽고 단순하게 정리하는 능력이 탁월한 사람이었다. 그는 코스콤과 토스팀 메이커들 사이에서 가교 역할을 해나갔다. 증권업계에 수십 년 몸담아온 코스콤 사람들에게는 토스가 상상하는 주식투자 서비스의 최종 형태를 그림으로 그려가며 설명했고, 증권업에 이제 막 눈뜨기 시작한 토스팀원들이 원활하게 소통할 수 있도록 증권 인프라의 원리와 서비스의 흐름 등을 먼저 공부했다.

코스콤의 원장 개발은 2019년 7월 마무리되었다. 그러나 예비인가 심사는 여전히 감감무소식이었다. 100억 원 넘게 투자해 개발한 원장 프로그램이 잘 작동하는지 시험해보려면 한국거래소의 시스템과 연동해야 하는데, 거래소는 예비인가를 받은 사업자에게만 테스트 자격을 부여했다. 코스콤 개발진은 계약 기간이 끝나 철수했다.

인력 충원도 더뎠다. 원장 개발자나 투자 전문 인력 등 증권업계 경험을 가진 사람들이 필요했는데, 이들이 설립 여부를 확신할 수 없는 준비법인에 지원할 이유가 없었다. 아주 간혹 '토스라는 회사가 증권 서비스를 새로 만들어본다더라'는 말 한마디만 믿고, 오로지 도전의식 하나로 증권팀에 합류하는 이들이 있었다. 그렇게 들어온 첫 번째 원장 개발자가 다음 개발자를 설득해 데려오는 식으로 진영을 꾸려 나갔다.

수개월간 '프로젝트 팩토리'를 이끌어온 박재민이 그즈음 증권팀 리더로 선임됐다. 인터넷은행 사업계획은 1차 심사 때 이미 혁신성을 인정받았기 때문에 재도전 과정에서 크게 바꿀 것이 없었다. 반면 증권 인가는 더 지체되도록 내버려둘 수 없었다. 은행과 증권 인가 과정에 튀어나온 돌부리, 즉 풀어야 할 문제는 사실상 하나였다. 두 금융사의 대주주가 될 비바리퍼블리카의 자본안정성에 대한 의구심이었다.

자본안정성 요구

"RCPS에서 R을 떼라."

당국의 요구 사항은 이 한마디로 정리되었다. RCPS(Redeemable, Convertible, Preferred Stock), 즉 상환전환우선주는 일정한 조건 하에 투자자가 '주식을 돌려줄 테니 투자금을 갚으라'고 요구할 수 있는 상환권과 보통주로 바꿔달라고 요구할 수 있는 전환권이 붙은 우선주. 그간 비바리퍼블리카는 VC로부터 투자받으면서 대부분의 주식을 RCPS로 발행해왔다. 스타트업의 보편적인 자금조달 방식이기도 했다.

금융감독원은 토스의 RCPS를 자본이 아닌 부채로 봤다. 만기가 되면 투자자가 투자금을 상환하라고 요구할 수 있으므로 진정한 자본으로 볼 수 없다는 지적이었다. 상장사 회계감사에 적용하는 국제회계기준(K-IFRS)에 따르면 2018년 말 기준 토스의 자본금 가운데 75%가 부채였다. 이는 증권사든 인터넷은행이든 금융사를 운영할 만한 자본안정성을 갖추지 못했다는 판단으로 이어졌다. 토스는 비상장사이고, 비상장사에 적용되는 일반기업회계기준에서는 RCPS를 자본으로 분류한다는 항변은 받아들여지지 않았다.

R을 삭제하라는 요청을 전해 들은 이승건의 첫 반응은 "불가능합니다"였다. 창업자로서 투자자들에게 이미 가진 권리를 포기하라고 말할 수는 없었다. 뒤에 숨겨진 의미가 무엇인가를 두고 팀

원들끼리도 의견이 분분했다. 한쪽에서는 "인가받기가 사실상 어려울 것 같다. 실무선에서 설득하고 해결할 수 있는 이슈가 아니다. 미운털이 단단히 박힌 게 틀림없다"고 했고, 다른 한쪽은 "이것만 해결하면 은행, 증권 둘 다 인가를 받는 데 문제없지 않냐. 주주들에게 의사를 타진해보자"고 했다.

이승건은 신임 금융위원장을 만난 자리에서 읍소했다.

"증권사 설립을 위해 이미 수백억 원을 투입하고 인재도 채용했지만, 증권업 진출 중단을 내부적으로 검토하고 있습니다. 당국에서 저희가 수행할 수 없는 기준을 제시했기 때문입니다. (이러한 요구가) 증권업뿐 아니라 인터넷전문은행 심사에도 똑같이 적용된다면 이 분야 진출 역시 멈추는 수밖에 없습니다. 저희가 요건을 못 지켰다면 보완하는 게 당연하지만, 규정에 없는 정성적인 부분은 대응이 굉장히 어렵습니다."

그 자리에는 금융당국 출입기자들도 배석해 있었다. 당연하게도 이승건의 발언은 토씨 하나까지 기사화됐다. 법적 요건을 충족했는지 외에 혹시 모를 위험요소까지 관리하는 것이 감독당국 본연의 역할이지만, 이승건은 그런 점까지 헤아리지 못했다. 그는 "담보 상태를 어떻게든 해결하고 싶었다"고 말했다.

해결되는 건 없었다. R을 떼라는 요청을 받아들이지 않고 상황을 타개할 방안이 떠오르지 않았다. 은행과 증권을 포기할 게 아니라면, 주주들을 설득해보는 수밖에 없었다. 전례 없는 일이었으나 잃을 것도 없었다. 그리고 염려가 무색하게 주주 전원이 가지고 있던 상환전환우선주를 전환우선주로 변경하는 데 동의했다. 추가적인 조건도 요구하지 않았다.

투자자들은 현재의 권리보다 증권과 은행이라는 무기를 갖춘 토스의 미래 가치를 더 높이 샀다. 한 투자사는 이승건에게 "토스에 상환권을 행사하는 일이 올 거라는 생각은 해본 적도 없다. 물론 가진 권리를 내려놓는 게 쉬운 결정은 아니지만, 토스가 가려는 방향을 전폭적으로 신뢰한다"고 다독였다.

상환권을 뗀 전환우선주(CPS)는 국제회계기준상으로도 자본으로 인식되었다. 비로소 토스팀의 행보에 속도가 붙었다.

판이 짜여지다

PG사업부 인수 프로젝트명은 '블리츠(Blitz)'였다. 진격 혹은 기습 공격이라는 의미다. 초반에는 토스팀에서도 결제 사업과 관련한 소수의 인원만 내용을 공유했다. 토스팀은 모든 정보를 모든 팀원이 투명하게 공유하는 것이 원칙이지만, 인사 문제와 투자 관련 정보만큼은 예외가 인정됐다. 인수의향서를 제출한 뒤에야 비바리퍼블리카가 LG유플러스 PG사업부 인수전에 뛰어들었다는 사실이 대내외에 알려졌다.

'아무도 모르는 사이 결제시장으로 진격해 경제적 해자(moat)를 파고, 사람들이 토스를 계속 쓸 수밖에 없는 이유를 강화한다.'

이승건은 팀원들에게 프로젝트 블리츠의 목적을 이렇게 설명했다.

"LG유플러스 PG사업부를 인수하게 되면, 토스는 국내 온라인 결제 거래액의 25%를 가져오게 됩니다. 저는 미래의 온라인 결제시장은 네이버와 쿠팡이 양분할 것으로 예상합니다. 이렇게 강력한 커머스가 등장하는 시대에 토스만이 가지는 결제 거래액을 전체 시장의 4분의 1 규모로 확보하는 건 전략적으로 중요한 의미가 있습니다. 네이버나 쿠팡에 토스결제가 들어갈 수는 없을 것이기 때문입니다.

중소 가맹점에 직접 토스결제를 붙이는 것은 돈과 인력을 쏟아붓는다 해도 너무 많은 시간이 걸립니다. 하지만 인수 후에는 LG유플러스가 가진 가맹점 8만 개 중 최소 3분의 1에 토스결제를 붙일 수 있을 것입니다. 현재 LG유플러스 PG의 결제 성공률은 65%로, 토스결제의 80%대에는 못 미칩니다. UX 개선을 통해 결제

성공률을 높이면 고객편의 증대는 물론 거래액 자체가 더욱 늘어
날 수 있습니다.

궁극적으로 20년 넘게 혁신이 없던 온라인 결제시장을 혁신
해, 단지 25%가 아니라 절대적인 점유율을 달성하고자 합니다. 금
융에서 사람이 가장 자주 하는 행위는 송금과 조회 그리고 결제입
니다. 결제시장에서 성공하는 것은 토스를 계속 쓸 수밖에 없는
이유를 만드는 아주 중요한 부분입니다."

인수전은 곧 나이스페이먼츠와 비바리퍼블리카 2파전으로
압축되었는데, 뜻밖에도 나이스는 실사 과정을 거친 뒤 인수 의사
를 철회했다. 이승건은 본입찰 마감 직전 나이스가 응찰하지 않는
다는 정보를 입수하고 LG유플러스 측에 최종 인수가를 제시했다.

'스타트업인 토스가 대기업의 사업부를 통째로 사들인다고?'

시장에는 불신이 있었다. 일각에서 '토스가 충분한 자금력이
있겠냐' '토스가 진출하더라도 업계에 위협적이지는 않을 것'[19]이
라는 평가도 나왔다. 지금껏 별다른 M&A 트랙 레코드가 없는 데
다 인터넷은행 도전에서 고배를 마시는 등 사업확장 기반이 삐걱
거려 매각 자체가 유찰될 수 있다는 전망마저 제기됐다.

그러나 '안 될 거야'라는 말은 언제나 토스에는 이것이야말로
위대한 도전이라는 신호였다. 오히려 어려움을 극복했을 때 터져
나올 잠재력이 어마어마하다는 뜻으로 받아들였다. 그리고 2주
뒤, 토스는 LG유플러스 PG사업부 인수 우선협상대상자로 선정되
었다.

정식으로 인수 계약(SPA)을 체결하기까지 주어진 협상기간은 6주.
결제 사일로 PO이자 뱅킹 트라이브 리드를 맡고 있던 홍민택이
LG유플러스 측과 계약의 세부 내용을 조율했다. 협상의 중대과

제 중 하나는 인적 분할이었다. M&A가 일어나면 고용을 승계하는 것이 일반적이다. 하지만 이번에는 사정이 좀 달랐다. 대기업 통신사 직원이었던 이들이 스타트업의 계열사로 소속을 옮기는 것이다. 스타트업계에서 토스는 빠르게 팽창하는 별과 같았지만, 대기업이 보기엔 미래를 확신할 수 없는 불안정한 회사였다.

홍민택에게 PG사업부 직원들의 질의사항이 전달되었다.

"토스로 전적하면 M&A 보너스를 받게 되나요? 액수는 얼마인가요?"

"토스의 스톡옵션으로 지급받을 수도 있나요?"

"근무 조건은 어떻게 되나요? LG의 복지제도를 그대로 가져갈 수 있나요?"

토스가 왜 PG사업부를 인수했는지, 토스가 꿈꾸는 결제 사업의 비전이 무엇인지 묻는 이는 없었다. 앞으로는 같이 일하는 동료가 될지도 모르는데, 이들과 새로운 회사를 함께 성공시킬 수 있을지 홍민택은 걱정이 앞섰다. 한편으로 생각하면, 다니고 있는 회사의 안정성을 포기하게 되는 만큼 토스에서의 처우가 가장 먼저 궁금한 것도 당연했다.

논의 끝에 두 회사는 전적을 온전히 개인의 선택에 맡기기로 했다. 토스는 동의하는 직원만 고용을 승계하고, 설사 그 인원이 0명이라 해도 받아들이기로 했다. 대신 전적 보너스 등 전적자를 늘리기 위한 혜택도 제시하지 않았다. 다만, 일정 기간 LG유플러스 직원들이 토스페이먼츠에 파견돼 업무를 충분히 인수인계한다는 조건을 추가했다. 결과적으로 단 2명만이 LG유플러스를 퇴사하고 토스페이먼츠에 신규 입사하는 방식으로 적을 옮겼다.

오히려 잘된 일인지도 몰랐다. 회사와 회사가 결합하면 서로의 시스템, 일하는 방식, 처우 등을 맞춰가는 과정에서 파괴적이고 고통스러운 일들이 일어나기 마련이다. 회사가 인수되었으니 어쩔 수 없이 옮겨온 이들이 많았다면 거센 문화적 충돌을 피할 수 없었을 것이다. 홍민택은 "조직문화적인 문제를 풀 때는 사람들의 의지와 자율에 집중하는 방식이 유효하다는 배움을 얻었다"고 말했다.

2019년 12월 LG유플러스와 비바리퍼블리카는 PG사업부 인수 계약을 체결했다. 이듬해 6월까지 LG유플러스가 결제 사업을 분할해 '토스페이먼츠'라는 이름의 법인을 신설하고, 토스가 그 지분을 취득한다는 내용이었다. 토스페이먼츠가 공식 출범하기까지는 아직 험난한 과정이 남아 있었으나, 토스는 이미 얻은 것이 있었다. 인수합병을 지렛대 삼아 사업을 도약시킬 수 있다는 자신감이었다.

예비인가

RCPS에서 R을 떼는 결단 덕분에, 토스는 인터넷은행과 증권사 설립의 걸림돌이었던 자본안정성 우려를 씻어냈다.

그리고 2019년 12월 16일, 드디어 인터넷은행 예비인가 소식이 발표되었다. 몇 달 전 토스팀에 쓴맛을 안겼던 외부평가위원회는 토스뱅크 컨소시엄에 대해 "금융 혁신에 기여하려는 의지가 강하고 사업계획의 혁신성, 포용성, 안정성 등 모든 면에서 준비 상태가 충실하여 인터넷전문은행에 기대하는 효과를 거둘 수 있을 것으로 보인다"고 평가했다. 아크플레이스 12층 5번 미팅룸에서 이승건과 팀원 여섯이 둘러앉아 은행 도전을 처음 논의한 지 약 11개월 만이었다.

이튿날 아침 아크플레이스 건물 입구에 파란색 초대형 현수막이 걸렸다. 역삼역 3번 출구를 나오면 커다랗게 쓰인 "We did. We can. We will."이라는 문구가 눈을 사로잡았다. 팀원들의 책상 위에는 새 운동화가 한 켤레씩 놓였다. 이승건은 메시지를 남겼다.

인터넷은행 예비인가 획득을 축하하는 마음을 담아 작은 선물을 준비했습니다. 토스팀은 올해 많은 것들을 꿈꾸었고 또 작지 않게 이루어냈습니다. 과감하게 꿈꾸고 원대한 목표를 이룰 수 있다고 믿으며 달린 토스다운 1년이었습니다. 개인적으로도 제 창업 인생에서 가장 치열했던 한 해가 있다면 그건 2019년 올해인 것 같습니다.

이 모든 것들은 바로 당신이 없었다면 불가능했습니다. 더 많은 사람들의 삶에 긍정적인 변화를 만들기 위해 매일매일 치열하게 노력하는 토스팀 모두, 정말 멋있습니다. 이런 헌신이 있기에 토스는 항상 불가능을 꿈꾸고 그것을 해낼 수 있는 방법을 찾아 결국 해내고야 마는 것 같아요. 2020년에도 우리는 세상에 없던 변화와 혁신을 만들기 위한 많은 도전을 할 것이라 계속 달리자는 의미의 선물입니다.

우리는 여기까지 처음 와보았습니다. 내년에는 생각지도 못했던 변화와 상상할 수 없었던 도전이 가득할 것입니다. 우리는 다른 회사보다 더 유난한 도전을 극복해야 할 것입니다. 그것은 우리의 꿈이 다들 하는 방식대로 잘하는 회사가 아니라,

고객이 기대하지 못했던 수준의 미친 만족감을 주고,
아무도 꿈꾸지 못했던 수준의 제품을 개발하며,
있기 전과 후를 나누는 수준의 산업적 변화를 주도하고,
지속적인 혁신 추구에도 고객과의 신의를 끝까지 지켜내며,
자율과 책임의 문화 속에서 일을 통해 성취함으로써 더 행복해질 수 있는 근본적으로 새로운 방식의 기업문화를 만드는 것인 까닭입니다.

이 모든 과정을 당신과 함께할 수 있다면, 그 결과가 무엇이든 저는 후회가 없습니다. 어떤 혼란과 어려움이 닥치더라도, 당신과 함께 이야기 나누고 극복해나가며 새로운 역사를 만들어가고 싶은 마음뿐입니다. 토스팀 모두 같으리라 생각합니다. 내년에도 함께 달려보시죠!

3개월 뒤에 토스증권도 예비인가를 획득했다. 2019년을 보내고 새해를 맞이하면서 이승건은 '판이 짜여졌다'고 확신했다. 결제, 은행, 증권까지 토스가 들고 있는 무기는 경쟁자의 것보다 많아졌다. 이 무기들이 모두 진용을 갖추고 불을 뿜는 2년 뒤에는 토스가 미친 듯이 공세를 퍼부을 것이다. 한꺼번에 일을 벌이느라 자금도, 조직도, 체력도 힘에 부쳤지만 그 보상으로 '우리가 이 게임을 이길 수 있겠다'는 희망이 생겼다.

리더십 요건

토스뱅크 예비인가가 나온 지 어느덧 한 달이 흘렀다. 초반에 인터넷은행 사업계획서를 썼던 박재민은 이제 증권팀 일만으로도 벅찼고, 2차 도전 당시 토스뱅크 주주 구성과 자본안정성 문제를 해결하느라 동분서주했던 파이낸스팀과 리걸팀의 두 리더는 예비인가 이후 각각 팀을 떠났다. 사업계획을 구체화하고 은행 시스템을 본격적으로 개발하는 등 본인가까지 일정이 빡빡했는데, 누가 토스뱅크의 리드를 쥐고 레이스를 이끌어갈지 정해지지 않은 상태였다.

"승건 님, 뱅크 누가 해요? 빨리 정해야지, 할 게 많은데 왜 아무것도 안 하고 있어?"

"마땅한 사람이 없네. 바깥에서 찾는 중인데 그게 맞는지 고민도 되고. 왜? 직접 한번 해볼래?"

이승건에게 질문을 던진 사람은 페이먼츠 인수 협상을 맡고 있던 동갑내기 PO 홍민택이었다. 그는 누구에게든 스스럼없이 반말로 대하는 재주가 있었다.

홍민택은 생각에 잠겼다. 누가 뱅크팀을 구축할 적임자일까. 내가 할 수도 있을까? 예전에 다녔던 컨설팅사에서 몇 년간 은행을 담당한 적은 있었다. 역할은 리스크 모델러. 여신 심사, 연체 관리, 리스크 관리 영역이 주업무였다. 토스에 온 후로는 송금 PO로서 은행들과 제휴 관계를 다져왔고, 직불카드와 유사한 토스머니카드도 론칭했다. 이후 결제 PO이자 뱅킹 트라이브 리드를 맡았다. 대부분 은행의 기능과 깊이 관계된 일들이었다. 그동안 쌓아온 역량이 토스뱅크를 만드는 데 도움이 되지 않을까?

이승건은 예리한 제품을 만드는 사람보다 복잡한 조직문제를 부드럽게 해결하는 사람이 토스뱅크의 리더가 되어야 한다고 생각했다. 인터넷은행이 만들 제품 영역은 수신과 여신으로 정해져 있는 반면, 여러 주주사가 참여하는 만큼 조직문화 면에서 도전과제가 매우 크고 복잡할 거라 예상했다. 그런 점에서 홍민택은 적합한 후보가 아니었다. 그는 완전히 제품에만 미쳐 있는 PO였다. 조직 내 갈등과 정치를 극도로 싫어했고, 부드러운 접근보다는 논리로 무장하고 상대방을 격파하는 방식으로 문제를 해결하는 스타일이었다.

그런데 곧이어 이승건의 생각이 바뀌었다. 토스뱅크가 성공하려면 모두 엇비슷해 보이는 은행 수신과 여신 상품의 경계를 부수는 과감함이 필요했다. '은행이라는 조직은 원래 이렇다'는 틀을 깨는 걸 겁내지 않으며, 자율과 책임을 바탕으로 일하는 토스의 방식을 전적으로 신뢰하는 사람이 필요했다. 그렇다면 홍민택이야말로 적임자였다.

2주 후 두 사람은 회사 근처 갈비탕집에서 점심을 먹었다. 홍민택이 먼저 말을 꺼냈다.

"내가 은행 할까?"

"진심이야? 하고 싶어?"

"하고 싶은지는 모르겠어. 은행이랑 일하면서 힘든 게 너무 많았거든. 그래도 내가 해볼게. 우선 본인가 레이스는 시작해볼 수 있을 거 같아. 대신 나보다 좋은 사람 있으면 바꿔줘."

이승건은 주저 없이 팀에 알렸다.

홍민택 님이 토스혁신준비법인의 대표로 가서 혁신적인 토스뱅크를 만들기 위해 리딩합니다.

토스뱅크는 모든 것을 바닥부터 만들어야 하는 상황입니다. 전략, 제품, 조직, 문화 등등이오. 다른 자회사와는 다르게 저희가 완전한 권한을 가지지도 못합니다. 의결권은 34%로 제한돼 있고, 이사회도 그렇습니다. 많은 구성원들이 서로 다른 배경과 이해관계를 가지고 토스뱅크에 조인하게 될 것입니다. 척박한 환경이지만 토스뱅크의 성공을 위해서는 토스답게 일하는 방식과 문화, 원칙을 토스뱅크의 지배적인 정서로 만드는 것이 필수적입니다. 그래야만 남다른 제품과 사업전략, 그리고 그를 통한 남다른 성과와 혁신을 끝끝내 성취하게 될 것입니다.

이를 해내는 데 있어서, 지난 3년 동안 토스에서 끊임없는 성장을 통해 스스로를 증명하셨고, 아닌 건 아니라고 말하는 챌린지, 제대로 되는 게 아니면 끝까지 파내려가는 태도, 그리고 토스가 일하는 방식에 대해 신뢰와 애정을 갖고 계신 민택 님이 적임자라고 생각하게 되었습니다.

홍민택은 토스뱅크의 코어뱅킹 시스템 구축 프로젝트에 돌입했다. 코어뱅킹이란 계좌 개설과 폐쇄, 입출금, 이체, 외환 서비스 등을 관장하는 은행의 핵심 IT 시스템으로 계정계라고도 부른다. 맨 처음 BDM 강정훈이 손을 보탰고, 홍민택이 송금 사일로 시절부터 의지하며 일했던 개발자 박준하, 이민규, 송태화, 디자이너 윤성권, '내게맞는대출찾기' 서비스를 시장에 정착시킨 PO 최성희 등이 차례로 뱅크팀에 합류했다.

예상대로 토스뱅크 주주사들도 임원을 추천하고 인력을 파견하겠다고 제안했다. 몇 년 전 카카오뱅크와 케이뱅크 설립 당시에도 주주사에서 수십 명씩 파견한 사례가 있었다. 홍민택은 주주사가 임원추천권을 행사하는 경우를 제외하고 나머지 파견자에 대해서는 토스팀의 채용 프로세스에 따라 3개월 수습기간을 거쳐 역량과 문화적 적합성을 검증하겠다고 주장했다. 사실상 파견 거절이었다. 주주사들은 "은행원 없이 어떻게 은행을 만든다는 거냐"며 황당해했다. "어른들 얘기 듣는 게 좋다. 보낼 때 받으라"고 홍민택을 타이른 주주사 임원도 있었다.

"조언해주셔서 정말 고맙습니다. 검토해보겠지만 제 의사결정이 바뀌지는 않을 것 같습니다."

개발자 숫자가 많은 '은행'이 아니라, 은행을 운영하는 '개발조직'을 만들겠다는 홍민택의 고집은 누구도 꺾지 못했다. 주주사로부터 '모든 게 비바리퍼블리카 위주로 돌아간다' '배타적이다'라는 오해를 사는 계기가 됐지만 아랑곳하지 않았다. 홍민택은 오로지 제품을 만드는 메이커들의 문화가 제대로 작동하는 은행을 만드는 데에만 집중했다.

전화위복

홍민택이 뱅크팀을 맡으면서 또 다른 전장인 토스페이먼츠가 비었다. 이승건은 보험 트라이브 리드 김민표에게 페이먼츠팀 리더를 맡아달라고 부탁했다. 1년여간 보험 사업에 집중해온 김민표로서는 뜻밖의 제안이었지만, 그 자리에서 응낙했다. 김민표는 이승건을 판세를 읽고 어느 전장에 어떤 장수를 내보낼지 결정하는 전쟁의 총사령관으로 여겼다. '당신이 지금 싸워줘야 할 전장은 M&A 마무리 과정을 이끌어 토스페이먼츠를 출범시키는 것'이라는 그의 결정을 기꺼이 따르기로 했다.

출범 예정일까지 넉 달가량 남은 시점이었다. 인수 대금을 치러야 할 날짜 또한 째깍째깍 다가왔다. 하지만 토스의 투자유치 과정이 생각만큼 순탄하지 않았다. 이승건은 "은행, 증권, 결제를 모두 갖춘 핀테크 플랫폼은 토스 말고는 전 세계 어디에도 없는 모델"이라며 다가올 승리를 확신했지만, '전 세계 어디에도 없다'는 바로 그 이유로 새로운 투자자가 나타나지 않았다. 은행과 증권은 예비인가를 받았을 뿐, 실제 서비스를 론칭하기까지는 수많은 변수가 있다. PG 산업은 정체기였다. 외부의 냉정한 시선으로 볼 때 토스가 꿈꾸는 미래는 아직 손에 잡히지 않았다.

엎친 데 덮친 격으로, 5월에 LG유플러스에서 코로나19 확진자가 나왔다. 2020년 1월에 한국에 첫 확진자가 나온 이래 5월은 사회적으로 팬데믹 공포가 극에 달해 있었다. 회사에서 확진자가 한 명이라도 나오면 사업장 전체를 셧다운하고 직원들도 검사받느라 1~2주씩 업무가 마비되곤 했다. LG유플러스 사옥도 사흘간 폐쇄됐고, 확진자와 접촉했던 직원들 모두 자가격리에 들어갔다. 그 바람에 신설되는 토스페이먼츠 법인에 대한 당국의 실사일정도 연기되었고, 6월 1일로 잡아두었던 출범일은 두 달 밀렸다.

역설적이지만 투자자들이 온라인 결제시장을 차지하겠다는 토스페이먼츠의 비전에 설득된 것도 코로나 때문이었다. 팬데믹이 덮치자 일상생활의 중심이 오프라인에서 온라인으로 급격히 옮겨갔다. 글로벌 전자상거래 시장이 무섭게 성장하면서 온라인 결제시장의 잠재력 또한 가늠하기 어려운 수준이 됐다. 토스가 인수할

PG사업부의 시장점유율은 고스란히 토스의 가치에 반영되었다.

김민표의 전투는 이제부터 시작이었다. 전례가 드문 M&A였다. 대기업이 운영하던 사업부를 스타트업이 인수한 것도 독특한데, 인력은 함께 넘어오지 않았다. 따라서 토스팀 인원이 정해진 시간 내에 업무와 시스템을 온전히 흡수해야 했다. IT시스템, 재무·회계, 영업망 그리고 사람들로 이루어진 LG유플러스의 한쪽 팔을 떼어서 토스에 이식하는 복잡한 수술 같았다.

빠르게 진격해 B2B 결제시장을 집어삼키자는 토스페이먼츠의 블리츠 전략은 유효했다. 하지만 더 멀리 가기 위해서는 정지(整地) 작업이 필수적이었다. 1년 동안 파견 근무할 LG유플러스 직원들로부터 기존 업무를 인수인계받는 일, 개인 사용자를 위한 서비스만 만들다가 처음으로 B2B 영역에 뛰어든 페이먼츠 팀원들을 격려하는 일, 토스다운 결제 경험을 탄생시키기 전에 낡은 결제 시스템의 잔재들을 청산하는 일… 당장 빛을 발하는 건 아니었지만 반드시 선행되어야 할 일이었다.

아무리 멋진 전략이 있어도 실행할 조직이 없으면 별무소용인 법. 그런데 그 조직을 만드는 게 난항이었다. 페이먼츠 팀원들 사이에는 김민표에 대한 신뢰는커녕 친밀감조차 제대로 형성되지 않은 상태였다. 저 사람 누구지? 토스에서 보험만 파던 사람이 왜 갑자기 결제를 한다는 거야? 25명짜리 팀을 이끌던 사람이 회사 대표를 할 수 있을까? 전략이 뭐야? 결제 인프라만 만들고 토스가 만들어온 간편결제는 없애려는 것 아니야? 수많은 물음표가 공기 중에 둥둥 떠다녔다. 동료들이 신뢰하지 않는다는 걸 자각한 순간, 김민표 역시 스스로에 대한 확신을 잃었다.

'내가 이 훌륭한 팀원들을 이끌 자격이 있을까?'

고민 끝에 그는 극단적인 투명성을 택했다. 팀원들에게 자신의 약한 모습까지 있는 그대로 보여주기로 결심한 것이다. 팀원들이 참여해 지난 반기를 돌아보고 다음 반기의 목표를 상기하는 얼라인먼트 데이(Alignment Day)를 골랐다.

"저의 평생은 '내가 해낼 수 있을까?'라는 질문과 싸워온 시간이었어요. 스스로에 대한 기댓값과 실제 도달한 수준 사이에 갭이 컸거든요. 그리고 저는 그 갭을 메꾸기 위해 평생 노력해왔습니다.

미국에 교환학생 갈 때 기숙사를 신청하려고 전화를 걸었는데요, 영어로 말해본 적이 없어 미리 스크립트까지 썼어요. 하지만 상대방은 '당신 영어는 못 알아듣겠으니 메일로 써서 보내라'고 하더라고요. 그런 실력이었어요. 샤워할 때도 영어로 중얼거리면서 공부했죠. 그리고 1년 뒤 미국 시티그룹 공채에 합격했습니다. 맥킨지 다니던 시절에는 경쟁률이 가장 높은 뉴욕 오피스에서 일해보고 싶었어요. 주변 사람들 모두가 '넌 한국에서 대학 나와서 안 될 거야, 실망하지 말고 포기하라'고 했습니다. 그래도 저는 지원했고 결국 이뤄냈습니다. 기대와 현실 사이의 갭이 커졌다 줄어들었다 하면서, 반복적인 실패와 성공을 거쳐왔어요.

지난 6개월을 돌아보면, 저는 동료들과 신뢰를 잘 쌓고 싶었고, 토스페이먼츠에 멋진 비전을 제시하고 싶었습니다. 하지만 잘 안 됐습니다. 지금은 토스페이먼츠 리더로서 저 자신에게 30점밖에 줄 수 없습니다. 그걸 받아들이되 희망은 버리지 않으려고 해요. 실패를 딛고 일어나는 게 바로 저고, 이번에도 곡선을 그리면서 갭을 줄여나갈 겁니다."

30점. 뼈아픈 자기평가가 담긴 김민표의 고백은 터닝포인트가 되었다. 강인함과 나약함 모두 있는 사람이라는 점을 솔직하게 드러내자 비로소 팀은 김민표에게 신뢰를 보내기 시작했다. 그날을 계기로 페이먼츠팀은 서서히 하나의 팀이 되어가는 과정에 접어들었다. 한 팀원이 김민표에게 찾아와 "민표 님이 이제 진짜 리더가 된 것 같다"는 말을 건넸다. 김민표는 "팀의 분위기가 마치 밤과 낮처럼 달라지는 것을 느꼈다. 좋은 언덕을 타기 시작했다"고 말했다. 그간 토스 사업개발팀에서 굵직한 성과를 내왔던 손현욱도 페이먼츠팀으로 옮겨와 세일즈 조직을 단단히 다져나갔다.

2020년 8월 토스페이먼츠가 출범했다. 토스뱅크와 토스증권도 출범을 향한 긴 레이스에 가속 페달을 밟고 있었다. 불과 1년 사이 토스의 영토는 한층 넓어졌다.

자유 항해의 가능성

여느 때처럼 출근한 토스팀원들은 책상 위에 놓인 하와이행 비행기 티켓을 집어들었다. 사무실은 하와이를 대표하는 꽃 플루메리아로 한껏 꾸며져 있었다. 양손에 샴페인과 피자를 든 팀원들의 얼굴이 발갛게 달아올랐다. 이승건도 유리잔에 샴페인을 따랐다. 토스 서비스를 론칭할 무렵 투자사인 알토스벤처스가 'BEP 달성하면 마시라'며 선물한 샴페인이었다. 라운지 중앙에 선 이승건이 큰 소리로 외쳤다.

"토스가 2020년 4월 드디어 손익분기점을 돌파했습니다!"

색종이를 뿌리고 폭죽을 터트리는 동시에 박수와 환호가 터져나왔다. 비바리퍼블리카 창립 이래 처음으로 월간 손익분기점을 넘은 순간이었다. 토스 앱을 출시한 지 5년 2개월 만이었다. 그달 매출은 140억 원이고 비용으로 139억 5000만 원을 지출했으니 이익이라봐야 5000만 원에 불과했다. 그래도 이승건은 연신 샴페인 잔을 부딪쳤다.

"여러분 축하합니다. 우리가 정말 중요한 마일스톤을 달성했습니다. 오늘 하루는 조금 퍼져서 즐겨도 될 것 같아요. 어린아이 같은 마음으로 서로 축하해요, 우리."

토스팀에서 '하와이'라는 단어는 손익분기점(BEP)의 대명사였다. 수년 전부터 카카오나 게임사 스마일게이트 등 잘나간다는 IT기업들이 전 직원을 데리고 하와이 여행을 다녀오는 일이 왕왕 있었고, 이승건은 "BEP 달성하면 우리도 다같이 하와이 가자"고 입버릇처럼 말했다. 팀원들도 "1인당 매출이 600원 오르면 하와이죠" "1000만 MAU 넘기면 하와이에서 회식하시죠" 등 농담 반 진담 반으로 말하곤 했는데, 이승건은 내내 진심이었다.

팀원 몇몇이 소감을 밝혔다.

오창훈 "BEP 찍고 하와이 가자는 말을 처음 들었을 때는 가슴이 설렜습니다. 6개월 뒤면 갈 줄 알았거든요. 그런데 벌써 3년이 다 되었네요. 토스가 드디어 만렙(레벨 1만) 찍은 것 같습니다. 근데 게임은 만렙부터 시작입니다. 매출에 0 하나 더 붙일 때까지 가시죠!"

신재승 "3년 전에 저는 '토스대부'라는 회사에 다녔습니다. 지금은 모르는 분들도 많으실 텐데요. 조금 짜치지만 대부로 토스 한번 살려보자, 그래서 하와이 한번 가보자 했죠. 쫄딱 망했어요. (웃음) 돈 버는 게 쉽지 않구나 깨달았습니다. 작년에 '돈 걱정 없이 혁신하게 해드리겠습니다'라는 포부를 밝힌 대출 사일로를 보고 감격했는데요. 엄청 벌어오시더라고요. 토스가 돈을 벌면서도 성장하는 걸 보고, 언젠가는 이런 날이 올 줄 알았습니다."

손민탁 "콜라보 런치 때 'BEP를 넘기면 회사에 바라는 한 가지'를 주제로 삼은 적이 있어요. 여러 아이디어가 나왔는데, 첫 번째로 사내 카페와 바리스타가 있으면 좋겠다, 진작 커피 사일로가 생겼죠. 그다음이 다같이 하와이 가기, 이것도 오늘로 이루게 됐네요. 세 번째는 미슐랭 급 구내식당, 네 번째가 아이 3명 맡길 수 있는 사내 어린이집, 마지막은 승건 님 아이디어였는데 1인당 전세자금 5억 원 대출이었어요. 우리가 무슨 일을 벌일 때마다 '말이 되냐'는 반응이 나오지만, 토스는 항상 해냈던 것 같아요. 나머지도 모두 실현될 거라고 믿습니다!"

남영철　"하와이 공약을 처음 들은 이후로 지금까지 저는 일관된 생각입니다. 돈으로 줬으면 좋겠다는 겁니다. 이렇게 많은 시간을 팀원들과 함께 보내는데 하와이까지? 게다가 현실적으로 팀원들이랑 가면 어려움이 많아요. 수영복은 어떻게 입어야 할까요. (웃음) 그래도 이렇게 샴페인을 따르고 보니, 올 것이 왔다는 느낌이에요. 한 가지, '토스는 돈을 벌 수 없다. 토스에 돈 충전해놓으면 조만간 갖고 튈 것'이라던 댓글들에 소심한 복수를 했다는 생각이 들어 통쾌합니다! 이제 그런 댓글 달리지 않겠죠? 멋진 얘기 하고 싶은데 잘 안 되네요. 거대한 걸 이룰수록 작은 일들이 더 생각나는 것 같아요."

연간 손익분기점을 넘은 것도 아닌데 축배를 들기엔 이른 것 아니냐고 여길 수도 있었다. 이승건은 "그럼에도 한 번쯤 월간 손익분기점을 찍고 이를 공표하는 것은 의미 있는 일이었다"고 했다. 남영철이 이야기한 것처럼 그동안 '토스는 도대체 어디서 매출이 나는가' '과연 이익을 낼 수 있는 사업모델이 맞느냐'에 대해 많은 말들이 있었기 때문이다.

처음에는 돈을 벌지 못했던 것이 맞다. 간편송금으로 사용자를 빠르게 모으는 만큼 빠르게 돈을 잃었다. 송금이 일어날 때마다 은행망 이용 수수료를 몇백 원씩 내야 했기 때문이다. 간편결제를 확대해 마이너스를 메워보려는 시도가 있었지만 무위로 돌아갔다. 결제 가맹점을 모으려면 더 막대한 시간과 비용이 필요했다. 가맹점이 내는 수수료로 돈을 벌기 전에 토스라는 비행기는 바다에 고꾸라지고 말 것이었다.

좌절의 순간, 우연히 개발해놓았던 문화상품권 판매에서 소소한 매출이 발생했다. 한 줄기 빛이 희미하게 새어나왔다. 자기도 모르는 사이 토스는 공급자와 사용자 간의 통로를 제공하고 수수료를 받는 플랫폼 역할을 하고 있었던 것이다. 유통, 검색, 소셜 등 여러 산업이 빠르게 플랫폼화하고 있었다. 금융 플랫폼은 선례가 없었지만, 안 될 이유도 없었다.

이미 오프라인에서는 대출모집인이 수수료를 받으며 대출을 중개하고 카드모집인, 보험설계사가 각 영역에서 비슷한 역할을 했다. 은행도 예대마진만으로 이익을 내는 것이 아니라, 방카슈랑스나 펀드를 판매하고 카드 가입을 중개하면서 돈을 벌었다. 이를 온라인으로 옮겨 모아놓으면 그게 곧 금융 플랫폼이었다.

토스는 쑥쑥 자랐다. 어느덧 사용자는 1000만 명이 넘었다. 글로벌 핀테크 기업과 비교해도 성장곡선이 가팔랐다. 미국의 벤모가 누적 거래액 10조 원을 달성하는 데 7년 걸렸지만, 토스는 3년 만에 해냈다. 토스의 신용조회 서비스가 4년 만에 누적 사용자 1100만 명을 돌파했는데 크레딧카르마는 5년 걸렸다. 사용자의 각종 금융현황을 한눈에 보여주는 파이낸셜 대시보드 서비스 민트도 300만 MAU를 모으는 데 4년 걸렸지만, 토스의 대시보드는 그보다 짧은 3년 만에 같은 숫자를 달성했다.

이 트래픽이 광고수익을 창출했다. 2018년에 550억 원, 2019년에 1187억 원의 매출을 올렸다. BEP 달성 파티를 열었던 시점에 '2020년 매출은 전년도의 3~4배를 달성할 수 있을 것'으로 예측했고, 실제로 3900억 원을 기록했다. 토스는 플랫폼으로서 금융상품을 만드는 생산자가 아니기 때문에 리스크가 크지 않다는 점도 장점이었다. 제품 생산원가가 없으니 매출이 고스란히 영업 전 이익이 되었다. 트래픽이 늘어난다고 사람을 더 고용할 필요도 없었다.

이제부터 시작이었다. 토스는 한국 시장에서 금융 플랫폼이 일으킬 수 있는 매출 기회가 수십조 원에 달한다고 봤다. 매달 새로 유입되는 사용자가 30만 명이고, 이들 중 절반 이상은 1년 반 뒤에도 토스에 남았다. 사용자가 늘수록 마진율이 높아지고 시장지배력도 커질 것이라 전망했다.

하지만 토스의 실제와 외부에서 바라보는 시각 사이의 괴리는 컸다. 많은 이들은 토스를 여전히 '간편송금 앱'이라 인식했고, 그래서 돈을 벌지 못하는 사업구조라고 잘라 말하기도 했다. 그러므로 이승건에게 BEP 달성 세리머니는 토스가 간편송금 앱을 벗어나 이미 금융 플랫폼이 되었으며, 금융 플랫폼은 이상에 불과한 것이 아니라 실제 돈을 버는 모델임을 증명하는 것이었다. '거봐, 내가 맞았지?'

물론 당장은 한 달의 결실일 뿐, 연간으로 보아 흑자를 기대할 수 있는 상황은 아니었다. 1년 안에 인터넷은행과 증권사를 설립하려면 토스가 벌어들이는 돈을 모두 쏟아부어도 모자랐다. 필요한 증자규모는 예측조차 어려웠다. 3650억 원을 들여 인수한 페이먼츠 역시 제자리를 찾아 다시 이익을 내기까지 시간이 필요할 것이다. 그럼에도 월 단위로나마 손익의 균형을 잡아보는 경험은 토스팀에 중요한 만곡점이 될 것이었다. 자유 항해의 가능성을 엿보았기 때문이다.

이승건은 거듭 축하와 감사 인사를 동료들에게 건넸다.

"토스 앱은 망할지 몰라도 토스팀은 망하지 않을 거라는 말을 많이 들었어요. 이렇게 강한 동료들과 함께할 수 있어서 영광입니다. 여러분의 커리어는 '토스의 첫 흑자를 만들었다', 그 한 줄로 설명될 겁니다. 정말 위대한 걸 이루신 겁니다. 더 위대한 걸 이뤄낼 겁니다.

언제든 손익분기점을 넘을 수 있다는 것을 알게 된 토스팀은 앞으로 많이 달라질 거예요. 무엇보다 우리가 중요하다고 생각하는 가치를 더욱 강화해나갈 것입니다. 성장이나 수익에 지금보다는 덜 신경쓰게 되고, 불합리하고 불편한 금융경험을 혁신하는 일에 에너지를 집중하게 될 것입니다. 목표를 설정하는 방법부터, 어떤 제품을 어떤 프로세스로 만들어갈지도 달라질 거예요. 앞으로 토스팀에 합류하는 분들은 돈을 버는 것이 당연하다는 전제 아래 모든 일을 해나갈 거고요. 그동안 우리가 '해내세요'라는 말을 정말 많이 썼잖아요. 그런데 우리 해냈어요! 축하합니다."

명함만 한 사이즈로 만든 강철판에 이런 문구를 새겨 모든 팀원들이 나눠 가졌다.

토스 손익분기점 돌파. 당신이 만든 성취.
(Toss breaks even. An achievement made by you.)

이승건도 책상 위에 놓아두고 매일 들여다보았다. "영원히 지워지지 않는 역사라는 의미로 강철판에 글자를 새겼어요. 이제는 확실해진 토스의 미래를 느낄 수 있게요. 앞으로 무엇을 하든 지금까지보다는 쉬울 거다. 자신감의 근거가 되어줘요."

재난지원금 조회 서비스

"안녕하세요, 긴급재난지원금 조회 서비스가 공인인증서 때문에 조회하기 어렵다는 기사를 보고 스크래핑으로 될 수 있지 않을까 싶어서 문의드리러 왔습니다."

모두가 파티를 즐기던 그날, 서버 개발자 왕상호가 스크래핑(scraping)팀 채널에 메시지를 남겼다. 코로나19로 경제활동이 얼어붙자 당시 정부는 전 국민을 대상으로 긴급재난지원금을 지급하기로 했다. 수천만 명에게 영향을 미치는 이슈였다. 가구원 수에 따라 지원금 액수가 달라지는데, 우리 가족이 얼마나 받게 되는지 확인하는 절차가 번거롭다는 기사가 이날 많이 나왔다. 공인인증서가 없으면 사이트 접속이 불가능하고, 스마트폰이 아닌 PC에서만 이용할 수 있었다. 공인인증서를 쓰지 않는 노인 세대가 불편을 겪는 것은 물론, 모바일 뱅킹에 익숙한 젊은 세대의 접근성도 떨어졌다.

토스팀은 사용자의 동의를 받아 금융사 홈페이지에 로그인하면 그 내용을 토스 앱에서 보여주는 스크래핑 기술을 내재화하고 있었다. 이를 활용하면 모바일에서 지원금 액수를 쉽게 확인하는 서비스를 만들 수 있었다. 왕상호는 2019년 신설된 베트남 사일로 구성원이었는데, 기사를 보고 이 문제를 스크래핑팀이 해결할 수 있지 않을까 하는 데 생각이 미쳤던 것이다.

스크래핑팀 PO 최재호가 팀원들과 논의에 나섰다. 지원금 신청은 그다음 주 월요일부터 시작될 터였다. 주어진 시간은 금토일 사흘. 기왕 만드는 것, 단순히 지원금 액수만 확인하는 게 아니라 각 카드사에 흩어져 있는 신청 프로세스를 토스에서 할 수 있도록 만들면 좋겠다는 판단이 들었다.

오후 2시 반, 최재호가 슬랙에 재난지원금 길드 채널을 생성했다. 스크래핑팀 혼자서 하기에는 다뤄야 할 영역이 광범위한 데다 시일도 촉박했다. 누가 먼저랄 것 없이 팀원들이 한 사람 한 사람 모여들었다.

"이번 주말에 재밌는 일을 벌일 건가 봐."

오후 7시 30분 킥오프 미팅이 열렸다. 홈팀 PO 김종상과 스크래핑팀 PO 최재호가 주축이 되어 꼭 필요한 제품요건을 정리하고 각자 할 일을 분담했다.

카드사마다 긴급재난지원금 신청 홈페이지가 따로 만들어져 있었다. 또 자사에서 지원금을 신청하는 고객에게 '스타벅스 커피 3잔', '추첨을 통해 노트북 지급' 등 서로 다른 혜택을 내걸었다. 이 참에 휴면고객을 재활성화하려는 의도였다. 또 출생연도 끝자리 숫자에 따라 지원금을 신청할 수 있는 요일이 달랐다. 신청자가 한꺼번에 몰릴 것을 우려해 분산한 조치였다.

토스는 우선 카드사마다 다른 지원금 신청방법과 혜택을 한눈에 보여주고, 신청 당일 알림 메시지를 보내주는 사전신청 페이지를 만들기로 했다. 이후 긴급재난지원금 신청 과정은 주말새 카드사 홈페이지 스크래핑을 통해 구현한다는 계획이었다.

기대한 대로 제품이 완성되면 사용자들은 자신이 신청 가능한 날 오전 알림을 받고, 어느 카드사를 이용하든 토스 앱의 간편한 UX를 통해 긴급재난지원금을 신청할 수 있게 된다. 동시에 토스는 중요한 지표 중 하나인 카드 등록률을 높일 수 있다. 카드를 등록한 사용자들은 그렇지 않은 사용자에 비해 토스 앱을 더 자주 여는 경향이 있었다.

프론트엔드 개발자 박서진은 "성공할 수밖에 없는 제품이라는 직감이 들었다"고 말했다. 불과 몇 시간 만에 요구사항이 정의되고, 초벌 디자인이 만들어지고, 서버 개발이 진행되었다. 사용자에게 큰 임팩트를 줄 수 있는 서비스라는 확신이 들자, 그때부터 가슴이 쿵쿵 뛰었다고 했다. 이승건도 그제서야 "무슨 일이 벌어지고 있는 거냐"며 퇴근을 미루고 채널을 들여다보기 시작했다.

개발 과정에서는 TDS(토스디자인시스템)가 속도를 높이는 데 톡톡한 역할을 했다. 자주 사용하는 제품화면 요소는 라이브러리에서 불러오고, 개발자들은 핵심기능 개발에 집중했다. 제품을 안정적으로 운영하고 더 잘 알리기 위한 시나리오도 짜여졌다. 개인정보보호팀은 개인정보 수집 및 활용 동의문을 만들고, 서버플랫폼팀은 서버와 네트워크를 보강했다. 사용자 데이터를 잘 살펴볼 수 있도록 실시간 조회 대시보드도 만들었다.

제품 개발에 직접 참여한 인원은 30명 이내였지만, 100명 넘는 팀원들이 길드 채널에 찾아와 도울 일이 없냐고 물었다. 전체 메뉴 탭 담당자는 사전신청 서비스가 론칭되면 곧장 최상단에 배너를 고정하기로 결정했다. 긴급재난지원금 안내 콘텐츠가 금세 발행되었고, 마케팅팀은 이를 활용한 SNS 광고를 집행했다. 고객행복팀과 커뮤니케이션팀은 혹시 모를 문의에 대비해 대고객 및 미디어 메시지를 준비했다. 모두가 자기 자리에서 할 수 있는 일들을 했다. 알림 사전신청 페이지를 완성하고 오류가 없는지 테스트까지 마친 시각은 토요일 새벽 4시였다.

집으로 돌아가 잠시 눈을 붙이고 옷을 갈아입은 이들은 오전 11시가 되기 전 다시 하나둘 회사로 모여들었다. 몸은 피곤하지만 눈은 기대와 흥분으로 반짝였다. 주말에는 커피 사일로를 운영하지 않는데, 바리스타들도 일하는 동료들을 지원하기 위해 출근을 자청했다.

많은 토스팀원들은 이날을 토스 문화의 정수가 발현된 날로 꼽는다. 처음 스크래핑 아이디어를 낸 개발자는 토스팀 전체의 비즈니스 전략과 주요지표의 중요도를 깊이 이해했다. 회사 경영과 관련된 주요정보가 모두에게 숨김없이 공개돼 있었던 덕분이다. 자신이 속한 사일로와 아무런 상관이 없었지만, 팀 전체가 중요하게 여기는 지표를 개선할 수 있는 아이디어가 떠오르자 적극적으로 개진했다.

엄청난 아이디어를 접한 스크래핑팀은 "같이하고 싶은 팀원 모이라"며 길드원을 모집했다. 아이디어를 실행한 공을 독차지하려고 욕심을 부리지도, 시간 여유가 없다며 못 들은 척 뭉개버리지도 않았다. 다른 사일로의 팀원들도 고민 없이 길드에 합류했다. 각자 사일로에서 맡은 업무와 미션이 있지만, 그 시간에 더 큰 임팩트를 낼 수 있는 일을 발견했으니 머뭇거릴 이유가 없었다.

팀 리더인 이승건에게 보고하고 허락을 구하는 사람도 없었다. 누군가의 지시가 아니라, 잘 만들면 그야말로 '대박'이 될 것 같다는 흥분감이 그들을 움직이게 했다. 평일인지 주말인지는 중요치 않았다. 마치 재미있는 놀잇감을 발견한 아이들처럼 신나 있었다. '내가 원하는 일은 무엇이든 할 수 있다'는 자유의 단계를 넘어서서, 이를 실현했을 때 팀에 가져올 임팩트를 분석한 끝에 내린 자율적인 결정이었다. 긴급재난지원금 알림 사전신청자는 한나절 만에 80만 명을 기록했다. 과연 오래도록 기억될 토스다운 하루였다.

파트너로서의 토스

그러나 토스 밖의 모든 이해관계자에게도 환영받은 것은 아니다.

사전신청 페이지를 공개하자마자 카드사에서 연락이 오기 시작했다. 긴급재난지원금 신청을 받고 집행하는 일은 카드사에 큰 수익을 가져다주는 사업은 아니었다. 하지만 재난지원이라는 공적인 목적이 우선인 만큼 전 국민의 이목이 집중돼 있었다. 그 와중에 지원금 신청 서비스를 카드사 대신 제공하겠다는 토스는 카드사와 사용자 사이에 끼어든 불청객이었다.

토스는 모든 카드사의 신청 프로세스를 지원하므로, 어떤 카드사부터 보여주는지가 카드사 트래픽을 크게 좌우할 수 있었다. 마치 토스 앱에서 신용카드나 대출 광고를 집행할 때 노출 순서가 클릭 수와 비례하는 것과 같았다. 푸시를 보내는 시간과 빈도에 따라 카드사의 서버에 미치는 영향도 막대했다.

처음에는 카드사마다 입장이 달랐다. 토스가 아예 지원금 신청을 제공하지 않기를 바라는 카드사도, 신청받을 때 자사를 우선 노출해주기를 바라는 곳도 있었다. 그러나 어느 순간 카드사들은 대오를 정비해 토스의 재난지원금 신청 서비스 운영을 일제히 반대했다. 정부도 같은 요청사항을 토스에 보냈다. 정부가 공지한 카드사나 지방자치단체 홈페이지가 아닌 민간기업에서 지원금 신청을 할 수 있도록 허용하면 이를 악용한 스미싱 사이트가 우후죽순 생겨나 혼란을 일으킬 우려가 컸던 것이다. 공익적인 측면에서 볼 때 토스가 독단적으로 밀어붙일 사안이 아니었다. 그간 카드사들과 협업해온 사업개발팀도 발 벗고 나섰지만, 다른 해결책을 찾기에는 시간적 여유가 없었다.

토요일 늦은 밤, 김종상이 길드원들에게 공지했다.

"오늘은 이만 쉬세요. 내일 다시 말씀드리겠습니다. 고생 많으셨습니다."

이대로 끝내야 할까. 밤이 늦었지만 몇몇 팀원들이 회사 앞 닭볶음탕 집에 둘러앉아 소주를 마셨다. '조금만 일찍 떠올렸더라면 정부나 카드사와 협의해볼 시간이 있었을 텐데' 하는 아쉬움이 가득했다. 끓어오른 에너지를 분출하지 못한 채였다.

흐지부지 끝낼 수는 없었다. 일요일 오전 재난지원금 길드는 노선을 수정했다. 지원금 신청이 아니라 사용내역 조회 등 긴급재난지원금 통합관리 서비스로 변경하자는 것이었다.

김종상 2020년 5월 10일 오후 12시 24분
어젯밤 11시 이후 상황이 많이 바뀌었습니다. 우리가 처음 계획한 방향은 아니었지만, 전략을 바꿔 서비스를 만들어보려 합니다. 처음 계획한 흐름은 카드사 선택 → 카드 등록 → 재난지원금 신청이 토스 앱 내에서 이뤄지는 것이었지만 이를 아래와 같이 변경합니다.

카드사 선택 → 카드 등록 → 카드사 재난지원금 신청 페이지로 연결

카드를 등록한 사용자가 재난지원금을 신청 완료하고 나면, 이후 토스 앱에 진입할 때 신청내역 및 지원금 사용내역을 보여주려고 합니다. 이 경우 아래와 같은 가치를 사용자에게 제공할 수 있습니다.

— 남은 지원금 조회
— 지원금 사용 가능 가맹점 여부 확인
— 결제 시 지원금 적용 금액 확인
— 복수의 지원금을 받은 경우, 결제 건별로 어느 지원금이 사용되었 는지 분류

이미 사전신청을 한 사용자에게는 5부제에 따라 알림 메시지는 그대로 발송하되, 토스 앱에서 신청은 어렵다는 점을 사과와 함께 설명하려 합니다. 제품 방향이 많이 변경되었지만, 여전히 우리가 할 수 있는 일들은 있다고 생각합니다. 염려되는 부분이 있다면 말씀 부탁드립니다.

재빠르고 영리한 전환이었다. 이미 토스에서 제공하는 카드내역 조회와 별반 다를 것이 없는 기능이라 카드사도 반대할 이유가 없었다. 지원금 신청은 한 번으로 끝나지만 지원금이 지급되었는지, 그걸 얼마나 썼는지 조회하는 행동은 여러 번 일어난다. 처음 기대했던 대로 토스 앱 접속빈도를 높이는 효과가 분명히 있었다. 실제로도 한 주 동안 토스 앱 접속뿐 아니라 신규 가입, 카드 가입, 보험 상담 등의 트래픽이 평상시보다 2~3배 증가했다.

폭풍 같은 시간이 지나갔다. 고객에게 유의미한 서비스이면서 비즈니스 영향력도 큰 제품을 만드는 시간은 분명 뿌듯했다. 서로 다른 사일로에 속한 팀원들이 그야말로 '한 팀'이 되어 서로 돕겠다고 덤비는 순간의 폭발력은 컸다.

동시에 토스팀이 파트너사들과의 관계에서 놓치고 있던 점도 발견했다. 예전에도 일부 카드사는 토스의 스크래핑 트래픽을 카드사 홈페이지 서버가 감당하기 어렵다며, 사용자의 유입량을 제어해달라고 종종 요청했다. 하지만 토스는 이를 심각한 문제로 여기지 않았다. 토스가 카드사들의 주요 광고채널 중 하나였기 때문에 서로 윈윈하는 관계라고만 생각했던 것이다. 그러다 카드사들의 반발을 마주하고 나서야, 토스가 그간 '신뢰'라는 비용을 크게 치르고 있었음을 깨달았다. 업계에서 토스는 상대방의 입장을 헤아리는 성숙한 파트너이기보다, 원하는 것을 향해 그저 밀어붙이는 독불장군에 가까웠다. 어느 날 갑자기 모인 재난지원금 길드는 속도와 집중력, 협동심 그리고 파괴력과 이기심까지 토스팀의 강하고 약한 면모를 숨김없이 드러냈다.

모두들 기진맥진한 채 자리에 앉았다. BEP를 돌파했다고 샴페인 잔을 부딪친 것이 불과 며칠 전이었다. 그날 팀원들 책상마다 놓였던 가짜 비행기 티켓이 눈에 들어왔다. 팬데믹이 지속되면서 당장 하와이행 비행기에 오를 수는 없었다. 토스팀은 바이러스가 잦아들 때까지 여행을 무기한 연기하고, 대신 일주일간 여름방학을 보내기로 했다. 팀원들은 학창시절로 돌아간 것처럼 방학을 기다렸다.

신뢰라는 자산

여름방학 첫날, 윤기열과 커뮤니케이션 팀원들은 적막한 사무실로 출근했다. 저녁 뉴스가 시작되자 네 사람은 숨죽인 채 화면을 응시했다. '토스 뚫렸다'는 자막과 앵커 멘트가 흘러나오는 순간 윤기열은 짧은 비명을 질렀다.

"비밀번호 다섯 자리만 입력하면 연결된 계좌에서 쉽게 돈을 보내거나 물건값을 낼 수 있는 서비스인 토스가 뚫렸습니다. 1700만 명이 가입한 서비스입니다. 취재 결과, 현재까지 8명이 자신도 모르는 사이에 계좌에서 200만 원 안팎이 빠져나가는 피해를 본 걸로 파악됐습니다. 경찰이 곧바로 수사에 들어갔습니다."

며칠 전 일어난 개인정보 무단도용 결제 사건에 대한 뉴스였다. 토스가 파악한 사건의 전모는 이랬다. 6월 3일, 토스 사용자 8명의 계정에서 이상거래가 발생했다. 사용자 본인이 아닌 누군가가 특정 웹사이트에서 사용자의 비밀번호를 입력해 결제한 뒤 사라진 것이다. 결제처는 3곳이었고 금액은 1000원부터 4만 원, 50만 원, 최대 200만 원까지 사용자마다 달랐다.

고객이 토스에 "내가 들어가 본 적도 없는 사이트에서 돈이 빠져나갔다"고 신고할 때까지, 토스의 시스템은 처음 4명의 계좌에서 이뤄진 결제를 정상거래로 판단했다. 범인은 마치 비밀번호를 알고 있는 것처럼 한 번에 정확히 입력했다. 비밀번호 없이 보안 프로그램을 뚫고 들어오려는 시도는 없었다. 신고를 받은 뒤 기록을 확인해보니 몇 가지 공통점이 있는 결제 가맹점 3곳에서 여러 건의 결제가 차례로 일어나고 있었다.

결제처는 두 온라인 게임사 그리고 이 두 곳에 결제망을 제공하는 업체로, 모두 고환금성 가맹점이었다. 범인이 토스 사용자의 계좌에서 게임 내 유료 아이템을 결제하고 이를 제3의 계좌로 환불받아 챙기려는 것으로 추측할 수 있었다. 토스 앱을 거치지 않고 웹페이지 내에서 사용자의 인적정보와 비밀번호를 입력하면 결제가 가능한 웹 결제 가맹점이었다는 공통점도 있었다. 토스는 부정결제가 일어났음을 인지한 즉시 의심되는 IP를 찾아 차단하고 피해 계정을 잠갔다. 나중에 일어난 4건에 대해서는 선제적으로 계정을 차단해 피해 규모가 더 커지는 것을 막았다.

8명의 사용자 중 타사 서비스에서 유사한 일이 있었다고 말한 고객도 있었다. 고객행복팀이 부정결제 발생을 알리려고 전화하자 한 고객은 "며칠 전에 다른 곳에서 충전했던 상품권 금액이 사라져 경찰에 신고해둔 상태"라고 했다. 범인들은 개인정보와 비밀번호 리스트를 들고 이곳저곳 다니며 결제를 시도하고 있는 것으로 추정됐다. 토스로서는 고객 자산을 보호하는 것이 우선이었기 때문에, 고객 8명에게는 결제된 금액 전부를 우선 환급했다. 결제 가맹점에서도 처음에는 정상결제라고 봤으나, 이후 부정결제 정황을 확인한 뒤 결제 자체를 취소하기로 했다.

그리고 부정결제 피해를 입은 고객 중 2명이 방송사에 피해 사실을 제보했다. 취재 기자의 전화를 받은 윤기열은 전말을 충분히 소명하려고 애썼다.

하지만 방송 내용은 실제와 거리가 있었다. 첫 번째 피해 고객이 처음 토스에 신고했을 때 '정상적인 거래로 보인다'고 응대했다가 이후 부정결제를 확인한 뒤 피해 금액을 전액 환급하겠다고 답변한 것은, 책임을 피하고 말을 바꾸는 파렴치함으로 묘사되었다.

무엇보다 기사에는 반복적으로 '뚫렸다' '해킹'이라는 표현이 쓰였다. 해킹은 네트워크에 불법적으로 침입해 개인정보를 비롯한 각종 정보를 탈취하거나 변조하는 행위를 말한다. 그러나 엄연히 해킹 사건은 아니었다. 토스의 네트워크에 제3자가 불법 침입한 흔적은 없었다. 어딘가에서 개인정보를 무단도용한 제3자가 본인인 척 토스에서 정상적으로 보이는 결제행위를 한 것이었다.

해킹을 당했다면 보안망을 취약하게 만든 기업의 책임도 크지만, 정보 도용은 도용한 자의 잘못이 절대적이다. 무엇보다 두 단어의 뉘앙스 차이는 하늘과 땅만큼이나 컸다. 게다가 토스 서버가 정말 '뚫렸다'고 하더라도, 토스는 사용자의 비밀번호를 저장하지 않고 복호화 불가능한 방식으로 암호화하기 때문에 원천적으로 비밀번호를 탈취당할 방도가 없다. 이런 설명은 반영되지 않았다.

"고객의 개인정보를 취득한 타인이 그 정보를 사용해 특정 가맹점에서 저희 결제를 이용한 정보도용 이슈입니다"라는 뉴스 속 윤기열의 목소리에서 작은 떨림이 느껴졌다. 기사는 토스의 주장이 진실인지는 경찰이 수사할 것이라는 말로 마무리되었다.

여름방학의 악몽

윤기열은 "뉴스를 보고 있는 시간이 꿈인가 싶었다"고 했다. 꿈이라면 악몽이었다. 상황을 지켜볼 여유는 조금도 없었다. 저녁 뉴스 첫머리에 보도되었으니 그 어느 때보다 주목도가 높았다. 보도 직후 다른 언론사의 확인 전화가 빗발쳤다. 고객행복팀에는 기사를 본 사용자들의 항의가 쏟아졌다.

팀원 모두가 바삐 대응하는 사이, 윤기열은 혹시 몰라 준비해둔 대고객 안내문을 다듬어 공식 블로그에 올렸다. 2017년 말 3개월 연속 송금장애가 발생했을 때, 토스머니카드 이벤트로 GS25 편의점 결제망이 마비되었을 때 등 토스는 윤기열이 쓴 사과문으로 여러 번 위기를 넘겼다. 그는 "사과를 하고 나서 또다시 사과를 해야 하는 바보 같은 상황을 만들어서는 절대 안 된다"고 말했다.

"적절치 못한 사과문에 대해 다시 사과드리는 경우가 실제로 종종 일어나잖아요. 많은 사람들이 한 문장 한 문장 뜯어볼 텐데, 미처 내가 고려하지 못한 측면이 있을 수 있거든요. 시의적절하게 빠르게 내면서도, 동시에 사과문이 올라오면 더이상 논란이 번지지 않고 종결시킬 수 있어야 한다고 생각했어요."

윤기열은 입장문에 과연 어떤 내용이 포함되어야 대중에게 오해 없이 받아들여질지 고민했다. 토스가 고객에게 피해를 끼쳤다면 사과와 함께 합당한 보상이 동반되어야 한다고 생각했고, 그래서 보상안을 논의하는 과정에도 적극적으로 관여했다. 무작정 '죄송합니다' 하는 것이 아니라, 토스에서 일어난 일과 결정에 대해 충분히 배경을 설명했다. 사용자가 앞뒤 상황을 알아야 사과도 받아들일 수 있을 것이기 때문이다. 2017년 송금장애 당시 "한창 송금이 많이 이루어지는 시간대에 장애가 발생해 (중략) 토스만을 믿고 발을 동동 구르셔야 했던 고객님들께 진심으로 송구한 마음입니다"와 같은 문장을 쓴 것 역시 윤기열이었다.

그렇지만 이번에는 유독 까다로웠다. '해킹'이라는 자극적인 표현을 지양하면서도, 개인정보가 토스를 통해 유출된 것이 아니라는 점을 설명해야 했다. "보도로 인해 놀라셨을 고객분들께 진심으로 위로의 말씀을 전합니다. 관련 내용에 대해 사용자분들께서 충분히 이해하실 수 있도록 상세히 설명드리고자 합니다"는 문장으로 말문을 열었다. 총 3곳의 온라인 가맹점에서 8명의 고객 명의로 부정결제가 발생했으며, 결제 금액 총 938만 원을 전액 환급했다는 등 사건 경과를 숨김없이 밝혔다. 웹 결제 방식 점검 및 수사협조 등 재발방지책 또한 언급했다. 토스 블로그에 입장문이 게시된 것은 뉴스 보도가 나온 지 1시간 만이었다.

그 시각 제주도에는 홍민택, 김종상 등 여름방학을 맞아 놀러간 팀원들 몇몇이 모여 있었다. 민박집 앞마당에서 불을 지피고 바비큐를 굽는 도중에 뉴스가 나왔다.

"바비큐 중단! 이거 봐요!"

너나없이 노트북을 펼치고 모니터링에 나섰다. 앱 탈퇴자 수가 튀어오르고 있었다. 평소 시간당 탈퇴자는 수십 명 안팎인데, 뉴스가 나온 8시부터 9시까지 1시간 동안 그 몇백 배가 탈퇴했다. 탈퇴자 수 증가는 토스팀이 간주하는 가장 큰 위험 요소다. 탈퇴는 하지 않았어도 토스에 등록된 자기 계좌를 삭제하고 앱을 지워버린 사용자도 다수였다. 토스를 사용하지 않겠다는 의지를 보인 것이니 탈퇴와 별반 다르지 않았다. 3년 전 '토스대부' 부정 바이럴로 일어난 탈퇴 행렬이 팀원들 머릿속에 떠올랐다.

"앱 안에 탈퇴하지 말아달라고 문구를 띄우면 어떨까요?"

아이디어가 나온 즉시 행동에 옮겼다. 토스 앱 내 모든 페이지에 짧은 공지를 띄울 수 있었다. 처음에는 앱에 접속할 때마다 팝업시킬까 했지만, 오히려 사용자의 불안과 짜증을 키울 수 있다는 의견에 계좌 삭제나 탈퇴 페이지에서만 띄우기로 했다.

안내 말씀 드립니다

6월 8일 보도된 내용은 토스를 통한 정보 유출이 아닌, 제3자가 사용자 인적사항 및 비밀번호 등을 이용한 부정결제임을 알려드립니다. 토스를 통한 정보 유출이 아닌 만큼, 사용자분들께서는 토스를 안심하고 사용해 주시기를 부탁드립니다.

뉴스를 접한 사용자들이 토스 앱에 들어와 탈퇴 버튼을 누르는 순간 팝업이 떴다. 이 문구를 보고 블로그에 게시된 안내문까지 읽은 고객들 중 일부는 마음을 바꾸었다.

그렇지만 사태는 쉽사리 사그라들지 않았다. 첫 보도 이후 이
틀날 오전까지 비슷한 내용의 기사가 100건 이상 나왔다. 토스의
설명이 반영된 기사도 많았지만, 사람들의 뇌리에 '뚫렸다'는 표현
이 이미 가닿은 후였다. 시간당 탈퇴자 수는 차츰 줄었지만, 평소보
다 2~3배 높은 채로 며칠간 유지됐다.

토스와 핀테크에 대한 세간의 기대, 그리고 그 기대가 무너졌
을 때의 후폭풍을 한 번에 보여주는 상징적인 사건이었다. 방송 뉴
스의 헤드라인으로 다뤄질 만큼 토스에 대한 관심은 높아져 있었
다. 언론에서 토스를 어떻게 조명하는지가 주요지표에 실질적인 영
향을 미친 첫 사례이기도 했다.

윤기열은 내내 밥 한 술 제대로 뜨지 못했다. 그는 "진짜 해킹
이면 오히려 덜 괴로웠을 것"이라고 했다. 그랬다면 이유불문 토스
의 책임이니 인정하고 두드려맞는 게 당연했다. 하지만 실은 해킹
이 아니었고, 그럼에도 오해가 생겼다. 이를 바로잡지 못한 채 첫 번
째 기사가 나갔다는 것이 뼈아팠다.

선조치 후조사

며칠 사이 토스 부정결제는 국내 보안업계가 주목하는 이슈가 되
었다. 다행히 토스가 부정결제의 시시비비를 가리기 전에 결제금
액부터 고객에게 모두 돌려준 데 대해서는 긍정적인 반응이 주류
였다. "토스가 잘못한 것이 없다면 왜 환급하겠느냐"는 의심도 일
부 있었지만, 더 많은 전문가가 토스의 선제적 환급조치를 높이 샀
고, 여론도 서서히 바뀌었다. 비밀번호 도용사고는 또다시 발생할
수 있으므로, 그럴수록 선진적인 보상체계를 구축해야 한다는 의
견도 나왔다. 고려대 정보보호대학원의 김승주 교수는 여러 방송

프로그램에서 다음과 같이 말했다.

"간편함이 핵심인 간편결제인데, 보안 절차를 추가하면 추가할수록 분명한 건 불편해진다는 겁니다. 간편결제의 대명사인 미국 페이팔 같은 경우 간편함을 없애면서까지 절차를 추가하지 않습니다. 대신 부정거래가 발생하는 경우 약자인 소비자에게 우선적으로 피해를 보상합니다. 즉각적으로 보상부터 하고, 나중에 원인을 밝혀 손해배상 절차를 밟겠다는 토스의 접근방식은 굉장히 선진화된 방식이고 바람직하다고 생각합니다."[20]

페이먼츠팀 리더 김민표는 페이팔이 보상정책을 어떻게 운영하는지 조사했다. 페이팔은 지난 2019년에만 11억 달러(한화 약 1조 3000억 원)를 부정거래를 보상하는 데 썼다. 그 해 전체 거래액이 7120억 달러(약 854조 원)였는데, 그중 0.15% 수준이었다. 부정거래가 발생한 지 60일 내에 고객이 페이팔에 신고하면, 페이팔은 10일 안에 조사 과정을 거친 뒤 전체 피해액을 선지급했다. 고객이 직접 승인하지 않은 결제는 물론이고 책을 샀는데 DVD가 배달됐다든지, 새 상품이라고 했는데 중고였다든지, 배송과정에서 물건이 훼손되는 등 결제 가맹점과 판매자의 잘못이라도 페이팔이 우선 보상했다. 거래금지 품목, 부동산·자동차, 가족 및 지인 거래 등 보상이 불가능한 항목은 홈페이지에 명시돼 있었다.

페이팔은 간편함을 유지하면서도 고객으로부터 신뢰를 받을 수 있는 피해구제 및 보상 정책을 집행하는 것이 핵심 경쟁력이라고 보았다. 그래서 부정거래 가능성을 원천 차단하기 위해 불편한 인증 절차를 더하지 않고, 0.15%의 부정을 감수했다. 대신 그때 발생하는 피해를 페이팔이 책임지는 방식으로 고객의 신뢰를 얻었다. 귀책 사유가 없음을 고객에게 증명하라고 한다든지, 경찰 수사 결과가 나올 때까지 차일피일 지급을 미루는 일도 없었다.

페이팔이 선지급한 보상금을 추후 얼마나 회수하는지는 알려지지 않았다. 어쨌든 보상금이 무한정 늘어나도록 둘 수는 없으니, 그들은 신종 해킹수법이나 부정거래 유형이 발견되면 재빨리 대응 역량을 키우는 데 집중했다. 0.15%라는 부정거래 발생 비율을 줄여나가자는 것이다.

그때까지 토스팀은 '사고가 발생했을 때 고객의 편의를 최우선으로 두자'는 정도의 공감대만 있었을 뿐, 구체적인 보상정책과 절차는 정해진 바 없었다. 당장 토스에서 일어날 수 있는 부정거래 유형을 분류하고 보상정책을 세우는 작업에 착수했다.

윤기열은 "고객보호팀을 신설하자"고 제안했다. 앞으로도 고객 자산과 관련한 문제가 일어날 수 있고, 그때마다 고객접점인 고객행복팀의 첫 번째 대응과 조치가 가장 중요해진다. 이번처럼 제삼자에 의한 정보도용이 확실한 경우에도 "고객님, 많이 걱정하셨죠? 저희가 도와드리겠습니다"라는 식으로 고객의 놀란 마음을 달래는 것이 먼저다. "토스가 잘못한 것은 아닌데…"와 같은 소극적인 대처는 고객을 더 불안하게 할 뿐이다.

찾아보니 카드사와 인터넷은행 등 금융사들은 '고객보호팀' '소비자보호팀' 또는 그와 비슷한 조직을 이미 갖추고 있었다. 사용자를 안심시키는 이름이었다. 이승건도 "1차 응대에서 고객이 불편을 느끼면 문제해결이 더 어려워진다는 데 공감한다"며 부정거래 등이 감지되면 곧바로 고객보호팀이 투입되는 프로세스를 만드는 데 동의했다.

고객보호팀 신설은 어쩌면 윤기열이 나서서 주장할 일은 아닐수도 있었다. 그러나 그는 "일반적인 기업 커뮤니케이션의 범위를 벗어나는 일일지라도, 더 나은 제안을 발견했을 때 말하지 않을 이유가 없었다"고 말했다.

"이렇게 저렇게 바꾸면 더 근원적인 부분을 건드릴 수 있을 것 같은 지점들이 보였으니까요. 제 역할을 '일어난 일과 결정된 내용을 전달하는 사람'으로 좁게 정의하지 않으려고 했어요. 내가 속한 조직이 더 좋은 결정을 내리는 데 기여하고 싶었고요. 내 일이 아니라는 이유로 가만히 있다가, 나중에 비슷한 일이 또 일어나면 그때는 외부에 뭐라고 설명하겠어요."

일주일의 여름방학은 이렇게 끝났다.

안심보상제

토스팀은 전열을 가다듬었다. 고객의 신뢰를 회복할 수 있는 보상 체계를 갖추는 한편, 보안 기술력과 내부 통제를 강화하는 흐름을 만들어갔다.

먼저 '고객 피해 전액 책임제' 시행을 전격 발표했다. 제삼자 명의도용과 보이스피싱 등 토스 서비스를 거쳐 일어난 금전 피해는 토스의 책임이 없더라도 먼저 구제하겠다는 내용으로, 국내 핀테크 업계는 물론 금융업계에서 전례를 찾기 어려운 고객보호 정책이었다. 예컨대 대포폰 불법개통을 통한 명의도용이나 보이스피싱은 경찰에 피의자가 잡히지 않는 한 보상받을 길이 없었지만, 토스는 책임 소재를 가리기 전 선제적으로 보상한다. 경찰에 사건을 접수했다는 확인서류를 제출하는 것으로 증빙 절차를 간소화했고, 토스 고객센터 홈페이지에 피해 내용을 간략하게 적어 신고를 접수하는 시스템도 만들었다. 부정결제가 발생한 지 1개월이 지나지 않아 나온 결정이었다.

보상제도를 뭐라고 부를지 정할 때 설왕설래가 있었다. 윤기열이 보도자료를 작성하면서 '100% 안심 정책'이라는 표현을 썼는데, 이승건이 제동을 걸었다. "이름만 들어서는 토스에서 부정거래 피해를 보상해주는 정책이라는 걸 직관적으로 알기 어렵다"는 이유였다. UX 헤드 정희연이 "임팩트는 금액을 모두 보전해준다는 점에 있다"며 '피해 전액 책임제' '고객 피해 0원 정책' 등의 아이디어를 냈고, 팀원들의 투표로 '고객 피해 전액 책임제'로 결정됐다.

이승건은 "썩 마음에 들진 않았지만 결정을 받아들였다"고 말했다.

"보상 범위를 정하고 네이밍할 때부터 걱정하는 팀원들이 많았어요. 너무 적극적으로 보상한다는 제스처를 취하면 어뷰징(오남용)을 일으켜서 감당하기 어려울 거라는 거죠. 몇 번이나 시뮬레이션을 돌려봤지만 어뷰징이 일부 발생해도 큰 악영향은 없을 것이 분명하다고 판단됐어요. 부정거래를 감지하는 시스템이 작동하고 있으니까요. 내부 팀원들을 설득하는 데 시간을 엄청 썼어요. 심지어 정책이 시행된 다음에도, 보상금을 빨리 지급해서 고객의 불안을 잠재워야 하는데 최대한 덜 지급하려는 분위기가 있었어요. 회사의 비용을 아끼려는 건 알지만, 답답해서 몇 번이나 팀원들이랑 싸웠죠."

제도명은 6개월 지나 '토스 안심보상제'로 바뀌었다. 책임보다 더욱 직접적인 '보상'이라는 단어를 넣음으로써 제도의 가치를 더 널리 알리자는 취지였다. 보상 범위도 토스를 통해 송금한 중고거래 사기 피해로도 확대했다. 온라인 중고 플랫폼에서 거래하다 사기를 당한 경우 최대 50만 원까지 피해를 보상하기로 했다. 중고 시장이 커지면서 이를 악용하는 사기 피해 사례가 많아졌고, 설령 토스의 잘못이나 실수가 없더라도 고객이 피해를 입었으면 적극적으로 책임진다는 안심보상제의 원칙을 더 널리 적용하자는 데 의견이 모아졌다.

아무리 강조해도 지나치지 않을

이런 조치가 가능한 데에는 기술적 자신감도 한몫했다. 그사이 FDS(Fraud Detection System), 즉 사기방지 시스템을 비롯한 토스팀의 보안체계가 고도화한 덕분이었다.

이승건은 간편송금 서비스를 시작한 초창기부터 정보보호와 보안을 토스의 중요한 축으로 봤다. 적은 돈일지라도 사용자가 자신의 재산과 그 거래를 맡기는 금융 서비스이기 때문이다. 청와대와 마이크로소프트, 넥슨 등에서 정보보안 담당자로 일했던 신용석이 토스팀의 CISO로 입사한 것이 토스 론칭 1년 만인 2016년이었다. 몇 달 뒤의 미래도 장담하기 어려웠던 그때의 토스가 굵직한 커리어를 가진 신용석을 선임하는 것은 막대한 투자였다.

신용석을 만난 이승건은 대뜸 "PCI-DSS 인증을 따고 싶다"고 말했다. 비자와 마스터카드 등 신용카드 회사들이 공동으로 만든 국제 정보보안 표준인데, 국내 카드사 중에도 취득한 곳이 없던 때였다. 신용석은 "비용도 시간도 많이 드는 보안 인증을 따겠다고 스타트업 창업자가 먼저 의지를 보이는 것이 인상적이었다. 보안에 대한 이해와 관심이 어느 금융기관 리더보다 높았다"고 말했다.

신용석은 토스 합류 이후 회사 전반의 보안 정책을 세웠고, 토스팀은 이를 바탕으로 세계적인 수준의 보안 인증 4개를 차례로 따냈다. PCI-DSS 중에도 최고 단계인 레벨1을 취득했다. 이승건은 이것을 능가하는 가슴 떨리는 목표를 세워달라고 청했고, 신용석은 사뭇 구체적인 목표를 제시했다. "과학기술정보통신부 장관이 표창하는 정보보호대상을 받자"는 것이었다. 대한민국 정보보안 분야에서 가장 권위 있는 상이었다.

인증은 형식에 불과하다고 말하는 사람도 있었다. 하지만 '우리는 인증은 없지만 보안이 튼튼해요'라고 말하는 것으로는 무엇도 증명할 수 없다. "삼촌, 저는 태권도를 잘해요. 검정띠는 없지만 검정띠 친구들을 다 이길 수 있어요"라고 말하는 철모르는 꼬마와 다를 바 없다. 신용석은 "내용과 형식은 불가분의 관계"라고 말했다. PCI-DSS 인증을 받으려면 그에 걸맞은 내용을 갖춰야 하기 때문이다.

"국내 전자금융감독 규정은 데이터센터의 서버를 1년에 한 차례 점검하라고 정하고 있어요. 외부 네트워크와 연결되는 서버는 1년에 2번 점검하고요. 그런데 PCI-DSS는 모든 서버에 대해 1년에 4회씩 예외 없이 점검하도록 합니다. 그만큼 보안 인력이 많아야 하고 예산도 들어가죠. 이런 조건을 달성하고 점검 간격을 더욱 단축해가는 과정에서 기업의 정보보안이 성숙해집니다."

2018년 11월 토스팀은 목표한 대로 정보보호대상을 수상했다. 대기업이 아닌데 이 상을 받은 것은 토스가 처음이었다.

이후 보안팀은 보안정책팀과 보안기술팀으로 역할을 나누고, 2020년 하반기에는 보안기술팀 서버 개발자 김대희와 보안 엔지니어 안두수 등을 중심으로 FDS팀이 분화되었다. 사용자의 앱 이용 패턴을 365일 24시간 살펴 이상거래를 탐지하는 모니터링 에이전트(MOA)팀도 신설했다. 두 팀은 한 몸처럼 움직였다. FDS팀이 의심거래 데이터를 뽑아내면, MOA팀이 거래 패턴과 앞뒤 상황을 일일이 살피고 고객에게 연락해 부정거래가 맞는지 확인했다.

실제 부정거래로 판별된 건들을 분석해보니 '가족 간 도용' 유형이 눈에 띄었다. 부부간, 친척 간 도용도 있지만, 고령층 고객의 명의를 손주나 자녀가 몰래 가져다 쓴 경우가 유독 안타까웠다. 70대 할머니 계좌로 새벽에 불법 웹하드에서 결제하거나 전동 킥보드를 주기적으로 이용하는 손주는 귀여운 축에 속했다. 할아버지가 수령하는 연금을 자기 계좌로 매달 빼돌리거나, 불법 도박에 수백만 원을 탕진하는 이들도 있었다.

토스는 '고객 본인의 의사에 반해 이뤄진 거래'라면 모두 부정거래로 정의하고, 경찰 신고 확인서를 제출하면 토스의 잘못이 아니라도 보상한다는 기조를 이어갔다. 그러나 가족 도용은 피해 사실이 알려지는 것 자체를 남부끄럽게 여겨 좀처럼 신고로 이어지지 않았다. 대부분 "우리 아들이 사업하느라…" "우리 손주가 실수로…"라며 조용히 덮기를 원했다. 따라서 이런 일이 발생하지 않도록 FDS가 더욱 치밀해져야만 했다.

FDS는 수많은 룰로 구성되고, 룰에 걸릴 경우 자동으로 계정이 잠기거나 기능이 차단되는 방식으로 작동한다. 스마트폰 비밀번호를 4회 틀리는 것까지는 괜찮지만 5번 틀리는 순간 기기가 잠기는 것도 일종의 FDS다. 어떤 룰이 있는지는 기밀사항이다. 예시를 드는 순간 외부 공격자들에게 빌미를 제공하기 때문이다.

FDS팀은 기존의 FDS 룰이 제대로 작동하는지 점검하고, 머신러닝 등의 기술을 통해 새로운 룰을 보강했다. 그런 다음 룰을 넘어 더 촘촘한 '모형'으로 만들어갔다. 하나의 룰은 부정거래 여부를 'YES' 또는 'NO'로 판단한다. 예컨대 10만 원 이상 송금을 차단한다는 룰이 있다고 가정하면, 9만 9000원짜리 송금은 감지할 수 없다. 반면 FDS 모형은 여러 조건을 복합적으로 계산해, 부정거래 위험도를 '점수'로 매기고 일정 점수가 넘는 건을 추가 모니터링한다. 기존의 룰과 새로운 모형은 상부상조하며 시너지를 냈다.

2021년에는 화이트해커 이종호를 보안 기술팀의 리더로 영입했다. 미국의 데프콘, 일본 세콘, 대만 히트콘 등 세계 3대 해킹방어 대회에서 우승한 인물로, 이종호의 합류는 토스의 보안 강화 노력에 눈동자를 그려 넣는 일이었다.

승차공유 플랫폼 우버의 승객들은 무엇을 믿고 낯선 사람의 차에 오를까? 운전자가 승객을 납치하지 않을 것이라고 확신하는 근거는 무엇일까? 그가 요구하는 운행료가 합당한지 아닌지 어떻게 알까? 《신뢰이동》의 저자 레이첼 보츠먼은 승객들이 낯선 운전자가 아니라, 우버라는 플랫폼을 믿는 것이라고 말한다. 우버를 타면 나의 안전이 보장되는 것은 물론이고, 가장 빠른 길로 적당한 값을 내고 목적지에 도착할 것이라는 이용 경험의 모든 측면을 신뢰하는 것이다. 내 친구들을 비롯해 전 세계 1억 명 이상이 우버를 거리낌 없이 이용한다는 사실 또한 나를 안심시킨다.

　토스에 대한 사용자의 신뢰도 마찬가지다. 토스가 그 어떤 외부 공격도 막아낼 보안역량을 갖췄다는 정보는 신뢰도에 영향을 주었을 것이다. 하지만 신뢰를 구성하는 요소가 보안 하나만은 아니다. '편하고 좋더라'는 친구들의 추천, 나의 개인정보를 함부로 다루지 않을 거라는 확신, 내게 가장 유리한 상품을 추천해줄 것이라는 믿음, 정부로부터 증권 및 은행 설립 허가를 받았다는 사실 그 자체, 무엇보다 어렵고 복잡하기만 했던 금융이 토스에서는 언제나 쉽고 빠르게 해결되는 경험이 모여 신뢰를 단단하게 한다.

　초기 멤버 남영철은 "신뢰란 결국 시간이 쌓아주는 자산이었다"고 했다. 신뢰라는 숙제는 늘 토스를 따라다녔다. 금융이 필요하면 은행을 찾아가는 고객의 습관과, 작고 보잘것없는 토스는 믿기 어렵다는 사람들의 선입견이 언제나 토스의 가장 큰 도전과제였다. 어떤 대단한 인증이나 문구, 캠페인도, 없던 신뢰를 갑자기 만들어내지는 못했다. 신뢰는 사용자에게 약속한 것들을 꾸준하고 일관되게 지켜나갈 때, 아무런 문제 없이 많은 시간을 함께할 때, 감지되지 않는 속도로 그러나 확실하게 쌓였다.

　그러다 어느 하나가 어긋나는 순간 신뢰는 눈 녹듯 사라졌다.

부정결제 사건은 고객 1700만 명 중 단 8명에게 일어난 일이었지만, 언론 보도로 널리 알려지면서 수많은 이들이 '나도 같은 일을 겪을지 모른다'는 불안을 느꼈다. 토스가 쌓아온 신뢰의 탑을 허물기에 충분했다. 지름길은 없었다. 다시 묵묵히 시간을 축적해가야 했다.

고객의 미친 만족감

토스팀은 사용자의 목소리에 갈급했다. 사용자 수가 200~300명에 불과할 때부터, 토스팀은 하루 24시간 '고객행복팀'을 열어두었다. 전화나 채팅 상담은 물론 페이스북 등 SNS 채널을 통해 올라오는 문의에 재빨리 답하고 문제를 해결하는 것이 최고의 미덕이었다. 사람은 한 명인데 전화벨이 두 군데서 울리면 개발자나 디자이너, PO 누구든 와서 받았다. 그때는 토스에 미처 연결되지 않은 은행이 많았기 때문에, 이런 문의가 자주 들어왔다.

"○○은행 계좌는 언제 연동되나요? □□은행은요? 그럼 지금 토스 쓸 수 있는 은행이 어디예요?"

문의 내용을 모아보면 토스 앱 어디서 오류가 많이 나는지, 어떤 기능이 새로 생기면 좋을지는 물론이고 어떤 은행을 더 빨리 연결시키는 게 좋을지까지 파악할 수 있었다. 토스팀은 고객의 의견을 실오라기 하나도 놓치지 않고 모아, 이를 제품에 반영하고 싶었다. 회사 사정이 어려울 때 "다른 회사들처럼 오전 9시부터 오후 6시로 상담 시간을 정해두자"는 얘기도 나왔지만, 이승건은 단호했다.

"누구나 급하게 또는 밤늦게 송금해야 할 때가 있잖아요. 오류나 궁금증이 9-6에 맞춰 생길 리 없어요. 물어볼 게 생기면 아무 때고 연락할 수 있는 모든 창구를 열어놓아야 해요."

시간이 흘러 고객행복팀은 고객행복디비전을 거쳐 지금의 '토스씨엑스(CX)'로 진화했다. Customer Experience의 준말로, 고객의 경험을 수호하는 금융 상담 전문 회사다. 토스씨엑스팀 리더 강희진은 고객행복팀 인원이 12명일 때 합류했다. 이때는 하루 200

건 안팎, 많아야 300건 정도 사용자 문의가 있었다. 2022년 현재는 시간당 450건 가까운 상담이 들어온다. 토스 본체뿐 아니라 인터넷은행, 증권, 페이먼츠 등 각 서비스 영역으로 들어오는 문의가 한 달이면 20만 건 정도 된다.

그때나 지금이나 변하지 않는 씨엑스팀의 철학은 "고객이 궁금한 게 있을 때 언제든 곧바로 해결해주자"는 것이다.

"토스는 ARS 자동응답 단계가 비교적 짧아요. 문제를 해결하는 과정에서 고객이 지치지 않았으면 하는 강력한 희망을 담아 설계했거든요. 지금은 채팅 상담을 선호하는 고객도 많지만, 어떤 연령대의 고객이든 원하면 바로 상담원과 통화할 수 있는 연결 지점을 마련하려고 했어요."

씨엑스팀은 고객의 미친 만족감을 향한 역할과 책임을 끊임없이 확대하고 있다. 365일 24시간 최전선에서 사용자와 소통하며 제품을 만드는 과정에도 적극적으로 의견을 개진한다. 토스팀의 PO들은 서비스 출시 전 반드시 씨엑스팀을 만난다. 씨엑스팀은 예측되는 고객 문의와 답변을 정리하는 데 그치지 않고, 사용자의 시각에서 이해되지 않는 지점을 짚어낸다. 메이커들은 그 의견을 귀담아듣고 서비스에 반영한다. FDS팀과 협업해 의심 거래가 탐지되면 곧바로 계정을 차단하고 모니터링하는 팀도 씨엑스 내에 운영한다.

6장

혁신에는
시작도 끝도 없다

기다려온 미래

"천장 뚫었다. 미쳤다. 큰일 났다."

증권팀 디스커버리 사일로 PO 김창근은 좀처럼 회의에 집중하지 못했다. 2시간 전에 시작한 '주식 1주 선물받기' 이벤트 때문이었다. 어느 순간, 노트북에 띄워둔 신규 계좌 개설 그래프가 거의 직각을 그리며 치솟았다. 메신저에 김창근을 찾는 메시지가 쌓이기 시작했다.

"창근 님, 어디 계세요?"

"트래픽이 터져서 본인인증 과정이 막히기 시작했어요."

"신분증 진위 확인 기관에서 무슨 일 있냐고 전화 옵니다."

김창근이 자리에서 벌떡 일어났다.

"죄송하지만, 미팅 다음에 다시 하시죠. 나가봐야 할 것 같습니다."

토스증권은 2021년 3월 15일 문을 열었다. 한동안 뜨거웠던 주식 시장의 열기가 한풀 꺾인 시점이었다. 오랜 기간 준비해온 주식투자 서비스였지만, 첫 달 성적은 기대만큼 만족스럽지 않았다. 사용자 수 성장을 이끌 아이템이 필요했다. 증권팀 리더 박재민은 "개발 리소스가 부족했기 때문에 한두 발로 적중시킬 수 있는 확률 높은 아이템을 고민했다"고 말했다.

얼마 후 개시한 성장 아이템이 '주식 1주 선물받기'였다. 새로 토스증권 계좌를 만든 사람에게 삼성전자, 현대차, 네이버 등 20여 가지 국내 주식 가운데 하나를 무작위로 나눠주는 단순한 구조였다.

언뜻 보기에 참신한 아이디어는 아니었다. 많은 증권사가 계좌 개설 고객에게 주식이나 현금, 고가의 경품을 추첨해 지급하는 행사를 때때로 열었다. 그러나 폭발적인 효과를 본 사례는 별로 없었다. 이승건도 처음엔 증권팀의 계획을 듣고 "이게 될 것 같아요?" 하고 눈을 가늘게 떴다. 그럼에도 토스에서 신규 사용자 인플로우 (inflow)를 담당했던 김창근이 밀어붙였다.

"여러 시나리오 중 가장 가능성이 높았어요. 재민 님과 해외 사례 스터디를 했는데 로빈후드에서도 친구에게 추천하면 서로 1주를 받는 이벤트가 성공했고요. 바이럴 제품을 만든 경험상 랜덤한 주식을 더 많은 사람에게 줄수록 후킹할 거라고 봤어요. 승건 님이 반대했지만 재민 님이 우산 역할을 해주셨어요. 설득하는 데 시간 쓰는 것보다 빨리 실행해서 결과를 내는 게 중요했죠."

놀랍게도 이벤트 시작과 거의 동시에 '토스에서 주식 받았다' 는 인증 글이 온라인 커뮤니티를 중심으로 퍼져나갔다. 모바일 단체 대화방마다 토스증권 이벤트 페이지가 공유됐다.

무대 뒤 상황은 긴박하게 전개됐다. 순식간에 신규 계좌 개설 수가 시간당 1만 명 수준으로 튀어올랐다. 예상 못한 속도에 신분증 인증, 1원 인증 등 계좌 개설 프로세스가 버벅거리기 시작했다. 테크 헤드 오창훈을 중심으로 증권팀 개발자들은 서버를 빠르게 증설해 트래픽을 분산하고 순차적으로 처리할 수 있는 장치를 마련했다.

돈도 문제였다. 이벤트 참가자에게 선물할 주식 가격은 평균 1만 원으로 책정돼 있었다. 1만 명이 계좌를 개설하면 1억 원이 소진되는 셈이다. 박재민이 급히 계산기를 두드렸다. 다음 달 마케팅 예산까지 당겨 쓴다 해도 증권팀이 가용할 수 있는 금액은 13억 원, 이를 넘기면 자본 재배치 혹은 증자가 필요했다. 그래프를 뚫어져라 들여다보던 김창근이 말했다.

"4시간 만에 5억 원 탔습니다. 너무 빨리 타네요. 트래픽은 계속 들어오고."

#토스증권 #토스증권주식이벤트 #주식1주선물… 온라인 바이럴에 가속이 붙었다. 계좌를 개설하는 10명 중 한 명은 토스 앱에 아예 처음 가입하는 경우였다. 사용자들은 증권 계좌를 개설하는 데 그치지 않고 주식 살 돈을 입금하기 위해 별도의 은행 계좌를 토스에 등록했다.

박재민이 이승건에게 말했다.

"코어와 증권이 동반성장을 이루어낼 기회입니다. 가능한 더 투자할 수 있으면 좋겠는데요."

팀원들 사이에 묘한 흥분과 긴장이 돌았다. 이승건이 답했다.

"네, 이번 기회 잡아야 할 것 같아요. 자금은 크게 걱정하지 말고 진행해주세요."

이튿날 토스증권은 자체 자금을 재배치해 마케팅 비용으로 50억 원을 쓰겠다는 결정을 내렸다. 이어 토스에서도 토스증권으로 100억 원을 증자하기로 했다. 실탄 150억 원을 확보한 것이다. 그에 호응하듯, 첫날 시간당 1만 안팎을 기록했던 계좌 개설 속도는 시간당 5만~6만 명으로 더욱 가파르게 올랐다.

2021년 4월 14일 오후 10시 20분, 누적 계좌 개설 수가 100만을 넘어섰다. 이틀 뒤인 4월 16일 오후 10시 40분에는 200만을 돌파했다. 디스커버리 사일로는 물론 며칠째 밤을 새우다시피 한 증권팀원들이 발에 용수철 달린 듯 튀어올라 환호성을 질렀다. 어안이 벙벙해지는 성과였다.

토스증권이 벤치마킹했던 미국의 로빈후드는 2015년 3월 서비스를 론칭했고, 사용자 200만 명을 모은 것은 2017년 4월이었다. 로빈후드가 25개월 걸린 일을 토스증권은 불과 1개월 만에 해낸 것이다. 한동안 정체했던 토스 가입자 수도 2000만 명에 다가섰다. 상상이 현실로 바뀌는 순간이었다.

다른 증권사가 거두지 못한 성과를 토스증권이 낼 수 있었던 데에는 몇 가지 이유가 있다. 접근성 높고 사용자 경험(UX)이 유려하다는 것이 첫째 강점이었다. 토스는 이미 매달 1000만 명 넘는 고객이 사용하는 서비스였다. 이들에게는 증권 계좌 개설에 아무런 진입 장벽이 없었다. 새로운 앱을 설치할 필요가 없었기 때문이다. 친구가 "토스에서 주식 한 주 준대" 하며 보내온 링크로 들어가 계좌 개설을 완료하기까지 채 1분도 걸리지 않았다. 기존 사용자가 아니더라도 토스에 가입하고 이어 토스증권 계좌까지 개설하는 과정에 거치적거릴 게 없었다.

여기에 이벤트의 디테일이 승부를 갈랐다. 지급받은 주식이 내 목록에 덜렁 찍히고 마는 것이 아니라, 선물받은 주식을 널리 자랑하고 싶게끔 화면을 만들었다. 계좌 개설을 마치고 나면 주식이 들어 있는 선물 상자가 먼저 뜨고, 상자를 열면 '축하합니다. 네이버 주식 1주를 받았습니다' 하면서 팡파르가 터져나왔다. 사람들이 이를 캡처해 온라인 커뮤니티에 퍼다 날랐다. 자신의 일상을 적극적으로 공유하는 밀레니얼 세대 감성에 잘 어울렸다.

응모한 사람들 중에 한두 명 추첨해 수백만 수천만 원짜리 경품을 주는 것이 아니라, 참가자 모두에게 주식을 지급하되 약간의 차등을 둔 것도 효과가 있었다. 네이버나 삼성전자, 현대차처럼 가격이 제법 나가는 주식에 당첨된 사람들은 기쁜 마음에 인증샷을 올리고, 반대로 2000원, 3000원짜리 주식을 고른 이들은 '똥손'이라며 공유했다. 주식투자에 익숙지 않은 사람들도 회사의 주주가 되어보는 경험을 재밌는 이벤트로 받아들였다.

심지어 그중 몇몇 종목이 급등하면서 '주식 1주 선물받기' 이벤트는 한동안 화제를 몰고 다녔다. 일례로 대한전선이라는 종목은 코스피200 지수에 편입되면서 몇 주 동안 신고가 행진을 이어갔다. 개미 투자자들 사이에 토스증권이 골라준 종목이라는 의미로 '토스픽(pick)을 따라 사자'는 말까지 나왔다.

이벤트 주식을 고른 김창근도 얼마 전 주식 시장에 뛰어든 동학개미 중 한 명이었다. 해박한 지식으로 종목을 고른 게 아니라, 국내 주식을 시가총액 순으로 띄워두고 거래량이 일 평균 수십만 건 이상 되는 종목들 가운데 고른 것이다. 팀원들이 '토스픽'을 '창근픽'이라고 바꿔 부르자, 김창근은 얼굴이 벌게져서 "제발 그렇게 부르지 말라"고 손사래를 치곤 했다.

슈퍼앱

증권팀이 축제 분위기에 휩싸였을 때, 서현우는 남몰래 애를 태웠다. 투자유치 등을 도맡고 있는 토스 코퍼레이트 디벨롭먼트(Corporate Development·이하 콥뎀)팀의 리더였다. 증권 계좌 개설 속도가 도무지 줄지 않아서, 며칠 안에 지출해야 할 자금이 200억 원 가까이 됐다. 진행 중인 투자 라운드가 마무리될 때까지 2개월 동안은 아껴 써도 빠듯한 상황이었다.

콥뎀팀과 파이낸스팀은 자금 운용의 컨틴전시 플랜을 짰다. 투자금을 제때 받지 못해 비상 상황이 발생하면 어느 거래처부터 대금 지급을 미룰 것인지 비상 대책을 마련한 것이다. 작은 스타트업도 아니고 토스팀 전체 인원이 어느덧 800명에 달했다. 곧 은행을 열겠다는 회사에서 직원 월급을 제때 못 주는 초유의 사태가 발생할지도 모른다는 압박이 서현우를 짓눌렀다. 잠을 자도 투자자들을 만나는 꿈만 꿨다.

고심 끝에 그는 상황을 역으로 이용해보기로 했다. 토스증권 마케팅에 예상 밖의 큰 비용을 지출하는 바람에 회사에 돈이 말랐으니, 이처럼 예상 밖으로 튀어오른 증권 계좌 개설 속도를 강조하자. 토스증권이 만들어낸 J커브를 그래프로 그리고 로빈후드나 키움증권의 초기 성장세와 비교했다.

"로빈후드가 2년간 모은 고객을 토스증권은 3일 만에 모았습니다. 국내외 어디서도 이런 성장속도는 찾아볼 수 없을 겁니다."

그다음은 속전속결이었다. 투자자가 회사의 가치를 정해줄 때까지 피투자사는 기다리는 것이 일반적이지만, 서현우에게는 시간이 없었다. 그사이 토스 잔고는 바닥날 테고, 그가 내세운 토스증권 성장 그래프는 완만해질 것이다.

"이번 라운드 비바리퍼블리카의 기업가치는 74억 달러(약 8조 2000억 원)로 정하려고 합니다. 74억 달러 가치에 얼마를 투자하실지 텀싯(term sheet)을 보내주세요. 2주 후 클로즈하겠습니다."

직전 투자의 2.5배 가치였다. 서현우는 과감하게 베팅했다.

2주가 지나 데드라인으로 정한 금요일이 되었다. 가장 먼저 투자를 결정한 곳은 국책은행인 KDB산업은행이었다. 예전에 서현우가 산업은행이 스타트업에 담보 대출을 내줬다는 기사를 보고 전화를 걸었던 것이 투자유치의 단초가 되었다.

"저희는 토스라고 하는 핀테크 앱을 만드는 비바리퍼블리카입니다. 혹시 저희도 대출 기회를 얻을 수 있을까요? 한번 찾아뵙고 설명드리고 싶습니다."

이때의 콜드콜이 1년 뒤 산업은행 스케일업금융실의 투자로 이어진 것이다. 산업은행에서도 국내 혁신기업에 투자할 기회를 물색하고 있었다. 당시 산업은행 회장이었던 이동걸은 얼마 후 토스에 1000억 원을 투자한다는 사실을 공개하며 "산업은행은 대한민국에서 핀테크를 어떻게 더 키울지 거시경제 차원의 노력을 하고 있다"[21]고 말했다.

그날 밤 늦게까지도 다른 투자자들로부터는 답이 없었다. 자정을 넘겨 퇴근한 서현우는 토요일 오전 눈을 뜨자마자 손을 뻗어 스마트폰을 집어들었다. 그리고 메일함을 연 순간 소리를 질렀다. 미국 투자사인 알키온캐피털(Alkeon Capital Management)의 텀싯이 들어와 있었다. 미국 시각으로 금요일 저녁에 메일을 보내니 한국에서는 토요일에 받은 것이다. 무려 840억 원을 투자하겠다고 했다. 알키온은 구글, 페이스북 등 빅테크 기업을 비롯해 핀테크 기업 스퀘어(Square)의 주주였다. 기존 투자사인 알토스벤처스와 그레이하운드 등도 투자에 참여하겠다는 메일을 보내왔다.

서현우는 곧바로 이승건에게 전화를 걸어 외쳤다.

"우리 텀싯 받았어요!"

2021년 6월, 토스는 기업가치 74억 달러에 4620억 원을 투자받았다. 투자자들은 "SG가 말했던 슈퍼앱이 뭔지 이제는 알겠다"고 했다. 이승건은 2년 전부터 토스에 증권과 은행 서비스를 장착한 금융 슈퍼앱의 미래를 그렸다. 하지만 사람들은 잘 믿어주지 않았다. 토스의 기업가치가 한동안 정체했던 것도 그런 이유였다. 이승건이 말하는 미래를 마주하기 전에는 상상하지 못했던 것이다.

사람들은 토스증권 서비스가 시작되고 사용자가 순식간에 수백만 명으로 불어나는 것을 목격한 뒤에야 감을 잡았다. 금융의 슈퍼앱이 어떤 의미인지, 이게 사람들의 금융생활에 어떤 변화를 불러일으킬지 비로소 내다볼 수 있게 됐다. 그리고 토스뱅크가 문을 열 때쯤 사람들도 확신했다.

"이제 토스 사용자들은 금융에 관한 한 다른 앱을 열 필요가 없겠구나."

초보 투자자의 성장

토스증권은 인가 과정부터 출시 때까지 줄곧 초보 투자자를 위한 MTS를 표방했다. 일례로 사용자가 회사명이 아니라 브랜드나 제품 이름만 알아도 해당 종목을 찾을 수 있도록 했다. 검색창에 '신라면'을 입력하면 신라면을 만드는 '농심' 주식이 떴다. 음원 인기 차트에서 아이디어를 얻어 '구매 Top 100' '수익률 Top 100' 등 매매 통계에 기반한 투자 정보도 보여줬다. 어떤 주식부터 투자해야 할지 잘 모르는 초심자들에게 '남들은 이런 걸 많이 샀다'고 알려주고 싶었다.

반대로 초보 투자자에게 당장은 불필요하다고 생각되는 어려운 정보는 최대한 덜어냈다. 주가 그래프도 매일 종가가 연결된 선 차트만 제공하고, 주가의 변동폭과 거래량 등을 보여주는 캔들차트는 제외했다. '매수' '매도' 대신 '구매'나 '판매'라는 용어를 썼던 것도 더 일상적이고 쉬운 표현이라고 생각해서였다.

초보 투자자들이 언제까지고 초보에만 머무르지 않는다는 사실을 알아챈 것은 한참 지난 뒤였다. 자기 돈을 맡겨놓고 아무것도 모른 채 가만히 있을 투자자가 얼마나 될까. 동학개미운동 이후 책, 블로그, 유튜브 등 쉽게 공부할 수 있는 투자 정보가 사방에 넘쳐났다.

초보 투자자는 어느덧 숙련된 투자자로 성장했고, 토스증권이 제공하는 서비스에 부족함을 느꼈다. 기업의 '매출'과 '이익'의 차이도 몰랐던 어느 사용자는 몇 달 만에 "우량주 위주로 투자하려고 하는데 ROE(자기자본이익률) 추이를 볼 수 있게 5년 그래프를 만들어달라"고 요청했다. "캔들차트가 없어서 다른 증권사로 갈아탄다" "시간외 거래를 할 수 있게 해줘야 주가 변화에 빠르게 대처할 수 있다" 등의 피드백은 증권팀에 경종을 울렸다. 답습하지 않으려고 애써온 것이 무색할 만큼, 사용자들은 기존 증권사 앱에서 많은 가치를 얻고 있었다.

폭발적으로 모았던 사용자 수도 정체했으니, 반짝 성공에 도취해 있을 새가 없었다. 긴 호흡으로 토스증권 서비스를 재정비하자는 의견이 모였다. 사용자가 원하는 것이 무엇인지 학습하고, 인정하고, 고쳐야 그들을 만족시킬 수 있었다. 사용자의 투자 결정에 필요한 정보를 적시에 제공하는 데 팀의 에너지를 집중했다. 캔들 차트를 포함한 전문가용 그래프를 선택할 수 있도록 했고, 시간외 거래도 준비했다. "보유 주식을 수익률 순으로 정렬할 수 있게 해달라" "국내 주식과 해외 주식을 구분해서 보여달라" 등 사용자의 목소리를 차근차근 서비스에 반영해 나갔다. 혁신에는 시작도 끝도 없었다.

평생 무료 송금

토스증권이 성장의 롤러코스터를 타던 2021년 8월, 토스는 평생 무료 송금 정책을 전격 도입했다. 간편송금 서비스를 더이상 무료로 제공하지 못하게 된 2015년 10월 이후 이승건이 몹시 기다려온 순간이었다.

초기 토스는 사용자로부터 송금 수수료를 걷지 않을 작정이었다. 송금 때마다 발생하는 뱅킹망 이용 수수료를 모두 토스가 부담했다. 홍보 문구부터 '송금이 쉬워진다. 수수료도 없다'였다. 무료 송금으로 모은 트래픽을 이용하면 금방 비용을 메꿀 만큼 돈을 벌 거라 생각했다. 하지만 예측은 빗나갔고, 수수료를 받지 않고는 토스 서비스를 지속할 수 없는 시점이 찾아왔다.

"그동안 토스를 아껴준 사용자들이 떠나고 말 것이다" "무료 송금이라고 해서 가입한 사용자를 기만하는 선택이다"라며 어떻게든 무료 정책을 유지해야 한다던 팀원들도 있었다. 하지만 상황은 점점 악화됐다. 이승건은 "무료 송금을 위해 결사항전하면 다같이 죽는다. 치욕스럽더라도 어떻게든 살아남아서 미래를 꿈꾸자"고 동료들을 설득했다. 결국 월 20회까지는 무료, 21번째 송금부터 건당 500원씩 수수료를 받기로 했다. 이후 과금 기준은 월 10회, 7회, 5회로 점점 줄어들다 다시 10회로 늘어났다.

토스가 플랫폼으로서 입지를 다지고 매출도 일정 수준을 넘어선 뒤, 이승건은 무료 송금 정책을 재검토했다. 수차례 실험을 통해 수만 명, 수십만 명 규모로 무제한 무료 송금 혜택을 주고, 사용자들의 이용 패턴 변화를 살폈다.

전체 사용자에게 무료 송금을 도입하려면 데이터가 뒷받침되어야 했다. 그즈음 사용자 10명 중 3명이 한 달에 10번 이상 송금했고, 그 수수료로 발생하는 매출이 연간 300억 원 수준이었다. 수백억 매출을 포기하는 만큼, 무료 송금 혜택을 받는 사용자가 토스를 더 자주 찾고 여러 기능을 이용하는 등 새로운 가치를 창출할 것이라는 근거가 필요했다. 아무리 실험해도 바라는 결과는 나타나지 않았다.

그럼에도 이승건은 '평생 무료 송금' 정책을 도입하기로 했다. 송금 사일로가 아닌 이승건의 결정이었다. 회사 전체의 재무 상태에 큰 영향을 미치기 때문에 PO 한 사람에게 결정을 맡길 수 없었다. 게다가 데이터로 뒷받침되지 않은, 이승건의 신념과 직감에 따른 판단이었다. 팀원들이 "회사를 이승건 마음대로 하는구나"라고 실망할 수도 있었다. 그는 "내가 가진 신뢰자원을 깎아먹더라도 결정해야 할 때"였다고 말했다. 그래서 팀원들에게 결정 배경을 상세히 공유했다.

토스 송금 무제한 무료를 진행해보고자 합니다. 지난 1년간 실험한 결과, 데이터상 유의미한 이득은 없는 것으로 검증되었습니다. 그럼에도 진행하는 건 아래의 4가지 이유 때문인데요.

1) 심리적 허들 제거

정성적인 데이터이기는 하지만, 사용자들은 완전 무제한 무료가 아닌 점에 심리적 불편함을 느낍니다. 2미터 천장이나 4미터 천장이나 머리가 닿지 않기는 매한가지이나 우리는 4미터 천장을 선호합니다.

2) Minimum Policy 지키기

토스뱅크가 무제한 무료 송금을 제공할 것임을 고려할 때, 앱 전체의 정책을 통일하자면 무제한 무료 송금이 필요합니다. 정책의 단순함을 구현하기 위해서는 비용을 쓰더라도 정책을 통일해야 하는 때가 생기니까요.

3) 송금이 3회 정도 늘어납니다

6개월 실험 데이터로 볼 때, 저희에게 당장 경제적 가치를 주지는 않습니다. 하지만 다른 송금 앱에서의 송금 횟수가 3회 줄어들기 때문에, 경쟁사의 지표에는 영향을 줄 것입니다.

4) 장기적인 변화

세계적으로 송금·결제는 점점 더 수수료를 적게 받는 추세라는 점을 고려했습니다. 장기적으로도 돈을 더 벌어다 주는 적은 유저보다, 당장 덜 벌더라도 보다 충성도 높은 유저가 늘어나는 게 낫기에 옳은 방향이라고 생각했습니다.

지난 1년간 많은 의견 수렴이 있었고 대부분 부정적이었습니다. 저 역시도 제품 리더로서 무제한 무료 송금을 제공하려는 유혹을 억제하고 이런 혜택성 제품에 반대하는 것이 합리적인 사고라고 생각합니다. 하지만 이게 맞는 방향이라는 직감이 있어 제가 가진 신뢰자원을 소비하더라도 진행하려고 합니다.

곧 문을 열 토스뱅크는 송금 수수료를 받지 않기로 결정한 참이었다. 같은 토스 앱 내에서 토스뱅크는 송금 무료인데, 다른 은행 계좌를 통할 때는 수수료를 받는다면 사용자는 혼란을 겪을 수밖에 없다. 이승건은 매출 대신 단순한 사용자 경험을 택했다. 단순함에 대한 집착은 일시적인 손해를 감수할 만한 가치가 있다고 본 것이다.

그 가치는 곧 입증되었다. 토스는 한동안 경쟁 서비스와 송금 규모를 두고 엎치락뒤치락했지만, 평생 무료 송금을 도입한 뒤 확실한 1위를 되찾았다. 토스 사용자의 만족도를 나타내는 NPS 점수도 껑충 뛰었다. 언론에서도 "토스뱅크 영업 개시를 앞둔 토스가 핀테크 시장점유율을 높이기 위해 포석을 뒀다"[22]고 평가했다.

은행 출범까지 두 달가량 남은 시점이었다.

더 많은
이들을 위한 은행

2021년 10월 5일, 홍민택은 가죽 재킷을 걸치고 운동화를 신은 채 토스뱅크 출범 기자간담회에 등장했다. 전형적인 은행장의 옷차림 과는 거리가 멀었다.

맡긴 액수나 기간에 상관없이 연 2% 이자를 준다는 토스뱅크 통장이 이날 초미의 관심사였다. 기자들은 "얼마나 혜택을 지속할 수 있겠냐"고 물었고 홍민택이 답했다.

"시중은행으로서 건전성과 수익성 등 다양한 사업적 지표에 대한 규제를 모두 준수하면서도 감당할 수 있는 비용구조로 판단 합니다. 앞으로도 이 혜택을 지속할 수 있도록 최선을 다하겠습니 다."

그러나 석 달 만에 토스뱅크 통장의 이자 지급 기준이 바뀌었 다. 예치금 1억 원까지는 2% 이자를 유지하되, 이를 초과하는 금액 에는 0.1% 이자만 지급하겠다고 한 것이다. 토스뱅크는 사용자와의 약속을 손바닥처럼 뒤집은 피노키오였을까.

2% 통장

인터넷은행 본인가 이후, 홍민택은 뾰족한 제품을 만드는 데 온 신 경을 집중했다. 은행은 고객이 돈을 맡기면 이자를 주고, 그 돈으로 다른 고객에게 대출을 한다. 예금 금리와 대출 이자의 차이, 즉 예 대마진으로 굴러가는 조직이다. 은행이 가진 가장 강력한 무기는 수신과 여신이었고, 이 무기를 날카롭게 벼리는 것이 중요했다.

당시엔 저금리 기조가 지속되고 있었다. 시중은행 예·적금 상 품을 샅샅이 살펴보니 최고 금리가 연 1.8%였다. 저축은행은 그보다 높은 금리를 주기도 했지만 가입기간과 납입금액에 제한이 있었다. 가입기간은 보통 6개월에서 3년까지 제각각인 데다 만기를 채우지 못하면 이자는 날리는 셈이었다.

조금이라도 더 높은 금리를 받으려면 부지런히 공부하고 발품을 팔아야 했다. 재테크에 열심인 사람들은 돈을 쪼개어 굴리는 '적금 풍차 돌리기' 같은 복잡한 팁을 공유했다. 가끔 50명, 100명 한정 특판 예금이 나오는 날엔 새벽부터 달려가 줄을 섰다.

홍민택은 "수신 상품을 최대한 단순하게 만들자"고 했다.

"머리 굴리거나 경쟁하지 않아도 사용자에게 가장 이득이 되는 통장을 만들자. 만기나 납입금액 같은 조건을 없애고, 이자를 조금 더 얹어서 깔끔하게 연 2% 주자. 그러면 자연스럽게 토스뱅크로 모여들 것이다."

은행들이 돈을 아무때나 넣었다 뺐다 할 수 있는 자유입출금 통장에 2%씩 이자를 주지 않는 데에는 이유가 있었다. 은행 자금을 안정적으로 운영하기 위한 예측성이 떨어지기 때문이다. 중앙은행이 정해놓은 지급준비율을 지키면서 수익을 확보하기도 어렵다. 이제 문을 여는 토스뱅크로서는 수익이 발생하기도 전에 초기 비용이 지나치게 많이 발생할 우려도 있었다. 무엇보다 2%를 준다고 했다가 만약 철회라도 할 경우 후폭풍이 상당할 것이다. 여러 위험을 감수하고 이렇게까지 할 이유가 있을까?

답은 정해져 있었다. 고객이 2% 통장을 좋아할 게 분명하니까. 초기 자금운영만 무리 없이 해낼 수 있다면 혁신적인 수신 상품이 될 게 확실했다.

홍민택은 대출 전략을 들여다봤다. 토스 코어에서 대출 서비스를 만들던 PO 최성희가 토스뱅크 팀에 합류해 대출 스쿼드를 이끌고 있었다. 수신과 여신은 서로 긴밀하게 맞물려 돌아가는 톱니바퀴다. 고신용자 프라임 대출 위주로 여신을 운영해서는 수신 금리를 연 2%씩 주기 어렵다. 인건비 등 은행의 고정비용을 제외하면 남는 게 없다. 하지만 연 7-15% 중금리 대출 전략이 제대로 작동한다면 얘기가 달라진다.

중금리 시장이 비어 있는 건 토스가 인터넷은행 설립 도전을 시작한 2년 전부터 의아하게 생각한 부분이었다. 시중은행은 직장인, 전문직 등을 대상으로 연 7% 이내의 이자를 받고 신용대출을 내준다. 반면 저축은행, 캐피탈, 카드사 등의 신용대출 금리는 대체로 연 15%에서 시작했다. 다시 말해 제1금융권은 고신용자만, 제2금융권은 중·저신용자만 고객으로 삼았고, 연 7-15%대 중금리 대출은 일어나지 않았다.

은행은 고신용자에게만 대출해야 한다는 법이 있는 건 아니다. 하지만 연체율이 늘거나 건전성 지표에 부담을 주는 상황을 피하기 위해, 은행들은 빌려간 돈을 제때 잘 갚을 고신용자만을 고객으로 택했다. 결과적으로 은행은 시장의 모든 대출 수요자를 공정하게 평가하지 못했다. 신용카드 사용 이력이나 대출·연체 기록 등 과거의 신용정보만 활용하는 데다, 그마저 고신용자만을 발라내는 데 초점을 뒀다.

그렇게 해서 중·저신용자는 제2금융권으로 밀려났다. 아직 신용정보가 쌓이지 않은 사회초년생이나 직장 정보가 없는 개인사업자, 주부들도 덩달아 같이 밀려났다. 갈 곳 없는 중·저신용자들은 저축은행이나 캐피탈, 카드사가 매기는 대로 이자를 치렀다. 제2금융권 대출 이력은 다시 신용등급에 악영향을 미쳤다.

토스뱅크가 고신용자와 중·저신용자를 모두 고객으로 삼고, 중신용자에게는 연 7-15% 금리로 신용대출을 내줄 수 있다면? 두

가지 문제가 동시에 해결된다. 그동안 은행의 문턱을 넘지 못하고 좌절했던 중·저신용자에게 제1금융권의 서비스를 제공할 수 있다. 이들이 착실하게 대출금을 갚는다면 신용점수가 올라가는 선순환 고리를 만들어낼 수도 있다. 한편 중금리 대출로 수익성을 확보하면 수신 고객에게도 연 2%의 이자를 지급할 재무적 여유가 생긴다.

홍민택은 배트를 힘껏 휘둘러보기로 했다. 자신감은 데이터사이언스팀이 공들여 만든 새로운 신용평가모형 TSS(Toss Scoring System)에서 나왔다. TSS는 1·2금융권 신용 데이터를 모조리 취합했다. 이외에 꾸준한 수입이 기록된 계좌 내역, 한 번도 연체하지 않은 휴대폰 요금이나 공과금 납부 내역, 부동산 소유 정보 등 대안 데이터도 사용자의 상환 능력을 평가하는 데 썼다. 덕분에 지금까지는 신용도가 없거나 낮다고 평가받아온 사람들 가운데, 실은 성실하게 대출금 갚을 능력과 의지가 있는 이들을 찾아낼 수 있었다. 코로나 때문에 월 소득이 줄었음에도 거래처에 꼬박꼬박 대금을 지급한 자영업자, 신용카드는 없지만 수년간 아르바이트 급여가 입금된 이력이 있는 성실한 사회초년생은 보다 우량한 신용점수를 받았다.

　무엇보다 TSS는 한순간의 신용 상태가 아니라 사용자의 금융활동 맥락을 데이터화해 알고리즘에 반영했다. 부정적인 과거 정보에 따른 낙인 효과도 줄였다. 한 사람의 신용도는 고정된 것이 아니라 매 순간 변하고 성장하기 때문이다. 더 많은 사람을 제1금융권의 고객으로 끌어안고 가치를 주겠다는 의지가 이 시스템에 묻어났다.

스냅샷

홍민택은 어느 한순간의 모습만으로 그 사람의 미래를 재단해서는 안 된다는 걸 경험으로 터득했다. 어린 시절 홍민택은 수학과 과학을 좋아하는 소년이었다. 중학교 입학 때 치르는 반 배치고사에서 그는 3등을 했다. 그 정도면 내심 자랑스러웠다.

학기 초, 담임 선생님은 매주 한 번씩 모이는 특별활동 시간이 있으니 어떤 활동을 할지 정하라고 했다. 홍민택은 과학경시반에 들고 싶다고 손들었지만, 선생님은 안 된다고 했다.

"반에서 2등까지만 과학경시반에 들어갈 수 있어."

"그럼 수학경시반 할래요."

"수학경시반은 1등만 들 수 있어."

"왜요? 저는 수학이나 과학반을 하고 싶은데요."

납득하기 어려웠다. 수학이랑 과학을 좋아하는데 반에서 3등이라는 이유로 공부할 수 없다니. 그래서 가만히 버티고 앉아 있었다. 반 친구들 50명이 모두 홍민택만 쳐다봤다.

"너 때문에 진행이 안 되잖아. 그냥 아무거나 해."

선생님은 배드민턴반에 홍민택 이름을 적었다. 눈물이 그렁그렁했지만 꾹 참았다. 그날 이후 홍민택은 이를 악물고 공부했다. 한 달 후 치른 전국 학력고사에서 수학, 과학 포함 전 과목에서 두 문제만 틀려 전국에서 3등을 했다. 이어진 중간고사에서도 전교 1등을 했다. 그랬더니 수학 선생님이 홍민택을 찾아와서 "수학경시반 해볼 생각 없냐"고 물었다. 그는 단칼에 거절했다.

"저는 배드민턴반이에요. 담임 선생님이 저는 수학경시반에 못 들어간다고 하셨어요."

그러고는 1년 내내 고집스럽게 배드민턴을 쳤다.

그는 일방적인 논리나 이유 없는 관습은 따르지 않기로 마음먹었다. 이해되지 않는 일은 이해가 될 때까지 파고들었고, 납득이 되면 그때부터는 에너지를 쏟아부었다. 주변에서 "미련하게 애쓰지 마라" "열심히 하는 것보다 줄을 잘 서는 게 중요하다" "모난 돌이 정 맞는다" 같은 말을 했지만 홍민택은 콧방귀도 뀌지 않았다. 오히려 스위치가 켜진 듯 자신을 날카롭게 갈고닦았다.

토스뱅크가 연 2% 통장을 내놓고 중금리 대출로 승부를 보겠다고 했을 때도 사람들은 말했다. "역시 스타트업이라 은행업을 잘 모른다" "혁신이 아니라 사람들 꼬드기는 마케팅에 불과하다" "중금리로는 돈을 못 번다" "몇 달 저러다 말 거다" 등등.

홍민택의 머릿속 스위치에 불이 들어왔다.

"관행을 답습하고 남들 말을 잘 따르는 것은 성공을 가져다주지 않아요. 어떤 변화를 만들어내고 싶은지 미션과 동기가 명확해야 하고, 그걸 실행할 수 있는 용기와 역량을 갖춰야 하죠. 같은 방향을 바라보며 달리는 좋은 동료가 있어야 하고요. 함부로 말하는 사람들이 틀렸고, 우리가 맞았다는 걸 토스뱅크의 성공으로 증명하고 싶었어요."

대출 중단

사람들은 조건 없는 연 2% 통장을 크게 반겼다. 확실한 와우 포인트였다. 토스뱅크가 정식 출범하기도 전에 가입 대기자가 100만 명을 넘어섰다. 홍민택은 "처음 혜택을 구상할 때만 해도, 금리 인상기에 접어들고 토스뱅크도 안정되면 연 2%가 아니라 연 2.5%, 3% 등으로 혜택을 점차 늘려갈 수 있을 거라 생각했다"고 말했다.

섣부른 낙관이었다. 토스뱅크는 대출 빙하기라는 예상치 못한 암초에 부딪혔다. 부동산 가격 폭등이 가계 빚 증가의 주요 원인이라는 지적이 나오자 부동산 가격 안정을 위해 시중은행의 가계 대출 증가율이 전년비 6% 이내로 억제됐다. 몇몇 은행은 주택담보대출, 전세대출 등 부동산 관련 대출을 중단했다. 일시적이지만 신용대출을 중단한 금융기관도 있었다. 토스뱅크 역시 가계 대출 규모를 관리하는 전방위적인 노력에 동참해야 했다. 연말까지 3개월간 토스뱅크가 대출할 수 있는 규모는 5000억 원 정도였다. 대출에 빨간불이 켜졌으니 예대마진을 관리하자면 수신 잔고도 제한할 필요가 있었다.

홍민택은 임시방편으로 사전 신청자에 대한 서비스 오픈 속도를 조절해보려고 했다. 처음 나흘 동안 40만 명이 토스뱅크에 가입했는데, 그사이 대기명단은 더 늘어나 있었다. 2% 통장이라고 소문을 잔뜩 내놓고 정작 가입은 받지 않는다니, 새로 문 연 식당이 맛있다고 소문나서 찾아가 보니 테이블이 4개밖에 없는 격이었다. 식당 밖으로 늘어선 줄은 더 길어져 150만 명에 달했다. 게다가 은행 서비스를 사전 신청자에게만 제한적으로 열어준다는 개념은 대중의 공감을 받기 어려웠다. 기다리는 시간이 길어질수록 대기 고객들의 불만이 커졌다.

수신액 유입 속도는 예측을 완전히 빗나갔다. 여러 통장을 정리해 모두 토스뱅크로 옮기는 가입자가 꽤 많았다. 일시에 서비스를 오픈하면 수신 규모가 기하급수적으로 불어날 것이 불 보듯 뻔했다. 아무리 중금리 대출 비중을 늘려도 그 이자로 약속한 금리를 지급하는 건 턱없었다. 고민하는 사이에도 대출 한도는 시시각각 차올랐다.

홍민택은 패닉에 빠졌다. 사방이 다 막힌 듯했다. '3개월 있다가 다시 만나요'라고 할까? 아예 은행 출범을 없던 일로 할까? 어디선가 "토스뱅크 안 될 줄 알았다니까" 하고 비웃는 목소리가 들리는 것만 같았다. 실무자가 최종의사결정을 내리는 토스팀에서 일하는 동안 자신의 결정 하나하나가 고스란히 시장의 평가를 받는 것에 익숙해졌다고 생각했지만, 이번엔 유독 압력이 거셌다.

언론에서도 "토스뱅크가 인가를 받고 정식 오픈하기까지 불과 몇 달 새 가계 대출 조이기가 한층 강화되는 등 시장 환경이 크게 달라지면서, 갓 출범한 토스뱅크는 계획했던 영업 구상에 큰 타격을 받게 됐다"[23]고 논평했다.

영업 9일 만에 대출 실행액이 5000억 원을 넘기면서 대출이 중단되었다. 미친 듯이 비용을 태워서라도 어떻게든 사용자를 확보하자는 토스 초기의 성장 전략을 구사할 수도 없었다. 건전성 지표가 생명인 '은행'이었다. 비바리퍼블리카 외에도 여러 주주와 이해관계자가 얽혀 있었고, 토스뱅크의 손해는 이들에게도 막대한 손실로 이어질 터였다.

이미 오픈한 40만 명에게만 서비스하고 신규 유입은 막아두는 방법도 고려해봤다. 다음 해까지 기다려 대출을 재개할 때 대기자에게 서비스를 오픈하는 것이다. 그러면 당장의 비용을 아끼고 토스뱅크의 생존 고민을 잠시나마 덜 수 있었다.

하지만 사전신청자 150만 명을 언제까지 기다리게 할 건가. 그러다간 토스뱅크에 대한 기대감이 산산조각날 게 분명했다. 그때가 되면 다시 문을 열어도 고객이 돌아올 이유가 없어진다. 은행의 장기적인 성장성이 꺾이고 말 것이다.

여러 시나리오를 검토한 끝에 홍민택은 의사결정을 내렸다.

1. 사전신청자 포함, 가입을 원하는 모든 사람에게 10월 내에 최대한 빠르게 서비스를 오픈한다.
2. 연말까지 조건 없는 2% 통장을 유지한다. 이자 비용으로 인한 역

마진은 토스뱅크가 감당한다.

3. 대신 상황을 지켜보면서 계좌 개설과 수신액 증가 속도가 지나치게 빨라질 경우, 낙하산을 펼친다.

4. 낙하산은 개인당 1억 원까지만 연 2% 금리를 제공한다는 한도를 만드는 것이다. 이를 초과하는 액수에 대해서는 이자를 0.1%로 낮춘다.

출범한 지 얼마 되지 않은 토스뱅크의 신뢰도가 치명상을 입을 수 있다는 사실을 모두 알고 있었다. 그러거나 말거나 혜택을 축소해야 하는 상황은 점점 현실화되고 있었다. 최대한 오랫동안 약속을 지킬 수 있는 마지노선을 따져본 게 연말까지였다.

연 2% 이자의 한도를 납입액 1억 원까지로 정한 것은, 정책 변화로 영향을 받는 사용자 수를 최소화하기 위해서였다. 당시 1인당 평균 수신액이 급증했는데, 분석해보니 1억 원 이상 토스뱅크 계좌에 넣어둔 고객은 전체 가입자의 1% 미만이었다. 매우 적은 수의 고액 자산가가 엄청난 금액을 예치했던 것이다.

"이 결정을 내리는 순간 제가 가진 모든 걸 뽑아내야만 했어요. 그동안 배우고 쌓아온 모든 업무적 역량과 직관은 물론이고 체력, 감정까지도요. 토스에서는 늘 그랬지만, 그때는 정말 어려웠어요. 뱅크팀은 물론이고 토스 커뮤니티 전체에 손해를 주는 것 같아서 괴로웠죠. 그럼에도 가장 많은 고객에게 이익이 되는 방향으로 최대한 버텨보기로 선택할 수 있었던 건, 이런 마음을 팀원들이 지지해줄 거라 믿었기 때문이죠."

그 어떤 것보다 고객의 편익을 우선하는 태도가 홍민택이 생각하는 기업가정신이었다. 때때로 유혹에 사로잡히더라도 선의가 탐욕을 이기는 기업만이 100년, 200년 영속할 수 있다. 선의에 부합

하는 제품과 서비스를 계속 만들어내고, 고객에게 가장 이득이 되는 결정을 반복해야 한다고 자신을 다잡았다.

뱅크팀의 테크 헤드 박준하는 "토스다운 결정이었다"고 말했다.

"저는 은행이 큰 손실을 내면 리스크가 너무 커지는 것 아니냐, 그냥 금리 자체를 낮추자는 의견도 냈었어요. 민택 님이 DRI를 가지고 최종적으로 결정했는데, 최대한 고객에게 유리하게 하자는 얘기에 바로 공감이 되더라고요. 단순히 과감한 것이 아니라, 논리적으로 따져봤을 때 버틸 수 있다는 판단이 들면 머뭇거리지 않고 행동으로 옮기는 것이죠. 토스팀이 늘 그래왔듯이요."

조건 없이 연 2% 통장을 유지하지 못하는 상황은 곧 확실해졌고, 토스뱅크는 계획대로 낙하산을 펼쳤다. 2022년 1월부터 1억 원까지는 2% 금리를 유지하되 이를 초과하는 예치금에 대해서는 연 0.1% 금리를 적용한다는 내용을 공지했다. 미디어에서 "토스뱅크가 두 달 만에 약속을 깼다"는 비판이 쏟아졌다. 대출 조이기가 강화되는 분위기를 제대로 읽지 못했다는 평가도 나왔다. 익명의 은행권 관계자는 "신뢰를 기반으로 하는 은행답지 못하다"[24]고 코멘트했다. 그러는 동안에도 토스뱅크는 월 수백억 원의 이자 비용을 고스란히 감당했다.

난리통에도 겨우 아흐레 운영한 대출에서는 소기의 성과가 났다. 대출 중단 시점을 기준으로 토스뱅크는 신용대출의 33%를 중·저신용자, 즉 기존 신용등급 기준 4등급 이하인 고객들에게 내줬다. 기존 시중은행은 말할 것도 없고 타 인터넷은행과 비교해도 월등했다. 중금리 대출 비중을 늘리기 위해 고신용자 대출을 억지로 막은 것이 아니라, TSS가 제대로 작동하면서 중·저신용자에 대한 신용평가가 합리적으로 이뤄진 결과라는 점이 더욱 고무적이었다. 중·저신용자에게 내준 신용대출 금리 평균은 저축은행보다 5%포인트 이상 낮았다. 홍민택은 은행의 문턱을 낮춰 더 많은 이들을 포용하겠다던 첫 번째 약속만큼은 한순간도 포기하지 않겠다고 다짐했다.

2022년 새해가 밝았다. 첫 영업일인 1월 2일부터 토스뱅크의 대출 실행액은 급격히 증가했다. 지난 3개월간 유입된 수신액을 빠르게 따라잡으면서 은행 자금 상황도 점차 균형을 찾았다. 그동안 토스뱅크에 익숙해진 고객들은, 대출이 가능해지자 자연히 토스뱅크를 찾았다. 2022년 상반기 국내 신용대출 가운데 17%가 토스뱅크에서 일어났다.

만약 홍민택이 석 달 전, 이자를 줄 돈이 모자라니 수신 고객도 받지 말자는 결정을 내렸다면 어떻게 됐을까. 몇 개월 이자 비용은 아꼈을지 몰라도, 서비스가 재개됐을 때 토스뱅크를 이용할 고객도 남아 있지 않았을 것이다. 상상만으로도 아찔한 일이었다.

토스뱅크는 곧 중신용자 대출 비중 36%를 기록하며 출범 때 약속한 34%를 넘어섰다. 개인사업자에게 무보증 무담보 대출을 시작했고, 대출 고객에게는 금리인하를 요구할 수 있는 권리가 있음을 먼저 알려줬다. 연 2% 이자는 고객이 원하면 매일 지급받을 수 있도록 바꾸었다. '왜 한 달에 한 번, 은행이 정한 날짜에만 이자를 받을 수 있지?'라는 고객 관점의 물음에서 시작된 변화였다.

"금융은 필요하지만, 은행은 사라질 것이다 (Banking is necessary, banks are not)."

1994년 마이크로소프트 창업자 빌 게이츠가 한 말이다. 30여 년이 흐른 지금, 토스뱅크는 공급자 중심으로 설계된 은행 경험을 해체하는 도전을 지속하고 있다.

경계 없이 꿈꾸는 것

메갈로마니아(megalomania). 이승건은 종종 스스로를 이렇게 표현하곤 했다. 우리말로 옮기면 '과대망상'이라 다소 과격한 느낌이 들지만, 더 위대하고 거대한 것을 끝없이 추구하는 경향이라 설명하면 적절할 것 같다. 자신의 역량과 선의를 확신할 뿐 아니라, 다른 사람보다 판단력이 뛰어나다고 생각해 독선을 부릴 때도 있다. 이승건은 이러한 성향을 의식해 자신이 틀릴 수도 있다는 사실을 자꾸 상기하려 애썼다.

10년 전 이승건이 창업을 결심한 순간부터 금융을 혁신하겠다고 마음먹은 건 아니었다. 그저 사람들이 겪는 불편을 찾아 해결하고 싶었다. 다만 아주 광범위한 인구가 매일 부딪히는 불편이어서, 문제를 해결했을 때 커다란 영향력을 가지기를 소망했다. 간편송금에서 그 기회를 발견했고, 이후 토스팀은 줄곧 송금과 연결된 금융 영역의 문제를 푸는 데 집중했다.

증권사와 인터넷은행, 온·오프라인 결제 사업에 도전하겠다는 꿈을 차례로 꾸었던 것이 2018~19년이었다. 금융의 모든 순간이 토스 앱 하나에서 이뤄진다는 슈퍼앱 개념은 얼추 완성되었다. 이승건은 "경계 없이 꿈꾸는 것이 나의 유산이 되었으면 좋겠다"고 말했다.

어느덧 국경도 넘나들었다. 2019년 '토스 베트남'을 설립해 글로벌사업의 교두보로 삼았다. 베트남은 고성장기에 접어든 한편 동남아 국가 중에서도 은행 계좌가 없는 언뱅크드(unbanked) 인구가 많아 핀테크 서비스 기회가 있다고 판단했다. 걸으면 돈을 주는 '만보기' 앱으로 초기 사용자를 모으고 송금, 계좌 개설, 소액 대출 등으로 영역을 확장했다. 이후 인도네시아, 말레이시아, 필리핀, 태국 등 인접 국가에서도 앱을 출시했다.

이제는 '금융'이라는 단단한 경계를 허물고 넓힐 때였다. 2021년 10월, 비바리퍼블리카가 모빌리티 스타트업 '타다'를 인수한다는 뉴스가 전파를 탔다. 쏘카가 가진 타다 운영사 VCNC의 지분 60%를 인수한 것으로, 토스가 금융 아닌 영역에 내디딘 첫걸음이었다.

타다 인수

널리 알려지지는 않았으나, 토스는 비유기적(inorganic) 성장을 위해 간헐적으로 다른 회사에 투자한 전례가 있었다. 비유기적 성장이란 인수합병 등 외부적 요인을 통해 회사의 덩치를 키우는 것을 뜻한다. 기업이 자체적인 생산을 통해 규모를 키우는 유기적 성장(organic growth)에 상대되는 개념이다.

시작은 2015년 인포텍 지분 투자였다. 송금과 계좌조회 등 토스 서비스를 구현하는 데 필요한 스크래핑 기술을 보유한 기업이었다. 2019년에는 한국전자인증에 투자하면서 인증 사업에 진출하는 기반을 마련했다. 이때까지는 토스가 신규사업을 펼치면서 적합한 파트너사를 찾아 제휴를 맺고 투자하는 형태였다.

그러다 LG유플러스의 PG사업부를 인수해 토스페이먼츠를 설립한 2020년 하반기를 기점으로 기류가 바뀌었다. 토스 커뮤니티가 큰 폭의 성장을 도모한다면 더 적극적으로 투자 기회를 찾아야 했다. 토스증권이나 토스뱅크처럼 회사를 새로 설립해 바닥부터 다지는 방법도 있지만, 진출하려는 영역에 이미 자리잡고 있는 기업을 사들임으로써 성장에 필요한 시간을 단축하는 편이 나을 때도 있기 때문이다.

콥뎁팀이 투자 이니셔티브를 주도했다. 토스가 어떤 영역에 먼저 진출하는 것이 맞을지, 그 경우 인수(buy)와 설립(build) 중 어느 쪽이 효율적인지 판단하고 실행에 옮기는 역할을 맡았다. 투자할 분야나 기업 규모, 투자 금액 등에는 제한이 없었다. 토스가 도약하기 위한 전략과 맞아떨어진다면, 그때부터는 딜(deal)을 따내기 위한 방법을 찾는 데 집중했다. 이미 시장에 나온 매물을 검토하는 데 그치지 않고 기회를 만들어냈다. 그러했기에 타다 인수도 가능했다.

이승건에게도 타다 인수는 의미가 있었다. 타다는 2018년 국내에서 처음으로 승차 호출(ride hailing) 서비스를 선보이며 정체된 모빌리티 시장에 돌풍을 일으켰다. 11인승 승합차를 이용해 초단기 렌터카에 대리기사까지 빌려주는 형태로 사업모델을 풀어낸 타다는 '승차거부 없는 강제배차'와 '불필요하게 말 걸지 않는 친절한 기사'로 알려졌고, 약 1년 만에 사용자 170만 명을 확보하며 혁신성을 입증했다.

사용자들이 느낀 타다의 이동 경험은 그야말로 압도적이었다. 모빌리티 트렌드 리포트에 따르면, 타다 이용자들은 '운전기사가 친절하다(44.7%)', '차량 실내가 깨끗하고 잘 관리돼 있다(38.7%)' '불필요한 대화를 하지 않아도 된다(29.1%)' 등을 장점으로 꼽았다. 일반 택시보다 이용 가격이 높은 편이었지만 응답자의 21.6%는 '가격이 합리적이다'라고 평가했다.

하지만 택시 기사들은 타다가 일자리를 빼앗는다며 강하게 반발했고, 타다의 사업모델은 불법으로 규정됐다. 결국 2020년 4월 국회에서 여객자동차운송사업법 개정안이 통과되면서 타다는 서비스를 중단했다. 모빌리티 시장은 특정 대기업 플랫폼 위주로 빠르게 재편되었다.

타다의 좌초는 스타트업계에 매우 상징적인 사건이었다. 수많은 초기 스타트업과 창업가들이 겁을 먹었다. "스타트업은 규칙이 모호한 신생 시장에서 사업을 하는데, 타다 사례를 본 창업가들은 새로운 시도가 기존 법에 저촉되는지부터 따져보는 자기검열을 하게 될 것"[25]이라는 우려가 나왔다. 서비스를 구상하는 단계에서부터 사회적 마찰을 일으킬까 걱정하면 혁신적인 시도는 위축될 수밖에 없다.

그래서 이승건에게 타다는 '결코 망하면 안 되는 스타트업'이었다. 소비자에게 분명한 편익을 준 타다가 규제와 대기업 사이에 끼어 오도가도 못하는 어려움을 겪고 있지만, 결국은 성공해내고야 마는 모습을 보여주기를 바라 마지않았다.

한편으로 모바일 금융 서비스를 만들어온 토스에게 모빌리티 산업은 다소 낯설었지만 '결제'라는 분명한 접점이 있다. 택시를 잡아타는 행위는 일상에서 매우 빈번히 발생하고, 그때마다 결제가 동반된다. 건당 결제액은 비교적 적지만 대신 빈도가 월등히 높았다. 동남아시아의 그랩(Grab)은 승차 호출과 음식 배달을 결합한 모델로 시작해 온·오프라인 결제 서비스로, 이어 운전기사나 배달기사를 위한 대출 및 보험 등 금융 서비스로 사업을 확장했다. 토스가 타다를 인수함으로써 유사한 확장 전략을 펼 수 있지 않을까.

물론 당장은 대기업이 장악한 거대한 모빌리티 시장에 작은 돌멩이 하나 던지는 행위에 그칠지도 모른다. 재무제표상의 숫자만 봤다면 규제 이슈로 성장동력을 잃은 타다를 인수한다는 결정을 내리기 힘들었을 것이다. 하지만 토스팀은 타다가 처음 등장했을 때의 파괴력을 기억했다. 무엇보다 타다와 토스는 모바일 서비스에 대한 높은 이해도와 감각, 그리고 고객의 불편을 해소하겠다는 의지로부터 혁신을 시작했다는 공통분모가 있었다.

　　토스의 사용자가 얼마나 더 많은 서비스를 더 편리하게 누릴 수 있는지에 방점을 찍어 생각할 때 타다 인수는 충분히 시너지를 일으킬 여지가 있다고 보았다. 토스의 외연을 모빌리티로 확장하고, 누구나 더 쾌적한 이동경험을 선택할 자유를 되찾고 싶었다.

인수 이후, 타다는 7-9인승 승합차를 운행하는 '타다 넥스트'를 정식 출시했다. 드라이버는 5년 이상 무사고 경력의 택시면허 소지자로 한층 엄격히 제한하고, 더 매끄러운 승차 경험에 승부를 걸었다. 승객이 자주 탑승하거나 하차하는 위치를 앱이 기억해, 다음에 다시 이용할 때는 위치를 설정하지 않아도 되게 했다. 즐겨찾는 장소를 미리 입력해두면 터치 3번 만에 차량을 호출할 수 있다. 타다 이용요금을 토스페이로 결제한 고객에게 캐시백으로 할인을 해주는 등 토스와의 협업도 물꼬를 텄다.

　　토스는 '더이상 토스가 진출할 수 있는 금융 분야는 없다'는 세간의 인식을 허물었다. 이승건의 야수성이 다시 한 번 이빨을 드러냈다. 어떤 한계에 닿을 때마다 토스팀은 언제나 '왜?'라고 물었다. 공인인증서 없는 송금은 왜 안 돼? 핀테크 스타트업은 왜 직접 투자와 여·수신 서비스를 만들 수 없지? 스타트업은 왜 대기업 사업부를 인수하면 안 될까? 토스는 지금껏 '왜?'라는 질문으로부터 혁신을 길어올렸다.

마이데이터의 교훈

2021년 연말, 금융업계는 이듬해부터 전면 시행될 '마이데이터' 산업에 촉각을 곤두세우고 있었다. 금융 소비자가 계좌 입출금 내역, 카드 사용 내역, 보험 가입 정보 등 흩어져 있는 자신의 금융 정보를 하나의 앱에 모아서 보고, 나아가 금융사들은 이를 토대로 고객에게 알맞은 상품을 추천하는 마이데이터 서비스가 가능해졌다.

그런데 토스는 일찌감치 이와 유사한 서비스를 제공해왔다. 사용자의 동의를 받아 각 금융사 홈페이지에 로그인한 뒤 그 내역을 긁어오는 스크래핑 기술을 활용해 토스 앱에서 보여줬다. 그렇게 계좌, 보험, 카드조회 등을 이용하는 사용자가 월 750만 명에 달했다. 하지만 스크래핑에는 불완전한 측면이 있었는데, 금융사가 홈페이지를 업데이트할 때마다 새로 대응해야 했고 그만큼 오류도 잦았다. 토스가 매일 수백만 사용자를 대신해 웹사이트에 접근하는 통에 금융사들도 전산 처리에 부담을 느끼곤 했다.

그러므로 토스에게 마이데이터란 신규 서비스 론칭이라기보다는 거대한 서비스의 대규모 업데이트에 가까웠다. 데이터를 끌어오는 파이프라인을 스크래핑에서 마이데이터로 모조리 갈아 끼우는 작업이었다. 파이프라인이 바뀌면 사용자들도 서비스 이용 등록을 새로 해야 했다. 그 과정이 물 흐르듯 진행되는 것이 중요했다. 본인인증과 서비스 이용 동의 절차를 다시 거치면서도 기존 조회 서비스를 끊김 없이 이용하고 있다고 느껴야 사용자가 이탈하지 않을 터였다. 오류 없이 데이터 정합성을 유지해야 함은 물론이다. 스크래핑 기반으로 조회 서비스를 이용해온 고객 A의 정보가, 마이데이터 연동 이후에도 A에게 제대로 매칭되어야 했다.

12월은 마이데이터 서비스 시범운영 기간이었다. 금융사끼리 서로의 데이터를 연동하고 잘 작동되는지 테스트했다. 토스에서는 스크래핑팀 PO 최재호가 마이데이터 플랫폼팀을 함께 맡았다. 기존 조회 서비스에 100여 개 금융사가 제공하는 마이데이터 체계를 순차적으로 적용했다. 중요한 만큼 부담이 컸다.

그 부담감이 판단 실수로 이어진 것은 한순간이었다. 마이데이터 서비스 개발은 12월 중순 무렵 완료되었고 금융보안원의 점검도 마쳤다. 정식 오픈까지 시간이 남자 최재호는 '사용자에게 조금 더 편한 연동방법이 없을까' 고민하며 서비스 각 단계를 뜯어보기 시작했다.

그러다 화면 하나를 수정했다. 사용자가 연결할 금융기관을 일일이 선택하도록 구성했던 것을, 가입한 모든 금융기관 일괄 연결로 바꾼 것이다. 연결 기관을 직접 고르고 싶으면 '선택하기' 버튼을 눌러야 했다. 별것 아닌 작은 변경이라 생각했다. 토스를 주시하는 눈이 많다는 것을 그때는 깨닫지 못했다.

설정 변경에 여러 금융사가 불만을 토로했다. "일괄 연결하면 편리한 걸 누가 모르냐. 고객의 불편을 감수하고 정해진 가이드라인을 준수한 것인데, 왜 토스만 마음대로 서비스를 바꾸느냐"는 게 골자였다. 그렇지 않아도 토스의 수백만 트래픽이 금융사 서버에 부담을 줄까 봐 긴장하고 있는데, 토스가 금융기관을 일괄 연결하면서 불필요한 트래픽을 유발한 것도 사실이었다. 몇몇 금융사와는 실제로 연동이 끊기기도 했다.

금융보안원에서도 수정 요청이 왔다. 만에 하나 정보유출 등의 사고가 발생하면 피해규모가 커질 수 있다고 지적했다. 빠르게 잘못을 시인하고 원래대로 돌려놓았지만, 논란은 쉽사리 수그러들지 않았다.

결국 최재호는 마이데이터 서비스 배포를 일시 중단했다. 12월 28일이었다. 마이데이터 플랫폼팀, 홈팀, 사업개발팀 등 수십 명이 달라붙어 몇날 밤을 지새웠다. 토스가 유발하는 트래픽을 안정화할 수 있는 모든 수단과 방법을 강구했다. 마이데이터 서비스를 구성하는 모든 화면과 코드, 표현을 세세히 점검하고, 지적받지 않았어도 문제의 소지가 있다고 판단되면 바로 수정했다. 금융보안원은 물론 모든 금융사에 수정 내용을 전달하고, 미리 대비할 수 있도록 배포 일정을 공유했다.

토스팀원 누구도 최재호를 탓하지 않았다. 묵묵히 문제를 해결하는 데 집중할 뿐이었다. "잘하려고 그랬던 것 안다. 같이 고치면 된다"고 했다. 최재호는 차오르는 눈물을 애써 참았다.

"토스 앱에는 마이데이터를 근간으로 움직이는 서비스가 정말 많아요. 이게 잘 안 되면 회사가 망할 것 같다는 생각까지 들었어요. 중요한 만큼 돌다리도 두드려보고 건넜어야 했는데, 빠른 시간에 성과를 내려는 욕심에 무리수를 뒀구나. 동료들이 나 때문에 겨울방학까지 반납하고 밤새워 일하게 됐다 싶었어요. 후회스럽고 또 고마웠죠."

그렇게 일주일이 지났다. 연말 분위기도, 새해가 밝아오는 것도 느끼지 못했다. 겨우겨우 마이데이터 연동을 재개했을 때, 최재호는 토스가 더 멀리 갈 수 있는 동력을 얻었음을 깨달았다. 스크래핑 기반일 때는 서비스 이용 등록 도중 절반이 포기했는데, 마이데이터 서비스를 한 후에는 10명 중 8명이 데이터 연결을 완료했다. 다른 기관과의 연동 또한 안정적이었다. 불과 2주 만에 300만 명이 마이데이터 서비스에 등록했다. 이 추세라면 원래의 750만 명을 금세 회복할 것으로 보였다. 이승건이 슬며시 다가와 최재호의 어깨를 두드렸다.

"이제 됐네요. 마이데이터 성공이다! 야식 먹으러 갈까요?"

토스는 더이상 장기자랑에 나가는 초등학생일 수 없었다. 과거에는 같은 실수를 해도 '스타트업이 그럴 수도 있지' '잘 몰라서 그랬겠지' 하고 너그러이 이해받았지만, 이제는 '꼼수' 쓰는 회사로 둔갑하기 십상이었다. 웬만한 금융사들과 어깨를 겨루는 경쟁자이자

파트너사로 여겨졌다. 달라진 위상에 이승건은 "오늘 이기고 지는 것은 아무것도 아니다. 차라리 오늘 지고 내년에 이기는 방법을 찾자"고 입버릇처럼 말했다.

규칙에 더욱 엄격해지는 것이 당장의 전환율에는 손해일 수 있겠으나, 장기적으로는 정부와 업계 그리고 고객들의 신뢰로 돌아올 터였다. 남들 눈을 피해 눈앞의 성과를 내는 것보다 더 높은 도덕적 기반 위에 올라 실패하는 편이 나았다. 그런 실패라면 종국에는 승리할 것이었다. 토스는 여전히 넘어지고 깨지며 배워나갔다.

가설은 아직
증명되지 않았다

비슷한 시기 토스팀은 또 하나의 실패를 마주했다. 토스인슈어런스가 2021년 말 보험분석매니저 정규직 실험을 끝내고 피봇을 결정한 것이다. 인슈어런스팀 리더 조병익은 팀원들에게 실패를 고백했다.

"지난 시간을 한 문장으로 정리하면 '졌지만 잘 싸웠다'가 될 것 같습니다. 우리는 토스인슈어런스 설립 이래 가장 높은 성과를 달성했습니다. 그렇지만 규모 확장을 위한 기초를 완성하지 못했고, 이제 아프지만 용기 있게 실패를 인정할 때라고 생각해요. 각자의 자리에서 최선을 다해주신 토스인슈어런스 동료들, 정말 고생 많으셨습니다."

조병익은 눈치 없이 바른말 하는 사람이었다. 보험사에 근무하면서 회사와 고객 간의 정보 비대칭을 악용하는 윗사람에게 문제제기했다가 미움을 사기도 여러 번이었다.

보험은 안 그래도 어려운 금융상품 중에서도 더 어렵다. 한번 가입하려면 수많은 선택의 기로에 선다. 생명보험이나 손해보험이냐, 저축성이냐 보장성이냐, 실비 보장이냐 진단금 지급이냐, 갱신형이냐 아니냐…. 용어는 생소하고 구조는 복잡하다. 가입기간이 10년, 20년씩 되는 데다 미래에 자신에게 다가올 위험을 짐작할 수 없기 때문에 더욱 선택이 쉽지 않다.

그래서 소비자들은 전문가인 보험설계사에게 의존한다. 하지만 보험 시장에는 고객보다 실적 위주의 설계를 부추기는 시스템이 고착화돼 있었다. 설계사의 소득이 이달에 어떤 보험 계약을 몇 건

성사시켰는지에 달려 있기 때문이다. 보험사가 지급하는 판매 수수료는 상품마다 크게 다른데, 보험사에 유리한 상품일수록 설계사가 가져가는 수수료도 많았다. 고객에 불리한 상품을 팔수록 회사의 수익이 커지는 구조를 조병익은 견디기 어려웠다.

그런 한편 조병익에게 보험은 흥미로운 대상이었다. 특히 비대면 텔레마케팅 영업센터를 이끄는 일이 매력적이었다. 텔레마케팅에서는 고객 데이터베이스(DB)를 몇 건 받아 몇 명에게 몇 개의 보험상품을 팔았는지가 모두 숫자로 나타난다. 상담 내역을 처음부터 끝까지 녹취하기 때문에 설계사들은 작은 눈속임도 할 수 없다. 그런데 신기하게도 DB 출처가 같아도 어떤 리더가 영업센터를 이끄느냐에 따라 성과가 천차만별이었다. 그만큼 동기부여와 사기진작이 중요하다는 뜻이다. 인풋과 아웃풋 모두 통계에 기반하지만, 그 숫자를 개선하는 영역은 사람이 좌지우지하는 재미있는 비즈니스였다.

수백 명에 이르는 영업조직을 이끌며 조병익의 고민이 깊어갈 무렵, 토스가 보험대리점(GA) 토스보험서비스를 정규직으로 운영한다며 전략 담당자를 찾는 공고를 냈다.

'텔레마케팅(TM) 보험설계사를 정규 고용한다니, 나도 같이하고 싶다. 보험업계에 나만큼 이 문제를 깊이 고민한 사람이 있을까?'

다른 누군가가 저 일을 한다고 상상하니 조병익은 질투심이 차올랐다. 망설임 없이 지원서를 써낸 것이 2019년 말이었다.

조병익의 합류 이후, 토스보험서비스는 사명을 토스인슈어런스로 변경했다. 그리고 대한민국 모든 사람이 인생에서 마주칠 수 있는 리스크를 이해하고, 보험을 통해 최소한의 대비를 하는 세상을 만드는 것을 토스인슈어런스의 비전으로 삼았다. 이를 위해 조병익은 보험 시장의 구조적 문제를 고용 면에서 푸는 데 집중했다.

고객 상담을 맡는 직군은 설계사가 아닌 보험분석매니저라 부르고, 이들을 연봉제로 직접 고용함으로써 개인의 판매실적과 소득 사이의 연결고리를 끊었다. 또 상담이나 계약 건수가 아니라 고객만족도(NPS)를 주요 성과지표로 삼았다. 토스팀의 인센티브 체계에 맞춰 개인이 아닌 팀의 성과에 따라 동률의 인센티브를 반기마다 지급했다. 보험분석매니저들은 오로지 고객의 이익과 만족을 고려해 상담하면 되었다.

기존의 문제를 타파할 묘안을 찾았다고 생각했는데, 현실은 현실이었다. 경력자 위주로 보험분석매니저를 채용하려 했으나 동참하는 이가 적었다. 설계사 중에도 기존 영업관행에 문제의식을 느껴 고객 중심으로 상담하고, 토스인슈어런스의 비전에 공감하는 이들이 없지 않았다. 그러나 일 잘하는 설계사들은 개인사업자 신분일 때 수입이 훨씬 좋기 때문에 연봉제를 받아들일 이유가 없었다.

그 바람에 조직 확장이 더뎌지자 방향을 선회해 신입 매니저를 공개 채용하기로 했다. 보험업계의 관행을 모르니 교육 과정만 잘 갖추면 고객 중심 상담을 하기에 더 나을지 모른다는 기대도 있었다. 신입 채용인 만큼 조병익은 지원자들의 보험 지식보다 학습력과 의지를 중요하게 평가했다. 입사 후에는 2~3개월의 교육 과정을 거쳐 실무에 투입했다.

상담은 고객이 이미 가입한 보험의 보장내역을 분석하는 것으로 시작했다. 예컨대 40대 남성 고객이라면, 유사한 인구집단에서 빈발하는 질병에 걸릴 확률과 평균 치료기간, 비용, 그동안 상실되는 소득 등을 계산해 필요한 보장금액을 산출했다. 보장이 부족하면 이를 커버할 수 있는 상품을 추천하고, 반대로 과잉 보장되고 있다면 보험료를 줄일 방법을 일러주었다. 기본적인 의료비 부담을 덜고, 발병하면 치명적인 암이나 뇌, 심장질환의 치료를 보장하는 데 중점을 뒀다.

정성적인 성과는 기대 이상이었다. 상담을 마친 고객들에게 '지인에게 토스인슈어런스를 추천할 의향이 있는지' 등 몇 가지 질문으로 만족도를 측정했는데, 꾸준히 90점대를 유지했다. 동종업계 평균(70~80점)과 상당한 격차였다. 보험 가입 후 13개월 유지율도 90% 이상으로 매우 우수했다. 토스인슈어런스를 통해 보험에 가입한 걸 후회하지 않는다는 방증이었다.

대면 상담도 아니고, 자신이 아프거나 사고를 당하기 전까지는 당장 효익을 볼 일도 없지만 사용자들은 상담 경험 그 자체에 크게 만족했다. 소비자들이 고객 중심 설계에 목말라했다는 가설은 입증되었다. 신입 공채를 두 차례 더 해서 인슈어런스팀은 100명까지 늘어났다.

그다음이 문제였다. 사람들이 고객 중심 설계를 바란다는 것은 확인했지만, 그렇게 해서 회사가 존속할 수 있느냐는 또 다른 문제였다. 고객만족도가 높아지면 입소문을 타고 매출 성장도 자연히 따라올 것으로 생각했지만, 일은 그렇게 흘러가지 않았다. 상담에 만족한 고객조차 토스인슈어런스를 다시 찾는 경우는 흔치 않았다. 보험은 구매주기가 긴 상품이다. 상담받고 보험에 가입하고 나면 한동안은 필요성을 느끼지 않는다.

2021년 상반기에는 팀원들이 똘똘 뭉쳐 '고객 중심 상담으로도 돈을 벌 수 있음을 증명하자'며 전력투구했다. 매달 나가는 비용은 인건비와 임차비가 대부분이라 줄이기 어려웠다. 단기간이라도 손익을 맞춰보려면 방법은 하나, 업무량을 끌어올리는 것뿐이다. 상담의 품질을 포기할 수는 없으니, 팀원들은 밥 먹는 시간을 아끼고 퇴근도 미뤄가며 상담 건수를 늘렸다. 결과는 아슬아슬한 실패였다. 이렇게 밀어붙였는데도 안 된다니… 낭패감이 팀원들을 엄습했다.

가장 높은 벽은 소비자들이 신물 나게 겪은 과거의 상담 경험이었다. "당신들도 다 돈 벌려고 수작 부리는 것 아니냐"는 냉대가 일상적이었다. 상담을 받아본 고객들은 높은 만족감을 표했지만, 상담에 들어가기까지가 험난했다. 소비자가 보험이라는 금융상품의 필요성을 이해하고, 소득이 안정된 보험분석매니저가 왜 자신에게 유리한지 학습한 다음에야 본 상담을 시작할 수 있었다. '보험산업을 혁신하는 첫 번째 팀이 되겠다'는 의지가 가득했던 팀원들도, 하루에 수십 번씩 겪는 매몰찬 거절에는 좀처럼 익숙해지지 못했다.

보험분석매니저 100명이라는 규모 또한 보험업계 전체에서는 미미한 존재였다. 기존 플레이어들에게 경각심을 심어주고 시장에 변화를 일으키려면 조직규모를 적어도 10배는 키워야 했다. 그럴 경우 재무적인 손실도 10배로 불어날 텐데, 확실한 매출 성장 전략도 없이 이를 감당할 수는 없었다. 극복하기 어려운 한계가 눈에 보이자, 팀원들이 이탈하기 시작했다.

2021년 12월, 토스인슈어런스 재무 프로젝션 회의에서 이승건이 조병익에게 물었다.

"병익 님, 우리 이 실험 끝났다고 보는 게 맞지 않을까요?"

"네, 끝난 것 같아요. 할 수 있는 모든 방법을 다 시도해봤는데 안 됐습니다."

조병익은 자신이 직접 인터뷰해서 채용한 팀원들의 얼굴을 하나하나 떠올렸다. 이렇게 훌륭한 역량과 열의를 가진 팀원들과 2년여를 달려왔지만, 회사가 존속 가능한 최소한의 매출조차 달성하지 못했다. 그렇다면 토스인슈어런스의 정규직 모델 실험은 여기까지다. 더이상 질질 끄는 건 욕심이다. 실패를 선언해야 할 때임이 분명해졌다.

조병익은 팀원들에게 정직하고 세세하게 실패를 말했다.

"동료들에 대한 예의라고 생각했어요. 리더로서 의무이기도 하고요. 내가 만약 팀원이라면 어떤 태도로 어디까지 얘기하기를 바랄까 생각해봤는데, 꾸밈이나 가식 없이 있는 그대로 설명해주길 원할 것 같더라고요. 애써 포장할 필요도 없고, 그저 우리가 무엇 때문에 실패했고, 그래서 앞으로 어떻게 하겠다는 이야기를 듣고 싶을 것 같았어요. 더이상 파볼 것도 없고, 끝까지 가봤다는 걸 팀원들 모두 알고 있었어요. 우리가 해내지 못했다면, 대한민국의 어느 누구도 해내지 못할 것이 분명했죠."

토스인슈어런스 팀원 대부분은 회사를 떠났고, 일부는 토스 커뮤니티 내 다른 직군으로 옮겼다. 조병익도 잠시 허우적댔다.

"정규직 모델을 성공시키지 못하고 함께해온 팀원들도 떠나보내는 마당에, 내가 계속 리더를 할 자격이 있는 걸까? 하지만 곧 생각이 바뀌었어요. 토스 커뮤니티의 각 리더를 결정하는 문제에 관해선 승건 님이 나보다 더 좋은 판단을 할 거라고 확신했거든요. 내가 적합하지 않다면 1초도 주저하지 않고 이야기해줄 분이고요. 내가 왜 이걸 고민하고 있지? 어떻게 다음 모델을 성공시킬지에 집중해야지, 결정권이 없는 문제까지 고민할 여유가 없다는 걸 깨달았어요."

이승건도 조병익에게 조용히 신뢰를 전하려고 애썼다.

"병익 님은 토스가 만들어내고 싶은 보험업계의 변혁을 누구보다 열렬히 꿈꿔오신 순수한 사람이에요. 보험업에 대한 전문성은 말할 것도 없고요. 무엇보다도 '사람'이 중요한 이 업계에서 사람을 챙길 줄 아는 성숙함을 가졌고요. 병익 님만 포기하지 않는다면 저는 끝까지 가볼 거라고 말씀드렸죠."

토스인슈어런스는 확장 가능한 모델을 새로 찾아 나섰다. 조병익과 보험 사업 전략을 함께 고민해온 서윤석, 황태연, 김수빈 등이 머리를 맞댔다. 정규직 TM 모델은 극강의 고객만족을 추구했지만 도달하는 폭이 너무 좁았다. 한 달에 상담하는 고객 수가 많아야 수천 명이었다. 재무적으로 유지 가능하고 빠른 속도로 규모를 키울 수 있으며, 그러면서도 업계보다 더 좋은 고객경험을 제공해야 한다는 것이 새로운 모델의 전제조건이었다.

임팩트의 깊이가 아니라 넓이를 추구하는 건 어떨까? 비대면 전화 상담에 한정하지 않고, 대면 설계사와 전속 계약을 체결하는 일반 보험대리점으로 전환하는 것이다. 국내 보험 판매의 90%는 여전히 대면 채널에서 일어나고 있다. 연봉이 고정된 정규직이 아니라, 자신의 역량에 따라 수익이 유연한 개인사업자 신분을 유지하도록 하면 시장의 우수한 설계사들도 관심을 가질 터였다.

다만 토스인슈어런스에 소속된 설계사에게는 고객에게 더 유리한 상품을 제안할 수 있는 구조와 장치를 마련해주는 전략을 마련했다. 보험사가 지급하는 판매 수수료를 토스인슈어런스가 재가공해 지급하지 않고, 중간에 수수료를 나눠 가지는 '팀장' '본부장' '사업단장' 등 층층시하 관리자를 최대한 줄였다. 불완전 판매에 대한 무관용 원칙도 상담 품질을 담보하고 시장에 신뢰를 주기 위한 장치였다.

고객의 상담만족도가 90점에 미치지 못할 수 있지만, 적어도 기존 보험업계의 상담보다는 나은 경험을 제공한다, 그러면서 설계사 규모를 빠르게 늘려 사업 범위를 전국으로 확대한다. 고객의 만족도와 고객 수를 곱한 것이 토스인슈어런스가 사회에 미치는 임팩트의 크기라고 한다면, 새로운 모델에서는 그 면적이 훨씬 넓어질 것이다.

이것이 토스인슈어런스가 새로이 증명해야 할 가설이다.

지속가능성

아이들은 넘어지고 무릎이 깨져도 거침이 없다. 다시 일어나 뛰어논다. 그러면서 단단한 어른으로 자란다. 토스팀도 그랬다. 줄곧 실패하고, 실패로부터 배우고, 실패에서 회복하고, 그러고 나서 짜릿한 한 걸음을 내디뎠다. 여덟 차례의 처절한 실패를 거친 뒤에야 간편송금을 내놓았던 최초의 성공처럼. 이후로도 고통스러운 실패를 피하지 못했다. 다만 실패와 성공의 사이클을 무한히 반복하며 더 큰 혁신의 나선을 그렸다. 비단 사업만이 아니었다. 조직문화를 가꾸는 일도 매한가지였다.

2020년 초 피플앤컬처팀 리더로 합류한 박토니의 눈에 비친 토스팀은 다음과 같았다. 남들보다 몇 배 빠른 속도로 일해야 직성이 풀렸고, 틀리다 싶은 점은 에두르지 않고 콕 집어 말했다. 문제를 하나 발견하면 끝까지 파헤치느라 시간 가는 줄 모르고 토론했다. 다 완성된 것처럼 보일 때도 한 끗 차이를 만들려고 안간힘을 썼다. 뭔가 멋진 걸 만들어내려는 욕심으로 이글거렸고, 동료를 실망시키지 않으려 버둥거렸다.

바깥에서 '유난스럽다' '모났다'는 말이 들려와도 대부분은 별로 신경쓰지 않았다. 일을 좋아하고 잘하는 데다 책임감 강한 사람들이 모여 있으니 날카롭고 치열한 걸 당연하게 여겼다.

이승건은 해가 갈수록 더 바빠졌다. 그는 모든 비즈니스의 세부사항을 속속들이 알았다. 그래서 어디서 어떤 문제가 터지건 언제나 해결의 중심에 섰다. 문화에 관해서도 그랬다. 이승건은 팀원 모두의 얼굴과 이름과 업무를 알았고, 팀원들은 필요하면 언제든 이승건을 찾았다. 신규 입사자를 상대로 매주 컬처 세션을 진행했고, 역시 매주 1대 1 Q&A 세션을 열어 종류와 내용을 가리지 않고 질문을 받았다. 이승건은 팀원 개개인에게 직접 토스 문화의 핵심 가치를 전파하고, 자율과 책임의 중요성을 설득하고, 심지어 열정도 불어넣었다.

박토니는 "토스팀 규모가 지금의 2배가 될 때까지는 이런 방식도 가능하다"고 판단했다. 그런데 채 2년이 지나지 않은 2021년 말 토스 커뮤니티 인원은 1400명에 육박했다. 역삼역 아크플레이스 건물 6개 층을 전세내고, 뱅크와 증권, 페이먼츠, 씨엑스, 인슈어런스 등은 길 건너 한국타이어빌딩과 한국지식재산센터에 자리를 잡았다.

그사이 토스팀에서 크고 작은 성공을 만들어온 동료들이 하나둘 떠났다. PO만 하더라도 무료 신용조회 서비스를 만든 김유리, 재난지원금 조회 서비스를 만든 김종상, 바이럴로 MAU 1000만을 이룬 정승진이 그만뒀다. 무수한 밤을 함께 지새웠던 개발자도 디자이너도 여럿 토스팀을 떠났다.

떠나는 이들에게는 각자의 이유가 있었지만 "이제는 토스에 기여할 수 있는 부분이 없는 것 같다" "육체적으로 지쳐 버티기 힘들다" "가족들과 시간을 더 보내고 싶다" 등 공통분모가 있는 말들을 남겼다. '더이상은 안 되겠다'는 것이다. 팀 내에도 '지금은 모든 에너지를 일에 쏟고 있지만, 과연 언제까지 그럴 수 있을까?' 고민하는 팀원들이 없지 않았다.

토스팀에는 더 오래 일하는 사람이 회사에 더 헌신하는 동료이며, 개인의 삶을 더 희생하는 사람이 회사를 더 사랑하는 것이라는 암묵적 분위기가 남아 있었다. 외부에서는 '남들 눈치에 등 떠

밀려 주 100시간씩 일한다더라' '입사 후 3개월 수습기간에 절반이 탈락한다더라' 등 과장된 소문이 무시할 수 없는 수준으로 퍼져나갔다. 지속가능성. 어느덧 1000명 넘는 커뮤니티로 성장한 토스팀이 마주한 새로운 과제였다.

2021년 11월 말 토스팀은 평가 및 보상제도를 대대적으로 개편했다. 모든 변화는 토스팀의 지속가능성을 확보하는 데 방점이 찍혔다. 탁월한 역량과 책임지는 태도를 가진 인재를 끌어모으기 위해 만든 평가 보상제도가 더이상 역할을 하지 못한다면 고집할 이유가 없었다.

첫 번째 폐기 대상은 3개월 수습 평가 후 탈락(3MR)과 스트라이크 제도였다. 팀이 작고 인지도가 약했던 초기에 만들어진 제도였다. 소규모 조직이 인재 밀도를 높이려면 충분한 역량과 태도를 갖추지 못한 사람과 과감히 이별하는 절차가 필요했다. 이제 토스는 인재들의 관심을 받는 기업으로 성장했고, 3MR과 스트라이크의 유효성은 줄었다. 수습기간 이후 정식 채용에 탈락하는 비율은 연간 10% 내외였다. 스트라이크는 유명무실했다. 동료로부터 '함께 일하기 어렵다'는 경고를 3번 받아 퇴사한 사람은 이제껏 한 손에 꼽았다.

반면 부작용은 컸다. 갓 입사한 팀원들은 이 제도에 혼란을 느꼈다. 잘못된 것이 보이면 불편을 감수하고 피드백하는 문화라고 하지만, 수습 이후 자신의 거취를 결정할 동료들에게 완전히 솔직해지기란 쉽지 않았다. 아무 말 않고 3개월을 보내고 나면 그다음에는 제 목소리를 내기가 더 어려웠다. 권위에 짓눌리지 않고 용감하게 목소리를 내는 문화가 약해지고 있었다.

이는 외부에 퍼진 과장된 소문과 과도한 불안의 원천이기도 했다. IT기업에서 10년 넘게 커리어를 쌓아온 사람에게 토스팀 합류를 제안하면 "그간의 경력이 리셋되고 내 역량과 가치를 처음부터 증명해야 하는 게 부담스럽다"고 했다. 박토니는 "우리가 원하는 것은 적임자(right person)를 채용하는 것이지, 적임자임을 스스로 증명하게 하는 과정이 아니다"라고 말했다. 제도 자체를 없애면 오해를 싹부터 잘라버릴 수 있었다.

이승건과 박토니는 팀원들이 더 잘 쉬어갈 방법을 함께 고민했다. 토스팀의 휴가제도는 원래 무제한 자율이었지만, '자율적으로 쉬세요'라는 말만으로는 아무래도 부족했다. 속도와 책임감을 지나치게 강조한 탓일까, 좀처럼 쉬지 못하는 팀원들이 여전히 있었다. 어떤 프로젝트 때문에 한동안 정신없이 바쁠 수는 있겠지만, 언제까지나 전력질주할 수는 없다. 제도적으로 쉼의 문화를 정착시킬 필요가 있었다. 그래서 나온 것이 금요일 오후 2시에 퇴근하는 얼리 프라이데이(Early Friday), 그리고 크리스마스이브부터 새해 첫날까지 쉬는 겨울방학이다.

임금 체계 변경은 안팎에서 큰 관심을 받았다. 계약 연봉에 모든 수당이 포함되는 포괄임금제에서, 주40시간을 초과한 근무에 대해 연장근로수당을 추가 지급하는 비포괄임금제로의 전환이었다. 같은 시간을 일해도 급여가 늘어나는 효과가 있었다. 채용 경쟁력을 강화하는 동시에, 개인의 근무강도에 적절한 경계선을 그어주는 역할을 했다.

팀원들의 반응은 엇갈렸다. 더 많이 일하면 더 많이 주는 게 당연하다는 의견이 3분의 1쯤 되었다. 근무시간에 관한 세간의 루머를 일거에 잠재울 수 있으리라는 기대도 컸다. 하지만 또 다른 3분의 1은 '일말의 규칙조차 지양하는 자율과 책임의 문화'가 사라지는 데 대한 안타까움, 내가 자유롭게 정했던 근무시간을 회사 시스템에 입력하고 관리받는 데 대한 거부감을 드러냈다. 수당을 계산해 지급하려면 개인의 근무시간을 측정하는 도구가 필요했기 때문이다.

이승건은 "오래 앉아 일하는 것이 반드시 더 많은 가치를 창출하는 것은 아니다"라고 말했다.

"근무시간 측정은 몰입도와 무관하다고 생각해요. 적어도 토스팀 안에서는요. 근무시간을 기록하는 게 열심히 일하던 사람들을 갑자기 나태하게 만들거나, 일하지 않던 사람들을 일하게 만들지 않는다는 것이지요. 사람들은 조직의 지배적 정서에 따라, 이에 맞는 롤모델을 찾아 모방하면서 자신의 행동을 수정해 나갑니다. 토스팀에는 남다른 몰입을 통해 커다란 성취를 이뤄낸 팀원에게 신뢰와 존경을 보내는 문화가 자리잡혀 있습니다. 쉽사리 바뀌지 않을 만큼 충분히 강력하게 뿌리내렸죠.

가치창출의 총량에는 인재 밀도와 인원수, 일하는 시간, 협업 효율이라는 요소가 골고루 영향을 미칩니다. 비포괄임금제를 도입함으로써 훌륭한 인재의 밀도와 수를 높이고, 일하는 시간을 적정하게 조절할 수 있을 거라고 봐요. 그러면 토스팀이 하나의 기업, 한 팀으로서 만들어내는 가치의 양은 더 증대될 거예요."

한편, 이승건은 책상 위에 새로운 글귀 하나를 써붙였다.

'제갈량의 실수를 범하지 말자.'

《삼국지》에서 촉나라 제갈량은 타고난 지략가이자 정의롭고 충성스러운 인재였으나, 결국 승리를 거머쥐지 못했다. 그는 위나라를 쓰러뜨리기 위해 수차례 북벌에 나서면서 내치(內治)까지 도맡았다. 매일 밤늦게까지 일하며 곤장 20대가 넘는 형벌에 관한 사안은 직접 처리했다. 덕분에 촉의 백성들은 편안했지만, 문제는 제갈량이 자신의 업무량을 도저히 유지할 수 없다는 데 있었다.

조조의 책사 사마의는 사자(使者)로부터 상황을 전해 듣고 내심 안도했다. 남을 믿고 맡기지 못해 사소한 일도 직접 관장하며 전쟁까지 진두지휘하기를 몇 년이나 계속할 수 있겠는가. 얼마 지나지 않아 제갈량은 병으로 죽었고, 촉나라는 멸망했다.

제갈량은 천재였지만 위임을 못했기 때문에, 전투에서 이겼을지언정 전쟁에서는 졌다. 반대로 조조는 사마의 같은 천하의 좋은 인재를 찾아다녔고 충분히 위임했다. 사마의는 힘과 역량을 갈고 닦아 결국 천하를 통일했다. 비바리퍼블리카가 오래도록 지속가능한 팀으로 성장하고 번영하려면, 동료를 더 믿고 더 많은 권한과 책임을 분산해야 한다고 이승건은 스스로를 재촉했다.

Endgame

"우리는 엔드게임에 들어섰습니다. 모든 수를 뒀고, 시간은 우리 편이 되어줄 겁니다."

2022년 1월, 이승건은 1400명 넘는 토스 커뮤니티 전 구성원이 참석한 얼라인먼트 데이에서 이렇게 말했다. 체스에서 말이 거의 다 사라진 종반부, 즉 승패가 갈리는 마지막 단계를 엔드게임(Endgame)이라 한다. 양 플레이어는 제 수를 다 두었고, 시간이 흐르면 저절로 승부가 드러난다.

이승건이 개원을 미뤄두고 '앱 하나만 만들어보자'고 창업에 뛰어든 지 만 10년이 지났다. 만들어보기도 전에 폐기처분될 뻔했던 간편송금 서비스는 가까스로 살아남아 우리나라 핀테크의 원형이 되었다. 토스는 사람들의 일상에 선명한 자국을 남겼다. 지금껏 토스 사용자들이 간편송금으로 아낀 시간을 모두 합하면 928억 시간이 넘는다. 대한민국 성인 2.5명 중 한 명이 토스에서 자신의 신용점수를 확인했다. 퇴근길 버스에서, 잠들기 전 침대에서 클릭 몇 번으로 조건에 맞는 대출을 찾을 수 있게 됐고, 귀찮은 보험금 청구도 1분 이내에 마무리됐다. 토스는 금융의 순간마다 마주쳐야 했던 수고로움을 덜어주었다. 그 뒤를 따르는 핀테크 서비스가 많아진 덕분에 더 많은 이들이 쉽고 편리한 금융을 누릴 수 있게 된 것은 더없이 뿌듯한 일이었다.

이후 토스는 금융의 슈퍼앱이라는 예기치 못한 수를 뒀다. 증권과 은행, 결제, 보험까지 금융의 전 영역에서 진용을 갖췄다. 토스증권의 주식투자 서비스는 초심자에게 친근하고 친절했다. 은행의 문턱에 번번이 걸려 넘어졌던 중·저신용자 4명 중 한 명이 토스뱅크에서는 고신용자로 재평가받았다. 스마트폰을 어려워하는 어르신이나 시청각 장애인도 누군가의 도움 없이 토스 앱을 사용할 수 있도록 모바일 접근성을 세심하게 챙겼다. 간편함이라는 가치를 넘어 보다 포용적이며 다정한 금융 서비스를 향해 나아갔다. 7년 전 IT 공룡에 대항하는 작은 병아리로 묘사되었던 토스는 이제 그들과 제대로 겨뤄볼 만큼 성장했다.

토스팀의 문화 또한 체스판 위에 놓인 하나의 말이었다. 그중에서도 가장 강력한 퀸이었다. 좋은 것이 아닌 위대한 것을 추구하자는 가치관, 비효율과 허례허식에 대한 무관용, 거침없지만 합리적인 토론 문화, 속도와 실행에 방점을 둔 조직구조, 신뢰와 위임에 따르는 책임감, 친(親) 실패의 정신, 존경할 수 있는 동료, 투명한 정보 공유를 통한 공감대 형성, 그리고 전형적이지 않은 토스 문화 자체에 대한 애정까지…. 지금으로서는 비주류의 기업문화임이 틀림없다. 그러나 토스팀이 일하는 방식, 일을 대하는 태도가 대기업 중심의 공고한 기업문화에 작은 균열을 일으키고 있다. 그 힘은 토스가 최종적인 승리를 거둘 때 비로소 증명될 것이었다.

이승건이 말을 이었다.

"우리의 전략이 맞았다면 이제 서서히 변화가 나타날 겁니다. 격차가 압도적으로 벌어지기 시작할 거고요, 자유 항해를 하는 기업이 될 겁니다. 속도가 아니라 규모로 경쟁하게 되겠지요. 금융의 전장에서 승리를 거두고 나면 어떻게 되냐고요? 그다음엔 또 새로운 꿈을 꾸겠지요. 더 불가능해 보이는 꿈을 꾸고, 그걸 달성할 방법을 찾아 다시 헤맬 겁니다."

에필로그

아직 철들지 않은 마냥 하고 싶은 일만 하고 살아도 사회적으로 성공할 수 있을까?

짜여진 판세와 규칙을 거스르고 모두를 위해 더 나은 변화를 만들어낼 수 있을까?

엄존하는 사회적 문제와 개인의 불편이 완전히 사라진 번영의 시대를 시작할 수 있을까?

그래서 지금은 상상하기 어려운, 모두가 행복한 미래를 우리가 만들어낼 수 있을까?

이 책은 '그렇다'고 믿었던 철없는 소수자들의 이야기다. 우리의 미래는 더 나을 거라고, 결국 그렇게 만들 수 있다고 믿는 낙관주의자들의 이야기. 비록 지금은 가진 것이 없더라도, 모두가 안 될 거라고 말해도, 실패의 두려움이 찾아와도, 단련된 의지와 신념 그리고 용기를 가지고 포기하지 않으면 끝내 불운조차 딛고 새로운 차원의 미래를 만들 수 있다고 믿은 사람들의 이야기.

토스를 만들어가는 일은 그야말로 "안 될 거야"라고 말하는 수많은 내외부의 선입견과 마주하는 과정이었다. 합법과 위법의 틈에서 간편송금 서비스를 시작할 때, 12년 만에 증권사 라이선스를 받으려 할 때, 스타트업이 인터넷은행에 도전한다고 덤빌 때, 스타트업이 대기업으로부터 결제사업부를 수천억 원에 인수해올 때, 그리고 무엇보다 경영진이 아닌 실무자가 자신이 맡은 사업의 미래를 결정하는 실험적인 업무방식과 문화를 지키려 할 때. "저게 되겠어?" "말도 안 되는 무모한 일이야." "곧 포기하게 될 거야." 우리를 둘러싼 말들은 늘 무성했다.

처음부터 금융을 혁신하겠다, 기업문화를 혁신하겠다고 다짐한 것은 아니었다. 그보다는 '왜 이래선 안 돼? 이 방식이 더 자연스럽고 합리적이지 않아?'라는 생각이었다. 완전히 바닥까지 파내려가서 가장 합리적이고 상식적인 제품을, 조직을, 미래를 쌓아가고 싶었다. 설사 그 과정에서 고난과 갈등을 겪더라도 모두에게 더 나은 세상을 만들기 위해 노력했다. 단순히 노력하는 데 그치고 싶지도 않았다. 끝끝내 승리해 모두에게 보여주고 싶었다. '거봐, 이게 더 낫지?' 하고.

이토록 낯선 순진함과 철없음, 용기와 의지가 토스에서는 상식이었다. 에필로그를 써내려가는 지금도 이런 소수자들이 토스팀에는 왜 이렇게 많은지 잘 모르겠지만, 이 안에서 우리는 소수가 아니라 다수였다. 그래서 도무지 해결할 수 없는 문제, 헤쳐 나갈 수 없는 상황에 맞닥뜨려도 그것은 억울하고 속상한 일이기보다 선구자로서 당연히 통과해야 할 검증이라 여겼다.

지나치게 지독해졌던 순간들도 있었다. 적잖게는 불안함과 미숙함 때문이었지만, 대체로는 우리가 꾸는 꿈이 모두의 일상이 되게 하고 싶어서였다. 용기와 실력만으로 세상을 바꾸고 새로운 역사를 만들 수 있다고 믿는 미친 행렬의 시작점에 선 사람으로서, 나중에 올 사람들에게도 부정할 수 없는 증거가 되고자 했다. 수천 명에 불과한 토스팀의 승리만이 아니라, 우리와 같은 혁신가의 DNA를 가진 수백만 미래 세대의 승리를 밝히기 위하여 노력했다.

우리 사회가 이런 혁신가들의 천국이 된다면, 그래서 단지 토스만의 꿈이 아니라 우리 사회 적지 않은 사람들이 조금은 철없지만 낙관적인 신념을 갖게 되는 미래가 온다면, 그게 기업가로서 그리고 토스팀으로서 사회에 남긴 가장 큰 족적이 되지 않을까 한다.

짜여진 사회적 구조에 스스로를 맞추기 위해 이해할 수 없는 것들을 그저 받아들이는 사람들에게,

세상의 룰에서 벗어나기를 두려워하며 벗어나면 결코 성공할 수 없다고 믿는 사람들에게,

매일 느끼는 좌절과 비인간적인 대우에도 불구하고 다른 선택지는 없다고 믿는 사람들에게,

이제 우리는 안다고 말할 수 있다. 이 세상에 영원한 전문가는 없으며, '그건 절대 안 된다'는 그들의 말은 절대로 틀리다는 사실을, 지금의 이 세상을 디자인한 사람들 또한 소위 '전문가들'에게 위축되지 않고 근원적인 질문을 던지는 이단아였음을, 그래서 냉소와 비아냥, 때로는 무시와 모함 속에서도 더 나은 세상을 위해 필요한 일을 묵묵히 해냈음을, 결국 그것이 승리로 가는 길임을 낙관했던 미친 사람들이라는 점을.

우리는 지난 10년의 경험을 토대로 '어떤 선입견'을 넘어서서 세상을 더 또렷이 이해할 수 있게 되었다. 부정당하고 실패했던 경험을 비참하게 느낀 적은 없었다. 오히려 이를 넘어서면 만들어낼 변화에 대한 기대로 흥분되었다. 이런 우리의 이야기가 더이상 낯선 소수자들의 것이 아니라, 흔한 주류의 경험이 될 수 있다면 얼마나 멋진 미래가 펼쳐질 수 있을까?

서두에 놓인 네 가지 질문에 대하여 우리 사회의 모두가 '그렇다'고 답하게 되기까지 얼마나 오랜 시간이 걸릴지는 모르겠다. 하지만 한 명의 낙관주의자가 품었던 이 반역적 사명의식은 이제 2000명이 아끼며 가꿔가고 싶은 문화가 되었다. 10년 전에 지금의 토스 커뮤니티를 상상할 수 없었던 것처럼, 앞으로 10년 동안 겪게 될 변화 역시 예단하기 어렵다. 어쩌면 그때는 우리가 진부한 주류가 되

어 있지 않을까?

오늘도 속으로 되뇌인다. '앞으로도 어려움이 많겠지만 멈추지 않을 거야. 시도만으로 만족하지도 않을 거야. 끝끝내 승리하게 될 거야. 더 나은 세상을 만들어낼 거야.'

안온함을 포기하고 굳이 토스에서 사서 고생하는 동지들에게, 그리고 나중에 올 팀원들에게도 미리 감사드린다. 우리의 여정은 다음 세대에게 분명 소중한 시작일 것이고, 충분히 가치 있게 기록될 것이다.

2022년 10월
토스팀 리더 이승건

주(註)

1   Steve Jobs' 2005 Stanford Commencement

2   존 러스킨, 《나중에 온 이 사람에게도》, 아인북스, 2020.

3   "송금해 대신 토스해 라는 말 탄생시킨 이승건 대표", 폴인,
    2018.10.3.

4   토스 서비스의 '모바일머니'가 전자금융거래법상
    선불전자지급수단에 해당하는지 여부에 대한 비조치의견서 https://
    better.fsc.go.kr/fsc_new/replyCase/LawreqDetail.do

5   알 리스·로라 리스, 《브랜딩 불변의 법칙》, 비즈니스맵, 2008.

6   "병아리 아이디어 베끼는 공룡 네이버", 조선일보, 2015.3.12.

7   "송금 서비스 '토스' 550억 원 투자 유치", 서울경제, 2017.3.10.

8   "간편송금 토스 체크카드 선봬", 서울경제, 2017.11.5.

9   "신용등급 인플레? 1등급 매년 100만명씩 ↑", 한국경제,
    2020.3.26.

10 리드 호프먼, 《블리츠 스케일링》, 쌤앤파커스, 2020.

11 "토스, 행운퀴즈로 기업에 돈 받고 실검 광고... 빛바랜 혁신 논란",
    한국경제, 2019.6.5.

12 "토스, 싱가포르투자청·세콰이어차이나로부터 440억 원 투자
    유치", 조선비즈, 2018.6.18.

13 "네이버, 인터넷은행 안 한다... 해외 금융서비스 확장", 연합뉴스,
    2019.1.21.

14 "토스 PO는 어떻게 제품을 성공시키나요?", 토스피드, 2021.6.21.

15 "시큰둥했던 신한지주, 인뱅 180도 선회한 배경은", 더벨, 2019.2.14.

16 "신한금융, 인터넷은행 지분 20%로 늘리나", 이데일리, 2019.2.15.

17 "신한금융, 제3인뱅 추진 '토스컨소시엄' 불참 선언", 서울경제,
2019.3.21.

18 "오답노트 받아든 토스, 새 주주 구성으로 재심사 돌파하나",
연합뉴스, 2019.6.9.

19 "토스, LGU+ 전자결제사업부 인수 관련업계 평가는", 연합인포맥스,
2019.10.15.

20 "토스에서 내 돈이 빠져나갔다? 선 보상, 후 원인규명", 김현정의
뉴스쇼, CBS, 2020.6.10.

21 "산은은 왜 토스에 1천억을 쐈나", 이데일리, 2021.6.16.

22 "토스의 파격...'송금 수수료 평생 무료'", 한국경제, 2021.8.3.

23 "토스뱅크, 대출한도 60% 소진... 이번주 신용대출 중단 가능성",
연합뉴스, 2021.10.10.

24 "연 2% 수신금리 변경한 토스뱅크... 가입자 99%는 혜택 변함없다?",
세계일보, 2021.12.25.

25 "타다 스톱 지켜본 스타트업들 '누가 혁신 사업 하겠나?'", 중앙일보,
2020.3.5.